Candide

ou l'optimisme

VOLTAIRE
(*Drawing by Huber*)

VOLTAIRE

Candide

ou l'optimisme

Edited with introduction, notes, and vocabulary

Revised Edition

GEORGE R. HAVENS

**PROFESSOR EMERITUS OF ROMANCE LANGUAGES
AT THE OHIO STATE UNIVERSITY**

HOLT, RINEHART AND WINSTON
New York Toronto London

Library of Congress Catalog Card Number: 69-17467

Printed in the United States of America

ISBN: 0-03-080120-6

 789 005 9876

TO

ANDRÉ MORIZE

Whose critical edition of *Candide*
so well unites those difficult qualities
of scholarship, brevity, and verve.

PREFACE

Candide is part of the patrimony of the educated man and it would seem that every college student should read it, preferably of course in the original French. The present edition makes available for school use nearly the complete text of Voltaire's masterpiece, based upon the admirable critical edition of André Morize. It lacks only a few passages, which are objectionable to some readers without being in any way important for the comprehension either of the narrative or of the author's ideas. The novel moves so rapidly as a story, the style is so direct, simple, and typical of the finest French, that it can be read with profit in intermediate, as well as in advanced, classes.

For the benefit of less experienced students, a Vocabulary, lists of idioms, of deceptive cognate words, and of words offering possible pronunciation difficulties, along with somewhat fuller Notes than might otherwise be required, have been provided. They may easily be ignored by those who do not need them. On the other hand, the Introduction has been made fairly extensive to meet the needs of advanced undergraduates and graduate students in the field of French literature. The teacher of less advanced classes may prefer to omit parts of it. The Introduction is so divided that desired omissions can easily be made. It should, however, be remembered that students less practiced in the reading of French are not necessarily infantile in their ideas and are often, in English, history, philosophy, political science, economics, or elsewhere, grappling with material quite as mature as any presented here. It is sometimes a mistake to overlook this fact. Probably most students who can read the text are not unable to profit

by a somewhat detailed study of its ideas and literary value. Of this the teacher on the ground can best judge.

This edition of *Candide* had its inception in 1928. If for various reasons it has come but slowly to completion, it is my hope that it has gained, not lost, by this gradual maturing. Among other advantages, the delay has permitted me to re-visit, through the courtesy of the Guggenheim Foundation in 1930, Geneva and Leningrad. At Geneva, in addition to research in the libraries, I was so fortunate as to secure a late eighteenth-century watercolor of Les Délices by Linck. Reproductions of Les Délices are as rare as those of Ferney are plentiful. I am therefore particularly happy to be able to offer in this edition an authentic representation of Les Délices very much as it must have been in Voltaire's time. To the Voltaire library at Leningrad I owe the amusing re-production of the supposed statue of Pangloss, which is one of the illustrations of this edition. During the same trip I was able also to visit Schwetzingen, the summer palace of the Elector of the Palatinate, Charles-Theodore, of interest as the scene of the composition of at least part of *Candide*. A photograph of this castle and Versailles-like park furnishes another pertinent illustration. I am glad to acknowledge here my debt to the Guggenheim Foundation for these off-shoots of a period of travel and research which will be more com-pletely represented elsewhere.

Much of the ground work in the preparation of this edition was done in three seminar courses at the Ohio State Univer-sity and one at the Johns Hopkins University during the years 1929 and 1930. The following students took part in the work of these seminars: at the Johns Hopkins University, Hamilton B. Derieux, Cécile Juliette Johnson, Vivian Little, Emma F. Shearman, Brother Nathaniel Twombly; at the Ohio State University, Nellis H. Fisher, Nettie N. Goodman, Helen Kramer, Dorothy M. McGhee, Gilbert E. Mills, Verne M. Pettit, Norma D. Wood; Katherine R. Adams, H. Bran-denberger, Lucile Cornetet, Evalyn Felty, Harold H. Hetzler,

Verne M. Pettit, Jean Timberman; Ella L. Ackerman, Frank L. Barnum, Marguerite E. Carlin, Richard Clark, Paul H. Larwill, Roland J. Leclercq, Gertrude McPherson Mouat, Bernice E. Mitchell, Marcy Powell, Elsie F. Schneider, Ruth J. Storey. Their collaborative work has been a constant source of inspiration and suggestion. To Professor Paul H. Larwill of Kenyon College I am particularly indebted for several valuable hints growing out of his long residence abroad and his unusual mastery of the French and German languages.

My friends and colleagues, Professors Don L. Demorest and Harlan Hatcher of the Ohio State University, Professor E. Preston Dargan of the University of Chicago, Professor Norman L. Torrey of Yale University, and Professor Ira O. Wade of Princeton have been good enough to read in manuscript the text of my introduction and give me the benefit of their helpful suggestions. Without their coöperation, many flaws would have escaped me, due to the blind spots which everyone ultimately develops during the work of composition, and my text would lack the valuable check of slightly different points of view. Needless to say, they bear no responsibility for oversights which may still be discovered. To Mr. Alessandro Crisafulli I am most grateful for assistance in proof-reading, a task in which he has aided me with unusual care and thoroughness.

I have of course not failed to utilize previous editions of *Candide* published in this country by Morris Bishop and Lawrence M. Levin. In the main, I have worked independently along different lines, but have been glad to avail myself of these editions as a check upon my own and have drawn upon them for suggestions in a few instances.

No one of course can work upon *Candide* without a great debt to the excellent critical edition of André Morize. To it I have made frequent reference without being able to detail all my obligations. My Introduction, as well as my Notes, necessarily owes much to his intelligent and thorough-going .

work, which is indispensable to any student of the subject. For the information of the reader, and certainly with no derogatory inference, I should like to point out in what respects I have tried to supplement to some extent his previous edition.

There has been incorporated a little new material on the time of composition of the novel. For the benefit of the student reader, less informed than the scholarly world for whom Morize was writing, I have developed more fully the philosophic background furnished by Pope and Leibnitz. The possible relation of Jean-Jacques Rousseau to the genesis of *Candide* seemed of sufficient interest to merit further discussion. I have also analyzed somewhat more in detail the similarities between *Candide* and Voltaire's *Scarmentado,* and have summarized briefly the history of the novel of adventure and the philosophic *conte* in their well-known influence upon the form of Voltaire's novel. The studies of the *Bearing of Voltaire's Satire,* his *Style and Ironic Method,* and the *Vogue and Significance of Candide,* in general owe less to Morize than other parts of the Introduction and, while I am not without obligation to Gustave Lanson, Daniel Mornet, and other predecessors, I have here in the main tried to break new ground. A more detailed study of certain aspects of Voltaire's style appears in Miss Dorothy M. McGhee's *Voltairian Narrative Devices in the Author's Contes philosophiques,* George Banta Pub. Co., 1933. Throughout my Introduction, however, I have attempted to present a synthesis, which should be — with due acknowledgment to previous scholars — my own and which, so far as I could manage it, should present clearly, comprehensively, and, I hope, not altogether unworthily Voltaire's great novel.

G. R. H.

PREFACE TO THE REVISED EDITION

The section of the Introduction dealing with "The Composition and Publication of *Candide*" has been rewritten to bring it into accord with the results of recent scholarly investigation which finds reason to believe that *Candide*, begun in January of 1758, occupied Voltaire during much of that year and was published almost exactly twelve months later, in January of 1759. Thus it was far from being the "improvisation" that even Morize thought. It was rather the product of careful workmanship, including important revisions at the last minute to make of it Voltaire's greatest stylistic achievement.

Some further slight changes have consequently been required elsewhere in the Introduction to bring it into harmony with what has been said above. The "Selective Bibliography" has now been brought up-to-date, and a few errors have been corrected in text and notes. In other respects, this little book has been left in the form which has had the good fortune to find favor with many readers.

<div align="right">G. R. H.</div>

CONTENTS

LIST OF ILLUSTRATIONS

INTRODUCTION

I. The Life of Voltaire

(1694–1778)

EARLY YEARS: — From the well-known Ile de la Cité, on which is situated the Cathedral of Notre-Dame de Paris, it is but a short walk southward across the river to the modern Place Saint-Michel on the left bank of the Seine. Turning from there toward the right, one comes quickly into the quaint old street and quarter of Saint-André-des-Arts. Somewhere in that region, so near the University on the one hand and the very heart of Paris on the other, was born on November 21, 1694, a puny, sickly infant named François-Marie Arouet, who later chose and made famous the quite different name of Voltaire. His delicate health at birth did not prevent him from completing a long, active career of nearly eighty-four years in which he dominated much of the literary life and thought of his century.

The elder Arouet, the father of François-Marie, was a notary, what we should call a lawyer engaged in civil practice. He was a successful and respected member of his profession. Among his clients he numbered the distinguished Richelieu, Caumartin, Sully, and Saint-Simon families, whom he met on terms of something more than business intimacy, a situation not without importance in helping his son at the beginning of his literary career.

The mother of young Arouet came from a family named Daumard, or D'Aumard, belonging to the lesser nobility of the old province of Poitou in west-central France, the original home of the Arouet family also. Through her there entered, it seems, into the household certain literary friends, Roche-

brune, the Abbé Gédoyn, the Abbé de Châteauneuf, representatives of a culture and a distinction hardly characteristic of average *bourgeois* circles. Thus from the beginning aristocracy, law, and literature, were mingled, as G. Lanson says,[1] in the boy's environment, shaping the background of his future development. Of the upper *bourgeoisie* in origin, he was later to step over the line into the aristocracy as M. de Voltaire; his knowledge of law and business aided him in acquiring wealth; his literary genius assured his fame.

SCHOOL: — The mother died in 1701 when the boy was only seven years old. It was during this same year that the father, becoming "payeur des épices de la chambre des comptes," a minor government functionary, moved to the neighboring Ile de la Cité. Three years later he sent his son at the age of ten to the famous Jesuit Collège Louis-le-Grand, close at hand in the Latin quarter of Paris. It was a school frequented by sons of distinguished families, D'Argental, Cideville, the D'Argenson brothers, all numbered later among Voltaire's friends and correspondents. Social aspirations and a literary career, the latter contrary to the father's desire, both were favored by the seven years at this Jesuit institution. The Latin and Greek classics, particularly Latin, formed of course at that time the main part of the curriculum. Amateur dramatics, sponsored by the faculty, encouraged that passionate interest in acting and writing plays which was one of the dominant characteristics of Voltaire's long career. Some of the priests who were his teachers became respected friends of later years.

HOLLAND: — Having finished his studies at Louis-le-Grand in 1711 during his seventeenth year, young Arouet manifested his literary aspirations. His practical-minded father chose rather to send him to law school. But the unwilling student was repelled by the barbarous Latin of the law and the dull routine of legal procedure. Instead of his classes, he fre-

[1] Gustave Lanson, *Voltaire* (Grands Écrivains français series), Paris, 5th ed. (n.d.), p. 10.

quented aristocratic and literary friends, such as the Abbé de Chaulieu, La Fare, M. de Sully, and led a joyous and carefree life quite contrary to his father's sober plans. Since his son appeared in a fair way to become a good-for-nothing, the elder Arouet decided upon a quick change of scene. Profiting by his influential connections, he put the boy in the charge of the Marquis de Châteauneuf, French ambassador to Holland and brother of the previously-mentioned abbé of the same name who was no longer living. Thus in 1713 Arouet found himself at The Hague. But the experiment, from his father's viewpoint, was unsuccessful. Only nineteen years old, the boy forthwith engaged in a romantic and mad love affair with a certain Mlle Dunoyer, nicknamed "Pimpette." An elopement was planned, but frustrated by the mother of the girl and the wary ambassador, and Arouet was returned hastily in disgrace to Paris. The angry father obtained a "lettre de cachet" for the imprisonment of his son, who thought momentarily of exile in faraway America or the West Indies. Submission, however, on the part of the young man averted this extremity. He consented to read law in the office of Maître Allain.

THE "SOCIETY OF THE TEMPLE": — But this second try at the law was hardly more successful than the first. It made young Arouet familiar with legal terms and methods and hence fortified him for the care of the wealth he was later to acquire. It in no way made him more inclined to embrace his father's profession of notary. Instead he continued to move in aristocratic and literary circles and came under the influence of a group of Epicurean free-thinkers known, on account of the Temple of the Knights of Malta where they often met, as the "Société du Temple." In the company of these distinguished nobles and most unchurchly churchmen, the young man sharpened his gift for repartee and ironic wit, developed his natural tendency toward religious skepticism, practiced the graceful art of *badinage* and light society verse, formed his literary taste. Indeed he got himself exiled from

Paris as the supposed author of satirical verses and in every way continued to try the patience of his sober-minded father to the end.

ŒDIPE : — Already the young man had written a tragedy in accordance with French classical rules. The subject was the Œdipus legend previously treated by Sophocles and Corneille. Unabashed by such famous predecessors, the author profited by his aristocratic contacts, read his play to influential friends and acquaintances, deferentially accepted suggestions, paid his court to the actors of the Comédie Française, patiently and skillfully prepared the way for getting his play upon the stage.

THE BASTILLE: — Meanwhile, however, again charged with the authorship of satirical verses, this time against the Regent, Duke of Orleans, the irrepressible Arouet suddenly found himself conducted to that fortress-prison which finally became a symbol of the Old Régime, the Bastille. There in 1717 and 1718, he passed a dreary eleven months, whiling away, it is said, the long hours of forced inactivity by writing between the lines of a book some of the verses which were later to compose his epic poem so much esteemed in the eighteenth century, the *Henriade*. The experience was chiefly valuable to him, however, as an object lesson in the careless and irresponsible tyranny of pre-Revolutionary France.

Released at length from the Bastille, young Arouet paid his court to the Regent with witty phrase, that best of coins in eighteenth-century *salon* and court circles famous for their quick repartee. He requested the Duke in the future to provide, if he wished, for his board, but not his lodging. Back in favor, the youth was able to see his play *Œdipe* produced at the Comédie-Française in the autum of 1718 and hailed as a great success. The easy-going and free-thinking society of the Regency relished lines attacking kings and priests. Such thrusts added the spice of contemporary interest. At one stroke the twenty-four year old author found himself assigned characteristics both of Corneille and Racine and classed

somewhere midway between these two great masters of French classical tragedy. It was a reputation hard to live up to during the next few years.

AROUET DE VOLTAIRE: — Already during this same year he had added to his name the more aristocratic-sounding "de Voltaire," which may have been the anagram of Arouet l[e] j[eune], as has long been claimed, or may have been formed, in accordance with a recent suggested explanation,[2] by exchanging the syllables of Airvault, a village in Poitou where some of his relatives owned property. No one knows positively the origin of the name, and Voltaire never told. In any case he set out thus early to leave the *bourgeoisie* behind him.

THE BASTILLE AGAIN: — There are only two works of moment during the next few years. One is a deistic poem, *L'Epître à Uranie*, supposed to have been composed in 1722, evocative of trouble from the orthodox when it circulated in manuscript in 1732, but unpublished in book form until 1738. The other is *La Ligue* of 1723, later to be expanded to *La Henriade*. In 1725, however, there occurred an incident, humiliating in the extreme for Voltaire, but filled with important consequences for his future development. A haughty, though unworthy descendant of a famous family, the Chevalier de Rohan-Chabot, quarreled ostentatiously with Voltaire over his unauthorized assumption of an aristocratic name, and had him beaten by his lackeys. In spite of the numerous friends among the nobility who had received him in their homes and enjoyed his cleverness and flashing wit for more than ten years, Voltaire found himself without support against this outrageous attack. Between noble and commoner, a great gulf still existed, and for the latter against the former there was no redress. When Voltaire took fencing lessons and sought a duel to bring the aggressor to book, he, the injured party, was hurried again to the Bastille. This was in April, 1726.

[2] Ira O. Wade, "Voltaire's Name," *Pub. Mod. Lang. Assoc. of America,* June, 1929.

His imprisonment this time, however, was short. He was released after two weeks on his promise to go into exile and chose England as his place of refuge.

THE ENGLISH JOURNEY: — England in the eighteenth century held a position unique among the nations. Its people had won for themselves a considerable measure of free-speech, liberty, and religious tolerance. The writ of *habeas corpus* may be taken as the symbol of English freedom, while the *lettre de cachet* represents concretely the arbitrary despotism of eighteenth-century France. In electing to go to England, Voltaire showed that the new orientation of men's minds was turning toward the north away from the Mediterranean countries of the south. In religion, philosophy, government, and literature England had much to teach him and he was not slow in profiting by many of its lessons.

Voltaire arrived in England in May, 1726. Except for a brief secret journey back to France probably about two months later, he was to remain across the Channel until the end of 1728 or the spring of 1729, a stay of from two years and a half to nearly three years. During this time he learned the English language well, attended the theater and saw with surprise the effectiveness of the plays of Shakespeare so different from French classic tragedy with its three "unities" of time, place, and action, read the outspoken English newspapers, watched the operation of the English government and the decisive powers already wielded by the House of Commons, above all noted the multiplicity of religious sects and the relatively high degree of freedom enjoyed by each. "Un Anglais, comme homme libre, va au ciel par le chemin qui lui plaît," [3] he was to write later in the *Lettres philosophiques* (1734), which so vividly reflect the deep impressions made by this important English journey. In 1728, while still in England, he published successfully his epic on Henri IV, *La Henriade*, which offered modern kings a concrete lesson in what the author considered a business-like and tolerant reign.

[3] *Lettre V* of the *Lettres philosophiques.*

HISTORY AND DRAMA: — Back in Paris not later than the spring of 1729, Voltaire threw himself eagerly into literary activity. So numerous from now on are his works that only the most important can even be mentioned in a brief discussion. In 1731 he brought out his *Histoire de Charles XII, roi de Suède*, less broad in scope than his later histories, but clearly inculcating the conclusion that peace, not war, should be the goal of wise rulers. Voltaire summed up succinctly the lesson of Charles's life: "Sa vie doit apprendre aux rois combien un gouvernement pacifique et heureux est au-dessus de tant de gloire." [4] In 1732 came a tragedy, *Zaïre*, generally considered Voltaire's best play. The setting is in Jerusalem about the middle of the thirteenth century during the Crusades. The theme is the love of the heroine, Zaïre, a French captive of the Saracens, for the Mohammedan Sultan, Orosmane. In spite of defects, the play has a warmth and sincerity of passion which still give it a certain appeal possessed by no other French classical tragedies after those of Corneille and Racine.

THE *LETTRES PHILOSOPHIQUES*: — The *Lettres philosophiques*, sometimes called the *Lettres anglaises*, have already been mentioned as published in 1734. An English version had appeared in London the preceding year. This work must be classed among the very best produced during Voltaire's long and active career. Only his philosophical tales, *Zadig, Micromégas*, and *Candide*, have as great vitality today. The subject-matter, as has been indicated, is drawn from many different aspects of life in eighteenth-century England. The Quakers, the Anglicans, the Presbyterians, Parliament, Commerce, Inoculation for Smallpox, Francis Bacon, Locke, Descartes and Newton, Gravitation, English Tragedy and Comedy, Alexander Pope, these are some of the subjects which attract Voltaire's pen. Remembering the comparative novelty of these topics in the France of that day, remembering the style of the author, for the first time in his best manner,

[4] Voltaire, *Œuvres complètes* (Moland ed.), XVI, 351.

remembering his short pungent sentences filled with biting irony, in which every praise of England but thinly conceals an implied criticism of an opposite abuse in France, we can easily understand the startling impression produced by these *Lettres* at the time of their publication. The very title *philosophiques* suggested opposition to established ideas in religion and government, very much as the term Bolshevik might do in modern times, though of course there is little similarity in the thought-content of the two words. No wonder the government ordered these *Lettres* confiscated and publicly burned, while the author found it wise to flee in haste to the eastern border of France, near Lorraine.

MME DU CHATELET: — The uproar blew over but during the next fifteen years until 1749 Voltaire spent much time in this new refuge at the castle of Cirey in the company of Mme du Châtelet, a remarkable woman, whose influence upon him was very great. She endeavored to restrain him from indiscretions which would endanger his position in France, and at the same time aroused his ardor for the study of science. By her opposition to the dull history of dates, wars, and insignificant reigns of successive kings, she provoked him to undertake a "philosophic" history in which the manners and customs, the development of thought and civilization, composed the central theme. Thus Voltaire became the great precursor of what we are sometimes pleased to call the "modern" point of view in history. Above all, Mme du Châtelet provided Voltaire with a place of leisure far from the distractions of Paris, where both of them with eager industry read and studied and wrote until long after midnight. Even a scientific laboratory, a "cabinet de physique," was set up for experimental work, which in those pioneer days of science had to be carried on mainly outside the schools. Thus Cirey represents a very significant period in Voltaire's development.

LE MONDAIN: — The year 1736 saw the publication of two interesting works. One was another tragedy, *Alzire*, in which the setting was laid in faraway Peru under the Incas. The

cruelty of the Spanish conquerors is censured and a Christianity of human brotherhood and tolerance is preached. This appears to be Voltaire's first treatment of the Peruvian background which was to pass into *Candide* as the mythical El Dorado. The other work was a short poem, *Le Mondain*, which made mock of the supposed joys of primitive life later admired by Jean-Jacques Rousseau, held Adam and Eve up to ridicule as representatives of this crude state of nature, and urged the comforts and delights of modern civilization and luxury. Thus the rising "theory of luxury," in contrast to orthodox preaching of the morality and happiness of the "simple life," wins the potent support of Voltaire's pen. Scorning the much vaunted "Golden Age," he exclaims in lines often quoted as typical of his poem:

> *O le bon temps que ce siècle de fer !*
> *Le superflu, chose très nécessaire.*[5]

In these years on the whole, life smiles at Voltaire and Voltaire smiles back.

OPTIMISM: — A similar tendency toward an optimistic view of life pervades the seven *Discours sur l'Homme*. The first six of these discourses were published in 1738 and 1739. They reflect clearly, though with no slavish imitation, parts of Alexander Pope's famous *Essay on Man* (1733–34), which enjoyed a great vogue on the Continent as well as in England, though from the beginning Voltaire held Pope's poem to be "mêlé d'idées bien fausses sur le *bonheur*."[6] Under this partial influence of Pope, supported by Mme du Châtelet's keen admiration for the philosophy of the German Leibnitz, Voltaire comes more and more during the next eighteen years to be identified by the general public (rightly or wrongly) with what was called in the eighteenth century the philosophy of Optimism. In *Candide*, and even before *Candide*, as we shall see, he was to revolt sharply against this earlier emphasis.

[5] Voltaire, *Œuvres* (Moland), X, 84.

[6] *Ibid.*, XXXIV, 30; Besterman, V, 57, Feb. 12, 1736.

Two more classical tragedies followed quickly, *Mahomet* in 1741, dealing with religious fanaticism, and *Mérope* in 1743, whose theme is mother-love. These complete Voltaire's major dramatic works, of which *Zaïre* and *Mérope* stand in the first rank, with *Alzire* and *Mahomet* close behind them. After this he continues to produce many other plays, but they are distinctly of secondary interest now.

In 1745 Voltaire became court historiographer, in 1746 he realized his long-cherished ambition to be elected to the French Academy, and at the end of the same year he was granted the title of "Gentilhomme ordinaire de la Chambre du Roi." Thus honors showered upon him.

PROSE TALES: — Up to this time Voltaire had written everything but novels. Suddenly cognizant, it would seem, of the growing popularity of the *genre*, he now tried his hand at this form also. Although he was already past fifty, he almost at once showed himself a master of the philosophic tale. The first of great importance is called *Zadig* and dates from 1747 and 1748. Profiting by the popularity of the *Arabian Nights*, Montesquieu's *Lettres persanes*, and numerous other stories with an oriental background, Voltaire laid his scene in Babylon and neighboring countries, moved his hero Zadig rapidly through many adventures, just as he was to do later with Candide, suggested repeatedly the enigma of destiny and questioned the operation of Providence in the world, but brought all to a happy ending, which shows that still he was more optimistic, more orthodox, or at least more prudent, than he was shortly to become.

GERMANY: — But in 1749 Mme du Châtelet died and Voltaire was left desolate. For long years Frederick the Great of Prussia had besought him to come and adorn his court. Previously Mme du Châtelet had restrained him from going for an extended stay. Now, after her death, Voltaire felt himself alone. The French king was cool toward him. Why should he not accept the flattering invitation of the "roi philosophe"? He set out for Potsdam near Berlin in 1750.

He was to remain there until 1753. As in the case of the English journey, this was a stay of slightly under three years, and in some ways hardly less important.

At first all was delight and enthusiasm at Frederick's court. Voltaire was charmed with this royal recognition. The king rejoiced at having the greatest writer in Europe to grace his table. He himself spoke French fluently and looked down upon German. In fact he wrote in French, not only his prose works, but also his verse, which Voltaire retouched for him. About him he had already gathered other French men of letters, Maupertuis, D'Argens, La Mettrie. During the day Voltaire was entirely free to write and study. At supper the king entertained an intimate group who talked and joked with a boldness quite different from the formal orthodoxy of the French Court of Louis XV. Voltaire, restrained in some degree for years by Mme du Châtelet, now was spurred on to let himself go and be outdone by no one. A new boldness was the result of this freedom and of the intimate association with one of the crowned heads of Europe. Two important works were published during this stay in Germany: *Le Siècle de Louis XIV* (1751), a broad cultural history of the seventeenth century, the great age of French classicism; and a brief prose tale, *Micromégas* (1752), which, somewhat after the fashion of Swift's *Gulliver's Travels* (1726) enjoyed by Voltaire in England, used giants in a kind of extraordinary, supernatural voyage as a vehicle for satire of human follies. From work by Professor Ira O. Wade, it appears that this *conte* was begun in 1739 under the title, *Voyage du baron de Gangan*, but was never published in that form. It was later revised to become the *Micromégas* that we know today.[7] At the end of the story, Micromégas, the traveler from the planet Sirius, promised the human mites whose acquaintance he had made to give them a book of philosophy in which the riddle of the universe would be finally explained, but when the old secre-

[7] Ira O. Wade, *Voltaire's Micromégas*. Princeton University Press, 1950.

tary of the Academy of Sciences [8] opened it, "il ne vit rien qu'un livre tout blanc." Thus Voltaire makes clear the skepticism regarding metaphysics which will be so characteristic of *Candide* also.

But soon the atmosphere at Frederick's court changed. Voltaire angered the king by sharp financial practice which led to the public scandal of a lawsuit against a Jew, Hirsch or Hirschel. Moreover, the Frenchman succeeded by trickery in publishing against Frederick's express command the *Diatribe du Docteur Akakia*, a satire of Maupertuis, then President of the newly formed Prussian Academy. However willing Frederick might have been to enjoy free and bold discussion in private, he wanted no public controversies to expose his court to the ridicule of Europe. Temperamentally also these two self-willed and not over-scrupulous spirits were unfitted to get along together. Each wanted his own way and was bound to get it if possible. Frederick had behind him arbitrary power, Voltaire his keen wit and supple spirit of intrigue. Moreover, there were as usual busybodies ready to fan the flames with gossip. Finally, Voltaire on a pretext of ill health obtained permission to depart. After a last unpleasant detention at Frankfort, he at length crossed the frontier again, filled with bitterness against Frederick and ready with the satire against Germany and the Germans which he was soon to pour into the pages of *Candide*.

SWITZERLAND: — A year and a half of hesitation follows. Where shall he live? The king at Versailles thinks him dangerous and also looks askance at him because of his seeming "desertion" to Germany. Of the latter country Voltaire has had his fill as a place of residence. Finally he obtains permission to go to Switzerland and makes a triumphal entry into Geneva during the month of December, 1754. The city gates, regularly closed at sundown, are even held open for

[8] The old secretary is intended to suggest and satirize the ninety-five year-old Fontenelle (1657–1757).

him after hours. Early in 1755 he makes arrangements for the purchase of a house and small grounds immediately overlooking the city and the swift-flowing green Rhone. Appropriately he christens the property "Les Délices," and for the next few years finds himself in the main very pleasantly located outside of French jurisdiction under the ægis of Protestant Geneva. Shortly, too, he rents a winter residence at Lausanne, where the atmosphere is freer for the amateur production of plays he so much loves.

UNIVERSAL HISTORY: — It is during these years that his universal history, later called *Essai sur les Mœurs* (1753–56), was published. Here Voltaire's "philosophic" conception of history, his attempt to trace the cultural development of civilization, reached its climax. While the field was too broad for complete and accurate research on the part of one man, while the work partakes of the inadequacies of the time and the prejudices of the author, it was nevertheless an interesting and fruitful attempt which has influenced the writing of history since his day.

THE LISBON EARTHQUAKE: — On November 1, 1755, occurred a terrible earthquake with great loss of life at Lisbon. Voltaire with the rest of Europe was deeply shocked at this disaster. Immediately he wrote a brief, and very effective, poem entitled *Poème sur le désastre de Lisbonne* which was published early in 1756 along with a *Poème sur la Loi naturelle* composed a few years before. The former marks the author's public abandonment [9] of the philosophic optimism of Pope and Leibnitz, already questioned in his private correspondence and in works like *Zadig* and *Micromégas*. This *Poème sur le désastre de Lisbonne* called forth a long letter of polite protest and refutation on the part of Jean-Jacques

[9] That Voltaire's abandonment of Optimism was by no means so final as has generally been supposed has been shown by John N. Pappas in an article, "Voltaire and the Problem of Evil," in *L'Esprit Créateur*, III, 199-206 (1963).

Rousseau, recently become famous and destined soon to be the enemy and the outstanding rival of Voltaire.

CANDIDE: — At length *Candide*, Voltaire's most enduring work, composed in 1758 and published in 1759, appeared when the author was at the climax of his career. The experiences, the reading, the reflection of many years, culminated in this astonishingly light, rapid, and effective prose tale, which will be discussed more fully in a separate introduction below.

TOURNAY AND FERNEY: — In order to escape the inconvenience of Protestant opposition at Geneva to the theater, Voltaire purchased at the end of 1758 a castle then just across the frontier in French territory, the Château of Tournay, beautifully located overlooking Lake Geneva with the snow-capped range of Mont Blanc in the distant background. A few weeks before, he had secured also an adjoining property, Ferney, likewise in France about a mile from Tournay down in the valley beneath the Jura Mountains. Here he settled in 1759, gradually abandoning Tournay and Les Délices, and made Ferney famous as his home for the next nineteen years until a few months before his death. Ferney was hardly more than a half-hour's drive from Geneva. If persecuted in France, Voltaire could easily escape across the frontier before the slow-moving powers from faraway Paris could effectively act. Outside of Swiss jurisdiction he could laugh at attacks from that quarter.

VOLTAIRE THE REFORMER: — Although when he settled at Ferney Voltaire was sixty-five years old, he continued writing as actively as ever until his death nearly twenty years later. In this period was published his *Traité sur la tolérance* (1763) in defense of the Protestant Jean Calas, who had been executed at Toulouse on a charge of having killed his son to prevent his conversion to Catholicism. In 1764 appeared the famous *Dictionnaire philosophique*, in which the author tried to put the leading ideas of philosophic rationalism in portable

form to reach a larger audience than the great folio volumes of the *Encyclopédie* of Diderot and D'Alembert. Two years later, in 1766, came the *Philosophe ignorant*, which gives frank and succinct expression to the author's modest ignorance about the origin, meaning, and destiny of human life. In addition, a host of minor works, pamphlets, "pièces de circonstance," *rogatons, petits pâtés,* as the author called them, sent out from the relative safety of Ferney, amused, astonished, shocked, or moved the European public, and gradually built up the reputation of Voltaire as the arch-mocker, even blasphemer, of all time. The justification of these works lies in the abuses which they combated, many of which *Candide* likewise so wittily attacked.

RETURN TO PARIS AND DEATH: — After many years of developing the estate and village of Ferney, of receiving distinguished visitors from all over Europe, of keeping the reading public constantly on the *qui vive* for the products of his indefatigable pen, Voltaire finally yielded to the importunities of his friends and of his niece, Mme Denis, and set out in 1778 for a Paris which he had not seen since he left it for Berlin twenty-eight years before. He was triumphantly received, met Benjamin Franklin, wore himself out with excessive activity and excitement unsuited to his advanced age, and died on May 30, 1778, in his eighty-fourth year, one month before the death of his younger contemporary and rival, Jean-Jacques Rousseau.

CONCLUSION: — "Of his [Voltaire's] prodigious literary performance," writes John M. Robertson, the celebrated historian of free thought, "it is probably within the truth to say that in respect to swift influence on the general intelligence of the world it has never been equalled by any one man's writing; and that, whatever its measure of error and personal misdirection, its broader influence was invariably for peace on earth, for tolerance among men, and for reason in all things. His faults were many, and some were serious; but

to no other man of his age, save possibly Beccaria,[10] can be attributed so much beneficent accomplishment." [11]

[10] Beccaria (1735–1794), celebrated Italian writer, the author of a *Treatise on Crimes and Punishments* (1764), translated into French by Morellet in 1766 and published with an anonymous commentary by Voltaire. Many needed reforms in penal codes were due in great part to Beccaria.

[11] John M. Robertson, *A Short History of Free Thought*, 2nd edition, New York, 1900, II, 219–20.

II. Candide (1759)

1. THE COMPOSITION AND PUBLICATION OF *CANDIDE*

In January of 1758 Voltaire was established comfortably at Lausanne, some fifty miles up the north shore of the Lake from Geneva. This was for a time his winter home in a house which he had bought only six months before in June of the preceding year on the edge of the city at N° 6, Rue du Grand-Chêne.[1] Here, in contrast to Les Délices at this season, he was cozy and warm, and the separate government then of Lausanne, unlike that of the austere Genevan pastors, did not frown on his favorite diversion of the theater. Here, too, on the commanding heights of Lausanne, with fifteen windows in a great curve facing the Lake, he enjoyed a rarely magnificent view.

"Cent jardins sont au-dessous de mon jardin," he wrote enthusiastically to a friend. "Le grand miroir du lac les baigne. Je vois toute la Savoie au delà de cette petite mer, et par delà la Savoie les Alpes qui s'élèvent en amphithéâtre et sur lesquelles les rayons du soleil forment mille accidents

[1] Moland, XXXIX, 215, June 2, 1757; Besterman, XXXI, 186.

de lumière. Monsieur des Alleurs n'avait pas une plus belle vue à Constantinople." [2]

If anyone has thought that Voltaire, because he did not choose to make a place in his literary works for romantic descriptions, could not appreciate the beauties of outdoor nature, this passage should refute that myth once and for all. Voltaire, like ourselves, took great delight in the striking scene he saw at Lausanne with the broad expanse of the Lake spread out far below, the smiling slopes of French Savoy on the opposite shore, and, in the background, the snow-capped peaks of the Alps with all the changing play of light and shade over mountain and valley through the passing hours.

Temporarily at leisure in these days of January, 1758, deeply moved by the horrors of the Seven Years' War as reported to him frequently in letters from Germany by the Duchess of Saxe-Gotha and other aristocratic friends, Voltaire was seized by the demon of inspiration, it appears, and started to write his little novel of satire and protest. About the composition of *Candide*, the author, prudently or carelessly, has told us nothing. We are reduced to inference on the basis of such scattered bits of evidence as are available. Certain occasional phrases dropped in Voltaire's correspondence resemble strikingly some of those found in *Candide*. They suggest that both were probably written about the same time when fresh in Voltaire's mind. Since we are generally able to date, or approximately date, the letters, we can therefore assume that these dates are also very nearly those of corresponding passages in the prose tale.

The results of close study by Professor Ira O. Wade [3] and M. René Pomeau [4] lead now to the belief that Voltaire began to write his novel of *Candide*, as we have already suggested, at Lausanne in January of 1758, took it up again after an

[2] Moland, XXXIX, 340, Jan. 5, 1758; Besterman, XXXIII, 15.

[3] Ira O. Wade, *Voltaire and Candide*, Princeton University Press, 1959, pp. 145–56.

[4] René Pomeau, *Candide*, édition critique, Paris, Nizet, pp. 25–46.

interval of renewed work on his general history, *L'Essai sur les Mœurs*, in March and April after he was back at Les Délices, and then did a good part of the rest at Schwetzingen while at the court of Charles-Theodore, Elector of the Palatinate.

In midsummer, 1758, Voltaire spent a month with the Elector, mostly, perhaps wholly, at Schwetzingen, Charles-Theodore's summer palace situated on the flat plain between Mannheim and Heidelberg. Here at this German Versailles in the midst of magnificent grounds laid out in formal French fashion with many beautiful fountains and long straight walks beneath arching trees, Voltaire must have enjoyed the numerous outdoor *fêtes* and the productions of operas, operettas, and French plays in the little theater. Here he continued to write, and probably read aloud for his host's amusement a large part of the little masterpiece ever since remembered as Voltaire's chief work. Here, too, his faithful secretary, Wagnière, as he reported, wrote his first copy of the novel (how far it was then completed we do not know) for the benefit of the Elector.

It seems probable that Voltaire finished *Candide* some time in August or at any rate by September either before or after he returned to Les Délices, gave it various slight revisions later in the fall, and was finally ready to print after about a year of work, carried on, not continuously, but at spasmodic intervals when he was free of other more pressing concerns and felt in the mood. The ridiculous legend that *Candide* was written in three days has never been believed by anyone who has given serious thought to the subject.

Mr. Wade's happy discovery at the Arsenal Library in Paris of a late manuscript of *Candide* sent to the Duke and Duchess de La Vallière [5] before publication has done much to change our thinking about the composition of the little novel. No longer does it appear to have been quite the spontaneous

[5] I. O. Wade, "The La Vallière MS. of *Candide*," *French Review*, xxx, 3–4 (1956).

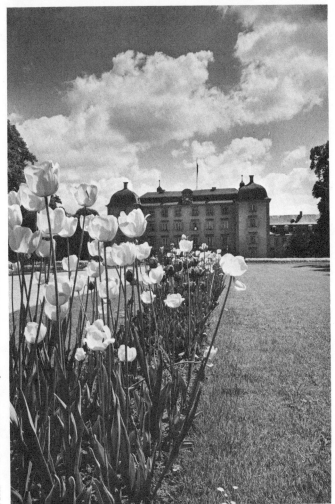

SCHWETZINGEN, CASTLE AND PARK

product of a few weeks as formerly seemed reasonable to André Morize and to others, like myself, who followed his lead. No doubt it was still written on the whole rapidly, but the changes in the text before actual publication show that there were many thoughtful revisions. Some of Voltaire's best *trouvailles* from the point of view of style came as significant afterthoughts.

Ready finally by the end of 1758, *Candide* was first published in January of 1759.[6] Once before the public, it enjoyed immediate success. Within a month 6,000 copies had been sold.[7] There were at least twenty editions of the work during the year 1759 alone,[8] a large number for the time. Some further additions were made by the author later, mostly to Chapter XXII, and published in an edition of 1761, giving us the text of *Candide* substantially as we know it today.

2. THE BACKGROUND OF *CANDIDE*

A. *The Philosophy of Optimism*

Whatever may have been the exact circumstances of the composition of *Candide*, it was evidently written at intervals and completed within the year 1758. Voltaire was then 64 years old. His experience had been long and varied; he had read widely, particularly in connection with the preparation of his universal history known finally as the *Essai sur les Mœurs*; he had written in all the important literary *genres* of his time; he had acquired for himself a position of relative independence, safety, and detachment at Les Délices. His intellectual development was complete; his style was formed; Voltaire was at the height of his powers, ready to produce the masterpiece which in its kind has never been surpassed or even equalled. What was the background out of which *Candide* came?

[6] I. O. Wade, *Voltaire and Candide* (1959), p. 182.

[7] *Ibid.*, p. 183.

[8] René Pomeau, *Candide*, édition critique, p. 75.

ALEXANDER POPE (1688–1744): — Among the philosoph-
ical viewpoints dominant in eighteenth-century thought, that
known by the misleading name of Optimism [9] held a high
place. Of this philosophy the English poet, Alexander Pope,
was one of the chief exponents and popularizers. While living
in England during the years 1726 to 1729, Voltaire had
formed some personal acquaintance with Pope and had in-
creased his knowledge of the latter's works. Then, in 1733
and 1734, after Voltaire's return to France, appeared Pope's
most famous poem, his *Essay on Man*, still one of the classics
of English literature. Voltaire, who read English fluently,
received the poem almost immediately upon its appearance,
the first two epistles probably as early as May, 1733.[10] Two
months later in a letter to his friend Thieriot, he commented
upon the poem in an amusing mingling of French and English:
"A propos d'épître, dites à M. Pope que je l'ai très bien re-
connu in his *Essay on Man*; 't is certainly his style. Now and
then there is some obscurity; but the whole is charming." [11]
Such a contrast of praise and criticism, in varying proportions,
remains characteristic of nearly all of Voltaire's comments
upon Pope during the rest of his life.

The *Essay on Man* became quickly popular on the con-
tinent of Europe and was translated into French and many
other languages. In 1738 and 1739, Voltaire paid Pope the
homage of imitation by writing his seven *Discours en vers sur
l'Homme* which, without often following Pope closely, ob-
viously took their general inspiration from his work. Like-
wise Voltaire composed in 1752, and in 1756 published, his
Poème sur la Loi naturelle, which in many ways harmonized
with Pope's attitude. By the general public therefore Voltaire
in 1756 had come to be regarded, not altogether unfairly on

[9] See the important article by Arthur O. Lovejoy, "Optimism and
Romanticism," *Pub. Mod. Lang. Assoc. of America,* December, 1927.

[10] Cf. my article in *Modern Language Notes* (November, 1928),
"Voltaire's Marginal Comments upon Pope's *Essay on Man*," p. 429.

[11] Moland, XXXIII, 364; Besterman, III, 108.

the basis of his published work,[12] as a leading exponent of
Optimism in France. Certainly at heart he was far from
holding such a viewpoint. This is clearly shown by his
Poème sur le désastre de Lisbonne of this same year 1756, the
Preface of which was aimed directly at clarifying his attitude
on Pope. Voltaire here was eager to state that he was by no
means a literal follower of philosophical Optimism.

What was the view expressed by Pope in the *Essay on Man?*
The reader who will give a little time to the four brief epistles
of this poem followed by the *Universal Prayer* so frequently
circulated with it will understand better the subject under
discussion. A few quotations from the *Essay on Man* will
help to make clear the author's thought.

Pope starts with the premise that this world must be a
planned world and that God must have chosen the best plan
for all nature and life.

> *Of Systems possible, if 'tis confest,*
> *That Wisdom infinite must form the best,*
> *Where all must full or not coherent be,*
> *And all that rises, rise in due degree;*
> *Then, in the scale of reas'ning life, 'tis plain,*
> *There must be, somewhere, such a rank as Man:*
>
>
>
> *Respecting Man, whatever wrong we call,*
> *May, must be right, as relative to all.*
>
>
>
> *Then say not Man's imperfect, Heaven in fault;*
> *Say rather, Man's as perfect as he ought:*
>
>
>
> *Who finds not Providence all good and wise,*
> *Alike in what it gives, and what it denies?*

[12] Note Rousseau's admiration for *Le Poème sur la Loi naturelle* and
his attitude toward the meaning of *Zadig* as expressed in the opening
pages of his *Lettre sur la Providence* (Hachette), X, 122, 124. See below,
pp. xliv–xlv. Cf. also Morize, p. xxxi.

Emphasizing the continuity of all creation, Pope says:

> *Vast chain of Being ! which from God began,*
> *Natures ethereal, human, angel, man,*
> *Beast, bird, fish, insect, what no eye can see,*
> *No glass can reach; from Infinite to thee,*
> *From thee to Nothing. — On superior powers*
> *Were we to press, inferior might on ours;*
> *Or in the full creation leave a void,*
> *Where, one step broken, the great scale's destroy'd:*
> *From Nature's chain whatever link you strike,*
> *Tenth, or ten thousandth, breaks the chain alike.*
>
>
>
> *All are but parts of one stupendous whole,*
> *Whose body Nature is, and God the soul;*

The last four lines in this quotation summarize excellently the idea of the universe as a *plenum* or whole and state the concept of continuity, or the chain of being, about which so much is heard in the philosophy of Optimism. The First Epistle now closes with these equally characteristic lines:

> *All Nature is but Art, unknown to thee;*
> *All Chance, Direction, which thou canst not see;*
> *All Discord, Harmony not understood;*
> *All partial Evil, universal Good:*
> *And, spite of Pride, in erring Reason's spite,*
> *One truth is clear, WHATEVER IS, IS RIGHT.*

Thus the universe is declared to be essentially harmonious, partial evil (or evil to the individual) contributes to the universal good, and "whatever is, is right" and is in accordance with God's fundamental plan. The principle of continuity and the general good are further developed in Epistle III.

> *See Matter next, with various life endued,*
> *Press to one centre still, the gen'ral Good.*

See dying vegetables life sustain,
See life dissolving vegetate again:
All forms that perish other forms supply,
(By turns we catch the vital breath, and die)
Like bubbles on the sea of Matter born,
They rise, they break, and to that sea return.
Nothing is foreign: Parts relate to whole;
One all-extending, all-preserving Soul
Connects each being, greatest with the least;
Made Beast in aid of Man, and Man of Beast:
All served, all serving: nothing stands alone;
The chain holds on, and where it ends, unknown.

God in the nature of each being founds
Its proper bliss, and sets its proper bounds:
But as he framed a Whole, the Whole to bless,
On mutual wants built mutual Happiness:
So from the first, eternal ORDER ran,
And creature linked to creature, man to man.

Epistle IV makes individual happiness consist in the general good.

Remember, Man, "The Universal Cause
Acts not by partial, but by gen'ral laws";
And makes what Happiness we justly call
Subsist not in the good of one, but all.

.

ORDER is Heaven's first law; and this confest,
Some are, and must be, greater than the rest,
More rich, more wise; but who infers from hence
That such are happier, shocks all common sense.
Heaven to Mankind impartial we confess,
If all are equal in their Happiness:

.

God sends not ill, if rightly understood;
Or partial Ill is universal Good.

Twice more in this final epistle Pope repeats his characteristic

phrase: "Whatever is, is right," thus furnishing the direct source for the recurring ironical "tout est bien" of *Candide*.

LEIBNITZ [13] (1646–1716): — Not only in Pope must we seek the philosophical background of Voltaire's *Candide*, but also in Leibnitz, who preceded Pope in time and outranked him as an original thinker. So far from being the ridiculous figure suggested by the Pangloss of *Candide*, Gottfried Wilhelm Leibnitz was a mathematician and a scientist of high order, seeking earnestly the truth in every quarter, a student of all the great philosophers of past and present, a master of universal knowledge in a way truly phenomenal, a man comparable in importance to Descartes, Hobbes, Spinoza, and Newton. He was a physicist also, a co-discoverer with Newton (though independently of him) of differential calculus. Interested in jurisprudence, he was eager to bring about an alliance between the small German states, as well as to bridge the gap between Catholics and Protestants, and between the Reformed and Lutheran churches within Protestantism. As one of the most significant philosophers of his day, who has not been without influence upon some aspects of modern philosophy, Leibnitz must not be judged merely by Voltaire's witty satire in *Candide*. In fact, Voltaire seems always to have respected Leibnitz the *man* and to have recognized the astounding breadth of his mind, while rejecting his metaphysical system, as he tended to reject all others likewise. "Toute la métaphysique," Voltaire wrote to Frederick the Great of Prussia as early as 1737, "contient deux choses: la première, ce que tous les hommes de bon sens savent; la seconde, ce qu'ils ne sauront jamais." [14]

Leibnitz was inclined to be more constructive than destructive, and since the building of a philosophical system is vastly more difficult and uncertain than finding the defects in those of others, it is not surprising that he laid himself

[13] The spelling Leibnitz, rather than Leibniz, has been followed here as better indicating the pronunciation to English-speaking readers.

[14] Moland, XXXIV, 249; Besterman, VI, 126.

open to attack. His endeavor was to reconcile a mechanistic interpretation of the universe with belief in a God whose ends are just and good. His effort was imperiled by the use of a special terminology too easily susceptible of ridicule and often misunderstood. Moreover, much of his most significant work remained unpublished until long after his death and even after the appearance of *Candide*. Some of it has only become known in recent years. He was unfortunate, too, in that his disciple, Wolff, actually weakened and misrepresented his philosophy under the guise of clarifying and systematizing it. In spite of this, Leibnitz furnished Kant in many ways with a point of departure for his own philosophical system, was the real founder of German philosophy, and is highly esteemed by the philosophical idealists of the present day.

Leibnitz starts with two main assumptions: (1) God is good; (2) of all the possible worlds which God could have created he must therefore in creating this one have chosen the best. Leibnitz in no way suggests that this world is perfect and free from defects. On the contrary he acknowledges the existence of evil in the world, but reconciles it with belief in the goodness of God by assuming its inevitability and its moral value in the scheme of things. The world "is the expression, not of an indifferent all-powerful Will, but of an all-powerful Will which knows and decrees the best." [15] What is matter? No one even today knows. Leibnitz, in seeking to explain it, posited the existence of an indivisible something beyond the atom which he called the *monad*. All matter is then composed of monads which rise in due gradations from the lowest to the highest. Thus expression is given to the principle of continuity and the chain of being. The highest monad is God himself. Each monad is an entity with a certain degree of what might be freely called consciousness. The body and the mind do not interact, but they function according to a harmony which is pre-established. They

[15] Robert Latta, *Leibnitz*, Oxford, 1898, p. 107.

act as it were in parallel lines. This is the celebrated "preëstablished harmony" of which Voltaire makes mock in *Candide*. Everything has its cause or, as Leibnitz puts it, its "sufficient reason," another phrase easily distorted for purposes of satire.

With his intense desire for clearness, Voltaire saw in Leibnitz only words, abstruse, heavy words, which might impress the uncritical, but which did not in any real sense explain. He saw in what was called Optimism a dispiriting and really fatalistic philosophy used by followers of Pope and Leibnitz in justification of the *status quo*. Making a rapidly moving synthesis of most of the ills which beset mankind, Voltaire set it in sharp contrast to the phrases "the best of possible worlds," "sufficient reason," and "preëstablished harmony." The result was *Candide*, which marked definitely the decline of Leibnitz's influence in France and ruined his prestige with many a reader both of that time and since.

At first only slightly acquainted with the writings of Leibnitz, Voltaire as early as the beginning of the year 1737 [16] was introduced by Frederick the Great to the works of Wolff, the voluminous systematizer of the Leibnitzian philosophy. The mistress of Voltaire, Mme du Châtelet, with whom he was then living at Cirey in eastern France, was much interested in mathematics and physical science. With her usual passionate intensity of application she threw herself into the study of the abstruse system of Leibnitz. She was aided by the German mathematician, Kœnig, who, secured expressly for the purpose, spent some two years at Cirey around 1738 to 1740. At this time, Voltaire writes of himself and Mme du Châtelet: "Notre plus grand attention se tourna longtemps du côté de Leibnitz et de Newton." [17] While he himself preferred Newton, Mme du Châtelet wrote a treatise endeavoring to expound the Leibnitzian philosophy, and Voltaire was forced to take cognizance of the ideas of this German philosopher.

[16] Moland XXXIV, 196–97; Besterman, VI, 8–9.
[17] Moland, I, 8.

He did so without enthusiasm, but he appears to have read some of his works at first hand, not merely refracted through Wolff,[18] and from this time some of the characteristic Leibnitzian phrases, "l'harmonie préétablie," "la raison suffisante," begin to appear, jocularly or ironically in his correspondence. By 1741 Voltaire is definitely hostile both to Leibnitz and to Wolff. In a letter to M. de Mairan he writes: "Franchement, Leibnitz n'est venu que pour embrouiller les sciences. Sa raison insuffisante, sa continuité, son plein, ses monades, etc., sont des germes de confusion dont M. Wolff a fait éclore méthodiquement quinze volumes in −4°, qui mettront plus que jamais les têtes allemandes dans le goût de lire beaucoup et d'entendre peu." [19] The Leibnitzian terms, "sufficient reason" (labeled *insufficient* by Voltaire), the principle of the continuity of all things, the *plenum* or all-embracing whole of the universe, the *monades*, appear together in this passage, forecasting the effective use to be made of them seventeen years later in *Candide*. In 1744, an ironical letter to the German, Martin Kahle, shows Voltaire's repertory of such terms complete for his purposes. "Au reste, si jamais vous comprenez quelque chose aux *monades*, à *l'harmonie préétablie*; et ... si vous découvrez aussi comment, tout étant nécessaire, l'homme est *libre*,[20] vous me ferez plaisir de m'en avertir. Quand vous aurez aussi démontré en vers ou autrement pourquoi tant d'hommes s'égorgent dans *le meilleur des mondes possibles*, je vous serai très obligé." [21] Thus the language of Pangloss, "le plus profond métaphysicien d'Allemagne," is already formed, awaiting only the provocative occasion and the manner of its use.

A great earthquake at Lisbon with its enormous destruction of life and property was to constitute, if not precisely the

[18] Verne M. Pettit, *Voltaire's Opinion of Leibnitz* (unpublished Master's thesis, Ohio State University, 1930), pp. 18, 26, 37, 41,n., 66.

[19] Moland, XXXVI, 50; Besterman, XI, 108.

[20] *Nécessaire,* inevitable, (philos.) determined; *libre,* having the gift of Free Will. Thus two irreconcilable principles are presented.

[21] Moland, XXXVI, 309–10. Italics mine; Besterman, XIII, 198.

cause, at least a most important link in what might be called
with André Morize [22] the Leibnitzian *chain* of causes leading
up to *Candide.*

B. *The Earthquake at Lisbon* (1755)

On November 1, 1755, occurred at Lisbon a terrible earth-
quake, which, followed by a tidal wave and the inevitable fire,
destroyed the lives of from 30,000 to 40,000 people and
caused property damage estimated at $100,000,000 in modern
money. News traveled slowly in those days. It was the 4th
of November before a courier could be dispatched from the
midst of the disorder and terror.[23] It was two weeks later
when this courier finally arrived in Paris with the news.[24] It
was November 23 when the first report of the disaster
reached Geneva.[25] On the 24th Voltaire mentioned it in his
correspondence.[26] But if the news arrived slowly, it lost none
of its effect by the delay. We moderns are in danger of
becoming blasé and callous from the very rapidity and
completeness with which crime and disaster and accident
beat upon our minds and spirits every day through the news-
papers, radio, and television. It was not so in the eighteenth
century. The first details of the disaster have been reported
and preserved for us in private letters whose words still evoke
a shudder at the horror of the news. Ministers preached upon
the subject endeavoring to justify the ways of God to man.
The question of Providence was hotly debated in private
discussion.

Voltaire's brief letter to one of the Tronchin brothers at
Lyons, written on November 24, shows his first unpremedi-
tated impressions which already forecast some parts of
Candide.

[22] Morize, pp. vii–viii.
[23] Unpublished letter of Du Pan to Mme Freudenreich, Nov. 23–24,
1755. Bibliothèque de Genève, Mss. Du Pan, V, f. 32 and verso.
[24] *Ibid.* Also D'Argenson, *Mémoires*, Paris, 1859–67, IX, 131.
[25] Du Pan to Mme Freudenreich.
[26] Moland, XXXVIII, 511; Besterman, XXVIII, 157.

Voilà, monsieur, une physique bien cruelle. On sera bien embarrassé à deviner comment les lois du mouvement opèrent des désastres si effroyables dans *le meilleur des mondes possibles;* cent mille fourmis, notre prochain, écrasées tout d'un coup dans notre fourmilière, et la moitié périssant sans doute dans des angoisses inexprimables, au milieu des débris dont on ne peut les tirer, des familles ruinées aux bouts de l'Europe, la fortune de cent commerçants de votre patrie abîmée dans les ruines de Lisbonne. Quel triste jeu de hasard que le jeu de la vie humaine ! Que diront les prédicateurs, surtout si le palais de l'inquisition est demeuré debout ? Je me flatte qu'au moins les révérends pères inquisiteurs auront été écrasés comme les autres. Cela devrait apprendre aux hommes à ne point persécuter les hommes; car, tandis que quelques sacrés coquins brûlent quelques fanatiques, la terre engloutit les uns et les autres.... Je crois que nos montagnes nous sauvent des tremblements de terre.[27]

Here already appears the phrase, *le meilleur des mondes possibles*, soon to be used as the *Leitmotiv* of *Candide*. Here, too, appear the earthquake and also the attack upon the Inquisition which figure so prominently in the first part of the novel. Thus some of Voltaire's most important materials are now ready to his hand, accompanied by a decided urge in the direction of using them.

First, however, was published his philosophic poem on the earthquake, *Le Poème sur le désastre de Lisbonne*. It was written almost at once during the early days of December,[28] retouched several times in the direction of prudence at the advice of friends, and issued along with the *Poème sur la Loi naturelle* as one of his "deux petits sermons" [29] during the

[27] Moland, XXXVIII, 511; Besterman, XXVIII, 157.

[28] See my article, "Voltaire's Pessimistic Revision of the Conclusion of his *Poème sur le désastre de Lisbonne*," *Mod. Lang. Notes*, December, 1929, p. 489, n.

[29] Moland, XXXIX, 26; Besterman, XXIX, 168. Thus Voltaire hits at the sermons by his ministerial friends and acquaintances at Geneva and elsewhere.

first part of 1756. In serious mood, protesting in the Preface to the poem against the fatalistic implications of ineradicable evil in the so-called Optimism of Pope and Leibnitz,[30] Voltaire endeavors to steer a delicate course between a too dangerous heresy on the one hand and on the other an orthodoxy unbefitting the poem's none too orthodox writer. The irony, the mockery, the ridicule of *Candide* would be out of place here, but Voltaire calls in question the operation of Providence in connection with the problem of Evil from a viewpoint essentially similar. His attitude was at once to draw forth a protest from the man who was soon to become his great rival, Jean-Jacques Rousseau.

C. Jean-Jacques Rousseau (1712–1778)

Eighteen years younger than Voltaire, Jean-Jacques Rousseau at this time had only recently attained fame. His *Discours sur les sciences et les arts*, published in 1750, challenged the popular, if somewhat fatuous, modern tendency to believe that material and moral progress go necessarily hand in hand. It had won for him a prize from the Academy of Dijon and the reputation of *un homme à paradoxes*. A second work, his *Discours sur l'origine de l'inégalité parmi les hommes*, appearing in 1755, attacked social inequality among men. Like modern socialists and communists, Rousseau found the cause of this inequality in the institution of private property. Needless to say, the wealthy occupant of Les Délices did not share Rousseau's views in these two discourses and on August 30, 1755, wittily poked fun at both in a letter of acknowledgment addressed to the author himself. The relations of the two men still remained, however, friendly.

Nearly a year later, August 18, 1756, Rousseau wrote Voltaire a very long letter acknowledging the receipt of his two poems on *La Loi naturelle* and on *Le Désastre de Lisbonne*, agreeing with the viewpoint of the former, but refuting at

[30] Moland, IX, 468.

great length the latter. Rousseau defends Pope and Leibnitz as consoling. The origin of moral evil he finds in man's Free Will. For this evil man is therefore responsible. Physical evil Rousseau considers relatively negligible, though much increased by the regrettable luxury and complexity of civilization. Seeming irregularities in nature are to be accounted due to laws still unknown to us. Rousseau suggests that the familiar phrase "tout est bien" might be worded more accurately "le tout est bien," or "tout est bien pour le tout." Providence is to be thought of as general in its operation rather than particular, but the charge of injustice to the individual in this present life is met by belief in immortality and the rewards and punishments of a future existence. Finally, Rousseau rejects "l'état de doute" as "trop violent pour mon âme," attacks atheism and intolerance, and asserts his agreement with the theism expressed in Voltaire's previous works.[31] This letter is commonly called Rousseau's *Lettre sur la Providence.*

Rousseau had sent the letter to his friend, Dr. Theodore Tronchin of Geneva, to be delivered by him to Voltaire if, as the patriarch's physician, he thought it wise. Dr. Tronchin did pass the letter on to Voltaire and acknowledged Rousseau's letter on September 1st,[32] probably soon after receiving it. Voltaire took time to think the matter over and, on September 12, nearly two weeks later, wrote from Les Délices a brief, but very courteous reply to Rousseau in which he excused himself from engaging in a philosophical debate on account of the serious illness of one of his nieces, Mme de Fontaine, as well as because of his own ill health, hoped that Rousseau would return to his native city, Geneva, and closed: "Comptez que de tous ceux qui vous ont lu, personne ne vous estime plus que moi malgré mes mauvaises plaisanteries, et que de

[31] Rousseau, *Corr. gén.* (Paris, Colin), II (1924), 303–24; *Corr. complète,* éd. par. R. A. Leigh, Genève, Institut et Musée Voltaire, IV (1967), 37–50.

[32] Rousseau, *Corr. gén.,* II, 326–328; *Corr. complète,* IV, 93–94.

tous ceux qui vous verront, personne n'est plus disposé à vous aimer tendrement." [33] It would hardly be possible to be more polite than Voltaire is here, even to the point of half apologizing for the "mauvaises plaisanteries" of his letter of the preceding year directed against the First and the Second Discourse. Such indeed was Rousseau's own first impression, as he wrote the next day to Mme d'Epinay: "J'ai reçu hier une lettre obligeante de Voltaire." [34] Such too was Rousseau's attitude four months later on January 25, 1757, in a letter to Dr. Tronchin of Geneva: "J'ai été charmé de la réponse de M. de Voltaire; un homme qui a pu prendre ma lettre comme il a fait mérite le titre de philosophe, et l'on ne peut être plus porté que je le suis à joindre à l'admiration que j'eus toujours pour ses écrits l'estime et l'amitié pour sa personne." [35] Truly all is for the best in the best possible of worlds as far as the relations of the two men up to this time are concerned.

But in October, 1758, — probably too late to affect the first draft of *Candide* — appeared Rousseau's *Lettre à D'Alembert sur les spectacles*, which attacked the latter's article in the Encyclopedia favoring the establishment of a theater at Geneva. Voltaire himself eagerly desired a theater there and resented Calvinistic restrictions on his favorite literary *genre*. Indeed he was thought to have partly inspired D'Alembert's article on this point. Therefore Voltaire fell within the scope of Rousseau's attack also, and not unnaturally considered him in consequence a sort of renegade now gone over to the enemy and aligned against the Encyclopedia and the philosophic party so dear to Voltaire's heart. Hostility increased between the two men with no continuance of direct relations until finally on June 17, 1760, Rousseau wrote to Voltaire disclaiming responsibility for the

[33] Moland, XXXIX, 108–09; Besterman, XXX, 138–39.

[34] Rousseau, *Corr. gén.*, II, 342, Sept. 20, 1756 (cf. *Errata, ibid.*, III, 377); *Corr. complète*, IV, 112.

[35] Rousseau, *Corr. gén.*, III, 8; *Corr. complète*, IV, 152.

unauthorized publication in October of 1759 of the so-called *Lettre sur la Providence*. In the final paragraph Rousseau suddenly without warning threw into the patriarch's face the startling words: "Je ne vous aime point, monsieur . . . Je vous hais enfin," [36] which meant a definite breach never to be closed.

Many years later, when Rousseau wrote the second part of his famous *Confessions*, which were published only after his death, his earlier view of the reception accorded his *Lettre sur la Providence* was changed by the embittered relations between himself and Voltaire. Rousseau dwelt then upon the fact that he had never received a detailed reply to the philosophical arguments developed at such great length. "Depuis lors," he wrote, "Voltaire a publié cette réponse qu'il m'avait promise, mais qu'il ne m'a pas envoyée. Elle n'est autre que le roman de *Candide* dont je ne puis parler, parce que je ne l'ai pas lu." [37] Already in 1764 one of Rousseau's friends, the Prince of Wurtemberg, had shown surprise that the *Letter on Providence* had not *prevented* the writing of *Candide*. On March 11 of that year Rousseau replied: "Vous êtes surpris que ma *Lettre sur la Providence* n'ait pas empêché *Candide* de naître ? C'est elle, au contraire, qui lui a donné naissance; *Candide* en est la réponse." [38] According to Rousseau, then, *Candide* is primarily a reply to his *Letter on Providence*.

Such a view is an exaggeration. Voltaire's attitude toward the question of Providence had already been made clear in the *Poème sur le désastre de Lisbonne* which had in fact provoked Rousseau's long rejoinder. Rousseau's *Letter on Providence* appears as one more incident, important certainly, but not absolutely essential, in the chain of circumstances connected with the genesis of *Candide*.

Nevertheless certain indications may support Rousseau's

[36] Rousseau, *Corr. gén.*, V. 135.

[37] *Œuvres complètes de J.-J. Rousseau* (Pléiade ed.), Paris, Gallimard, I (1959), 430.

[38] Rousseau, *Corr. gén.* (Colin), X, 347.

view in milder form. While it is true that nothing in *Candide* shows him to be attacked in the same fundamental way as Pope and Leibnitz, we should not forget that every blow leveled at them must likewise hit Rousseau who in his *Letter* had made himself their spokesman and consequently the most important contemporary defender of Optimism. It is noteworthy that the implication of both Rousseau's statements relative to *Candide* is that he was reflecting an opinion of others as well as himself. Moreover, in his extraordinary letter of rupture in 1760 Rousseau stated that Voltaire had been asked and had refused permission to allow the *Letter on Providence* to be printed. If this is true, — and Rousseau could hardly have ventured to write such a statement to Voltaire if it were not — it seems to indicate a certain pique on the part of the latter caused perhaps by the effectiveness of Rousseau's *Letter* and a consequent unwillingness on the part of the patriarch either to reply or to be left in the embarrassing position of not having replied. Thus Rousseau added by his *Letter on Providence* one more reason for Voltaire to attack Optimism, but after his own manner and with his own weapons.

" 'Je me flattais, dit Pangloss, de raisonner un peu avec vous des effets et des causes, du meilleur des mondes possibles, de l'origine du mal, de la nature de l'âme, et de l'harmonie préétablie.' Le Derviche à ces mots leur ferma la porte au nez." [39] Whether intentionally or not, this passage in *Candide* — its brusqueness apart — admirably paints the situation between Pangloss-Rousseau and the Derviche-Voltaire, who had refused to be drawn into discussion.

At the close of his *Letter on Providence*, Rousseau had admitted consciousness of his suffering, but had insisted upon the consolations of Optimism. The passage was made the more pointed by a deliberate contrast with Voltaire enjoying wealth and all the external elements of good fortune. Should we perhaps see Voltaire's rejoinder in the final chapter of

[39] See p. 109.

Candide? "Pangloss avouait qu'il avait toujours horrible-
ment souffert; mais ayant soutenu une fois que tout allait
à merveilles, il le soutenait toujours, et n'en croyait rien." [40]
The *Discourse on Inequality* probably comes in for attack in
the sentence: "Ah! que dirait maître Pangloss, s'il voyait
comme la pure nature est faite?" [41] though Voltaire had
never had illusions about the supposed joys of primitivism,
but constantly — even as early as *Le Mondain* (1736), when
Rousseau was unheard of — had preferred the delights of
civilized society. Voltaire had annotated his copy of the
Discours sur l'inégalité with derogatory remarks, the strongest
of which was directed against Rousseau's attack upon private
property. Though the latter was by no means alone in ex-
pressing such views, it is probable that Voltaire's thrust at
communism is particularly aimed in his direction. "Hélas,
dit Candide, le bon Pangloss m'avait souvent prouvé que
les biens de la terre sont communs à tous les hommes, que
chacun y a un droit égal." [42]

All in all, however, the direct thrusts at Rousseau are
neither numerous, violent, nor absolutely certain. They were
written, it should be remembered, in 1758 before the relations
between the two men became completely embittered, and it is
perhaps surprising that Voltaire did not take occasion to in-
sert in his additions to *Candide* of 1761 invective against
Rousseau as he did against some of his lesser enemies.
Satisfied with the effectiveness of his work as a whole and his
mockery of Optimism, Voltaire did not trouble in *Candide* to
attack Rousseau more directly. If the latter saw himself hit,
he was probably right in appropriating to himself much of the
general satire of Optimism and Providence. In this sense, but
less exclusively than Rousseau thought, his *Letter on Provi-
dence* did no doubt have a certain repercussion upon the
composition of *Candide*.

[40] See p. 108.
[41] See p. 47.
[42] See p. 28.

D. "Scarmentado" (1756)

Already in 1756 Voltaire had published a brief work only a few pages in length characterized by Gustave Lanson as a sort of preliminary sketch of *Candide*.[43] This work is known as the *Histoire des Voyages de Scarmentado*. Not only the general framework of the rapid voyage of adventure and disillusion, common to most of Voltaire's *contes philosophiques*, ties *Scarmentado* and *Candide* together, but many of the same countries are visited in both: France, England, Spain, Holland, Turkey, North Africa. The situation of the lady Fatelo between three suitors, Scarmentado, and the Reverend Fathers Poignardini and Aconiti, exactly parallels that of Cunégonde amid the Grand Inquisitor, Don Issachar, and Candide. The execution of Barneveldt shocks Scarmentado on his arrival in Holland just as that of Admiral Byng horrifies Candide in England. Notre Dame d'Atocha, Muley-Ismael are referred to in both. The experiences of Scarmentado with the Inquisition resemble strikingly, even to the language used for their narration, those of Candide. Both works mention the *devils* and the *flames* painted on the costumes of the victims of the Auto-da-fé. In *Scarmentado*, there are "des chrétiens qui avaient épousé leurs commères"; in *Candide*, as Morize indicates,[44] the detail becomes more precise; it is "un Biscayen convaincu d'avoir épousé sa commère." The "cachot très frais" of *Scarmentado* becomes the more piquant expression "des appartements d'une extrême fraîcheur," of *Candide*. Of his treatment by the Inquisition, Scarmentado says: "J'en fus quitte pour la discipline," and Candide is released after being "fessé en cadence." Both works refer to a dispute over "la manière de faire la révérence." Both bring in African corsairs and their victims. A reference in *Scarmentado* to "une espèce de terre jaune

[43] G. Lanson, *Voltaire* (Grands Ecrivains français), p. 150. Cf. also Morize, p. lii.

[44] Morize, p. 40.

qui par elle-même n'est bonne à rien" is a first hint of the yellow mud and precious pebbles (gold and diamonds) which arouse the covetousness of Candide and Cacambo in El Dorado. The parallels are numerous enough and definite enough to show a real connection in Voltaire's mind between the two works. Thus *Scarmentado* occupies a somewhat special place among the numerous sources of *Candide* to be found in other works of Voltaire himself. It is in effect something of a little *Candide*, much less interesting, very slightly developed, lacking the important thrusts at Optimism and Providence, but constituting nevertheless a sort of embryo of the greater work which was to be.

E. The "Essai sur les Mœurs" (1753–1756)

The *Essai sur les Mœurs*, first known as *L'Histoire universelle*, is Voltaire's ambitious, and for the time remarkably successful, attempt at a synthesis of universal history. With a true spirit of cosmopolitanism he tried to see the history of the human race as a whole and to gather up from it those facts of real significance in the development of humanity. Voltaire saw in history, not primarily the bare narrative of wars and battles, reigns and dynasties, but rather the story of the gradual increase of liberty and comfort, the progress of invention, the slow speed of tolerance, the improvement little by little of conditions of life for the people as a whole. True, it is a record also of the wickedness and folly of mankind. The scourge of war without rhyme or reason constantly takes its terrible toll. Monks and nuns withdrawn into monasteries and convents deprive humanity of the service of large groups of men and women, who might have contributed to agriculture and manufacture. There is much to be put on the debit side of the ledger. Nevertheless there *is* progress and the present after all is better than the past, even though improvement comes on laggard feet. Thus Voltaire viewed history with clairvoyant, yet hopeful, eyes.

For years Voltaire had been working upon this "philo-sophic" interpretation of universal history. He had started it at Cirey in order to convince Mme du Châtelet that history was not merely the dull record of dates and battles. After the publication of some fragments serially in the *Mercure de France*, an unauthorized edition suddenly appeared in 1753, much to Voltaire's disgust. He immediately published a third volume in 1754 and followed this in 1756 with a ten-tatively complete edition whose four volumes were supple-mented by a reprinting of *Le Siècle de Louis XIV* (1751) making three volumes more. Other reworkings and addi-tions testified to Voltaire's unremitting zeal in perfecting his work.

Obviously a history of such immense scope required great breadth of reading and this reading came to a head in the years immediately preceding *Candide*. In fact during 1758, the very year when the novel was composed, Voltaire was engaged in preparing for a new edition "les chapitres de la religion mahométane, des possessions françaises et anglaises en Amérique, des anthropophages, des jésuites du Paraguai, des duels, des tournois, du commerce, du concile de Trente, et bien d'autres." [45] This important material on the French and English colonies in America, cannibalism, and particu-larly on the Jesuit rule in Paraguay was fresh in his mind at this time and quite naturally figured prominently in *Candide*. As Morize has pointed out, the abstract generalizations of the *Essai* become concrete persons and incidents in the novel. The Anabaptists of Holland become "un bon ana-baptiste, nommé Jacques." The Jesuit officers of Paraguay are personified by "le Révérend Père provincial," who turns out to be the brother of Cunégonde. The treatment of cap-tured Christians by the Moors furnishes the background for part of the narrative of the sufferings of "la vieille." Where in the *Essai* the author aims for the most part at sober ac-curacy, in *Candide* he sometimes intentionally heightens the

[45] Moland, **XXXIX**, 353; Besterman, **XXXIII**, 16.

tone for picturesque effect. Thus in the former the Spanish officers are allowed by the Jesuits a stay of only three days in Paraguay; in the latter we are told that they must not remain more than three hours. Some of the changes in *Candide* are due to the confusing or blending of various sources, some to the general fact that in a work of fiction the author could cease verification and invent, change, combine, omit, as he pleased and in accordance with the effect desired. Throughout *Candide* details too numerous to mention find their inspiration in reading done for the *Essai*. The novel was composed when Voltaire was at the summit of his intellectual development, when his rich memory was particularly well stocked with historical information, allusions, and anecdotes, and with all the fund of his own active life and experience. *Candide* was a natural and nearly spontaneous synthesis of a long chain of circumstances which had gone before. In this chain of circumstance Voltaire's own work, the *Essai sur les Mœurs*, occupied a very important place and furnished much of the material out of which his greatest work of fiction was composed.

F. The Novel of Adventure and the Philosophic Conte

The philosophy of Optimism, Leibnitz, Pope, the earthquake at Lisbon, Jean-Jacques Rousseau and the discussion over Providence, *Scarmentado*, the *Essai sur les Mœurs*, all played prominent parts in furnishing inspiration or material for *Candide*. All through the novel numberless incidents can be directly traced to one or another of these sources. There is still another important influence, however, which determined the very form and framework in which the novel was composed. When Voltaire sat down to write this novel, the main characteristics of his rapidly-moving plot were ready to his hand. He had only to draw upon the conventionalities of the popular novels of adventure and thwarted love and treat ironically what his predecessors had written seriously. Thus

his satire falls not only upon his philosophical opponents, his numerous personal enemies, and upon human frailty, ferocity, and wickedness in general, but also upon the unreality and exaggeration of popular romance throughout the seventeenth and eighteenth centuries down to the time of the composition of *Candide* itself.

In the seventeenth century two main tendencies in the French novels of the time early revealed themselves, corresponding to the two ever-divergent characteristics of the human mind in all ages, the idealistic and the realistic. Thus the pastoral romance of Honoré d'Urfé, *L'Astrée* (1607–1627), under the guise of shepherds and shepherdesses, represented the *préciosité*, the high-flown sentiments, and the somewhat affected language which as ideals at least were supplanting in aristocratic circles the blunt grossness of the troubled period of civil war immediately preceding. Like the love-sick hero Céladon separated from his beloved Astrée, Candide too after leaving El Dorado will carve the name of his absent sweetheart Cunégonde on the bark of trees, but in the former case the author is serious, in the latter satirical. Gomberville in *Polexandre* (1619–1637), La Calprenède in *Cassandre* (1642–1645) and in *Cléopâtre* (1647), Mlle de Scudéry in *Ibrahim ou l'illustre Bassa* (1641), *Artamène ou le grand Cyrus* (1649–1653), and *Clélie* (1654–1660) with its famous "Carte du Tendre," abandon the pastoral for the heroic-gallant novel of marvelous adventure and unrealistic courtship in lands equally foreign to author and reader. Shipwrecks, kidnappings by rival suitors, the incursions of corsairs and pirates, recognition scenes in which long-separated characters are suddenly and unexpectedly reunited, furnish the regular stock in trade of these and many later novels. These very same elements reappear satirically in *Candide*. Such in brief was the idealistic novel of the seventeenth century. It was early satirized in realistic *bourgeois* novels like Sorel's *Francion* (1622) and *Le Berger extravagant* (1627–1628), Scarron's *Roman comique* (1651–1657), and Furetière's *Roman bour-*

geois (1665). The critic Boileau in a brief, witty dialogue, *Les Héros de roman*, composed in 1665, but not printed until 1688, likewise effectively poked fun at the same excesses. In attitude at least, if not in manner, Voltaire in *Candide* continues this tradition of matter-of-fact common sense and *terre à terre* realism. Perhaps even Cervantes's *Don Quijote* (1605–1615), of which Voltaire had in his library the Spanish original as well as a French translation, was not entirely without influence in this connection, but, if so, it constituted only one more impulse in the direction he was naturally inclined to follow.

In the eighteenth century the novels of D'Urfé, Gomberville, La Calprenède, and Mlle de Scudéry continued to be popular. They were not killed off by the satire of Sorel, Scarron, Furetière, or Boileau. All but Gomberville were represented in the library of Voltaire himself. Of D'Urfé's *Astrée* Lenglet du Fresnoy, a contemporary authority, wrote in 1734: "Sa réputation se soutient toujours depuis plus d'un siècle." [46] Other novelists continued the tradition of exaggerated fiction and adventure. Although the Abbé Prévost is today remembered for the classic simplicity of his *Manon Lescaut* (1731), his contemporaries thought especially of the now nearly forgotten *Mémoires et Aventures d'un homme de qualité* (1728–1731), of *Cléveland, fils naturel de Cromwell* (1731–1739), of *Le Doyen de Killerine* (1736–1740), or of *L'Histoire d'une Grecque moderne* (1740), filled with "torrents of tears," swooning heroines, unexpected recognition scenes, somber narratives of violent death by the duelist's sword, journeys from country to country, even on occasion amongst the "communistic" savages of America who in this communism somewhat resemble the inhabitants of El Dorado in *Candide*. Other novelists less well known than Prévost mixed similar ingredients and enjoyed wide popularity. No wonder Voltaire in his *Siècle de Louis XIV* (1751) decried "tous ces romans dont la France a été et est encore inondée"

[46] Gordon de Percel [Lenglet du Fresnoy], *De l'usage des romans*, Amsterdam, 1734, II, p. 43.

and called them "des productions d'esprits faibles qui écrivent avec facilité des choses indignes d'être lues par les esprits solides." [47] This is of course an excessive statement which takes no account of the occasional work of genius already in process of raising the novel in France to a major *genre*, but it was true of a great mass of popular productions and explains the plot of *Candide* and one whole side of its satire. Voltaire too wanted to try his hand at laughing the romantic novel of adventure out of court.

Still another tradition lay behind him. Many novels of travel had been used as vehicles for ideas. It was safer in an age of censorship to present under the guise of fiction criticism of contemporary society or admiration for the idealized manners and customs of primitive peoples of far-off lands. All sorts of extraordinary and imaginary voyages, as well as occasional real voyages, fulfilled this function as *romans philosophiques*. Foigny's *La terre australe connue* or *Les Aventures de Jacques Sadeur*(1676), Tissot de Patot's *Voyages et Aventures de Jacques Massé* (1710), and Denis Vairasse's *Histoire des Sévarambes* (1677–1679) are three of the most important.[48] Even the *Relations* of Jesuit missionaries furnished similar material. Garcilaso de la Vega's *Histoire des Yncas, Roys du Pérou*, had appeared in French translation in 1633 and was several times reprinted during the eighteenth century. These works along with Sir Walter Raleigh's *Discoverie of Guiana*, first published at the end of the sixteenth century, but available in a French translation of 1722, are especially significant here as the main sources of the details of Voltaire's Utopia which as the mythical El Dorado furnished a foil to the realistic horrors of the rest of Candide's world. Add to these such works as Fénelon's *Télémaque* (1699), Montesquieu's *Lettres persanes* (1721), Le Sage's picaresque *Gil Blas* (1715–1735), to which Candide bears in-

[47] Moland, XIV, 142.
[48] See Geoffroy Atkinson, *Les Relations de voyages du XVIIᵉ siècle et l'évolution des idées*, Paris, n.d.

teresting resemblances, and numerous *contes philosophiques,* now forgotten but indicative of the great popularity of this rising *genre,* and we can more easily understand why Voltaire even in his old age should feel that here was a vehicle for his ideas too important to neglect. Furnishing a marvelous synthesis both of his own ideas and of what had gone before him, Voltaire did not so much create, he surpassed.

3. The Bearing of the Satire in *Candide*

How Voltaire satirized Optimism, Leibnitz, Pope, Rousseau, the doctrine of Providence, and the popular novels of love and adventure, we have already seen. For most authors this would have been enough, and to spare, to furnish the material for a novel. Voltaire, however, is prodigal of his wealth of resources. In sentence after sentence his ready irony flashes out in potent thrusts at human foibles or wickedness or at the ridiculousness or the cruelty of human institutions. Thus, brief as it is, *Candide* is an extraordinarily complete picture of what human life is, but ought not to be. It is at once the broadest of indictments and by implication a whole program of reform.

Pride of rank appears in German insistence upon *quartiers* of noble birth or the Baron's persistent refusal to consent to Candide's marriage with Cunégonde. Similarly the Governor of Buenos Ayres, Don Fernando d'Ibaraa y Figueora y Mascarenes y Lampourdos y Souza, struts his brief moment across the stage with a haughtiness befitting his wealth of sonorous names. Court flattery is deftly hit in a quick reference to laughter evoked by the jokes of the Westphalian Baron of Thunder-ten-tronckh. The dignity of the Baroness's three hundred plump pounds wins a sentence from Voltaire. Private enemies, Père Croust, Fréron, Maupertuis, the *Journal de Trévoux,* the Dutch publisher Van Düren, the Jesuits, are among those who feel the sting of his satire in

allusions now obscure to the general reader but full of reality when they were written.

More important is Voltaire's attack upon human greed for gold and precious stones implied when Candide and Cacambo pick up the dust and pebbles of El Dorado. Avarice and trickery appear in the ship captain Vanderdendur (who is the Van Düren mentioned above), as he makes away with the bulk of Candide's wealth. There is the heartless ingratitude of the sailor who indifferently watches his rescuer, the Anabaptist Jacques, while the sea sweeps him overboard to death. The Protestant minister in Holland attacks the Pope instead of practicing charity. Gambling and cheating at cards feature Candide's visit to the salon of Mme de Parolignac as her victims endeavor by trickery to "réparer les cruautés du sort." There are corsairs and pirates on the Mediterranean and on the high seas. No wonder that at the spectacle of so much wickedness Candide bursts out: "Croyez-vous . . . que les hommes se soient toujours mutuellement massacrés, comme ils font aujourd'hui, qu'ils aient toujours été menteurs, fourbes, perfides, ingrats, brigands, faibles, volages, lâches, envieux, gourmands, ivrognes, avares, ambitieux, sanguinaires, calomniateurs, débauchés, fanatiques, hypocrites et sots?"

But Voltaire does not limit himself to attacking individual human foibles or wickedness. More dangerous still are the manifestations of ferocity or cruelty in what have become established institutions of society. Judges and courts are as indifferent to justice in Surinam as in England or Paris. Worst of all no doubt is that murder on a large scale which is called war. The Bulgars and the Abars typify the Prussians and the French then in the midst of the Seven Years' War. All the "heroic butchery" of battle, the burning, pillaging, and ravishing of men amuck with primeval savagery, are sketched by Voltaire in a few swift sentences which are only the more effective because of their skillful brevity. Military drill and discipline witnessed from the palace windows of Potsdam receive their due share of the author's cutting irony.

Among the anomalies which constantly called forth Voltaire's scorn was the spectacle of the Church blessing war. On both sides of the lines *Te Deum* was being said, thanksgiving for victory or prayer to ward off defeat. Christianity, which professed human brotherhood, accepted and supported war, the negation of all its moral and ethical ideals. So-called Christian nations actually furnished arms to the Moors against other Christians. There is irony in the fact that a Jesuit officer could be at the same time Colonel and Priest. International law legalizes the violation of human rights. The Church itself has its Inquisition and burns heretics in a so-called Act of Faith, Auto-da-fé, while ladies witness the ceremony and eat refreshments. Christians are held in slavery by the Moors. The former in turn practice negro slavery and treat their slaves with a cruelty which no civilization should countenance. The Jesuits in Paraguay rule with complete indifference to the rights and welfare of their native subjects. Galley slaves toil over their oars beneath the lash of their cruel overseers.

Human beliefs, social classes, music, art and literature, France, Germany, Italy, Spain, Portugal, America, Turkey, the scourges of disease and catastrophe, all are the objects of satire from Voltaire's pen. The picture is complete, too complete even for enumeration in brief space. Any careful reader of *Candide* could fill in numerous details here omitted.

At first sight so black a picture may seem the work of a confirmed pessimist who looks upon humanity with despairing eyes. Not so, however. Of course, *Candide* is intentionally one-sided. No carefully balanced account of good and evil could shock mankind into revolt. Only the unremitting hammering of Voltaire's attack could penetrate the armor of complacency and indifference with which humanity is but too well fortified. Stupid indeed and smug must he be, however, who can read *Candide* without something of the moral jolt intended by its author. Once shaken from acceptance of long existing evils, humanity may then proceed to

"cultivate its garden." [49] Voltaire has pointed out the weeds. There is work to be done. Let every one bear a hand. This is the counsel of *Candide*, not a counsel of despair, of pessimism, and defeat. It is a counsel of courage, of work, of accomplishment, in the face of clear-seeing recognition of human wickedness and misery. Voltaire's philosophy is eminently practical.

4. VOLTAIRE'S STYLE AND IRONIC METHOD [50]

Against the abuses just mentioned Voltaire employs that most potent weapon of ridicule. Men fear nothing so much as to be laughed at. But what are some of the stylistic methods by which his effects are obtained? Without attempting a detailed analysis of Voltaire's art as a writer, it is worth while to indicate a few typical characteristics of his style in *Candide*, that masterpiece of its kind in the world's literature.

One device commonly employed is that of intentional understatement. Instead of hyperbole and exaggeration — which are likewise used with telling effect — Voltaire frequently states mildly what is obviously most grave. The reader, who perceives the discrepancy, is but the more impressed. For example, Candide's partial recovery from the beating in the Bulgarian army is indicated by the simple phrase: "Il avait déjà *un peu* de peau et *pouvait marcher.*" The evils of the Old World are commented upon by Candide as he sails toward the New: "Il faut avouer qu'on pourrait gémir *un peu* de ce qui se passe dans le nôtre en physique et en morale." Pangloss and Candide "furent menés séparément dans des appartements d'une extrême fraîcheur, dans lesquels on n'était jamais incommodé du soleil."

[49] See the last two pages of the Notes for more extended comment on this important concluding sentence of *Candide*.

[50] See the monograph by Dorothy M. McGhee, *Voltairian Narrative Devices in the Author's Contes philosophiques,* George Banta Pub. Co., 1933.

Closely allied to this method is Voltaire's frequent stating of the most atrocious abuses or absurdities with an affected indifference as though they were the most natural and commonplace things in the world, as indeed they all too often are. Thus: "Il était décidé par l'Université de Coïmbre que le spectacle de quelques personnes brûlées à petit feu en grande cérémonie est un secret infaillible pour empêcher la terre de trembler." On the return from South America, the travelers came upon a combat at sea between a Spanish ship and a Dutch pirate. The wind brought the two vessels so near "qu'on eut *le plaisir* de voir le combat *tout à son aise.*" The same indifferent simplicity heightens the effect of the account given of the horrible treatment of negro slaves. "Quand nous travaillons aux sucreries et que la meule nous attrape le doigt, on nous coupe la main; quand nous voulons nous enfuir, on nous coupe la jambe; je me suis trouvé dans les deux cas."

The grammatically logical union of illogical absurdities is another favorite device. The Baron was one of the most powerful lords of Westphalia, "*car* son château avait une porte et des fenêtres." One recalls the classical example: "Les nez ont été faits pour porter des lunettes, *aussi* avons-nous des lunettes. Les jambes sont visiblement instituées pour être chaussées, *et* nous avons des chausses." Maître Pangloss is described as "le plus grand philosophe de la province, et *par conséquent* de toute la terre."

Sharp and unexpected contrast is effectively employed. The Bulgarian soldiers congratulated Candide: " 'Votre fortune est faite, et votre gloire est assurée.' On lui met sur-le-champ les fers aux pieds, et on le mène au régiment." There Candide, given only ten blows on the third day of military drill, "est regardé par ses camarades comme un prodige." In commenting upon the battle, great effect is obtained by the mere juxtaposition of the two words "boucherie héroïque."

Similar is the working up to an unexpected conclusion. The

host of the inn on the confines of El Dorado tells Candide and Cacambo: "Je suis fort ignorant, *et je m'en trouve bien.*" The two travelers "entrèrent dans une maison fort simple, *car* la porte n'était que d'*argent*, et les lambris des appartements n'étaient que d'*or.*" The government of the Jesuits in Paraguay is remarkable: "Los Padres y ont tout, et les peuples rien; c'est *le chef-d'œuvre de la raison et de la nature.*" Candide, fleeing from Buenos Ayres, bemoans his separation from Cunégonde: "A quoi me servira de prolonger mes misérables jours, puisque je dois les traîner loin d'elle dans les remords et dans le désespoir ? et que dira *le Journal de Trévoux?*" The King of the Bulgars (a reminiscence of Frederick the Great) pardoned Candide "avec une clémence qui sera louée dans tous les journaux et *dans tous les siècles.*" Perhaps the best example of all is the account of the battle between the Bulgars and the Abars. "Rien n'était si beau, si leste, si brillant, si bien ordonné que les deux armées. Les trompettes, les fifres, les hautbois, les tambours, les canons formaient une *harmonie telle qu'il n'y en eut jamais en enfer.*" Nothing forecasts the magnificent anticlimax of the last phrase until it suddenly appears before the eyes of the reader.

In contrast to the method of understatement mentioned at the beginning is the use of superlatives with intentional exaggeration. "Le plus beau des châteaux," "la belle Cunégonde," "le meilleur des mondes," "le plus grand métaphysicien," etc., furnish examples at once apparent to the reader. These and other similar phrases gain in effect by the intentional repetition with which they are hammered in. This repetition is in fact one more of the stylistic devices used by Voltaire throughout *Candide.*

There are happy *trouvailles* like: "Nous ferons bonne chère; mangeons du jésuite, mangeons du jésuite," as one might say: "mangeons du jambon." Having failed to kill the Baron in their previous combat, Candide menaces him with: "Je te *re*tuerais." The gold and jewels of El Dorado are reduced to what they are, except for conventional associations,

yellow sand and pretty pebbles. Thus effective statement takes the place of lengthy argument.

Finally one must mention of course the use of short, crisp sentences, the simplicity of the purely narrative passages, the elimination of all connectives except the bare minimum, as Lanson says, so that the sentences gallop and race along at top speed. These are some of the well-known characteristics of Voltaire's style in *Candide* which, with the others that have been pointed out, give it an excellence and a quality all its own and make it the despair of every imitator.

5. The Vogue and Significance of *Candide*

During the thirty years between 1759 and the outbreak of the French Revolution in 1789, two French novels very different in character vie with each other for popularity. One is Voltaire's *Candide*, the other is the *Nouvelle Héloïse* (1761) of Jean-Jacques Rousseau. Daniel Mornet pointed out that there were over fifty editions of *Candide* and at least fifty-two of the *Nouvelle Héloïse* during this time.[51] Thus the vogue of the two works appears by this concrete measuring stick to be approximately equal. Voltaire and Rousseau shared honors as the outstanding leaders of public opinion in France during these years. Both were not only read, they were imitated. There were eight imitations of *Candide* and seven of the *Nouvelle Héloïse* in this same period.[52] These imitations of *Candide*, however, lack not only the genius of the original; they are very different in tone. They are much less bitter, more optimistic. Nevertheless the influence of Voltaire appears potent in the direction of tolerance and against religious

[51] Daniel Mornet, *La pensée française au XVIIIᵉ siècle* (Paris, 1929), p. 215, and, by the same author, *Les Imitations du "Candide" de Voltaire, Mélanges Lanson* (Paris, 1922), p. 299.

[52] D. Mornet in *Mélanges Lanson*, p. 299.

fanaticism and war. The authors of these imitations show their belief in progress and their hope for the future.[53] Humanity seems preparing itself for the tremendous act of faith involved in attempting the reforms of a great revolution — a revolution too soon destined to disappoint its adherents and to culminate for the time being in reaction and disillusion. Some part — unmeasured and not accurately measurable — *Candide* appears therefore to have played in preparing people for this mighty effort to correct at one blow the chief abuses of the Old Régime.

In England *Candide* was one of the works by which Voltaire during the latter half of the eighteenth century was best known. "As for *Candide*," writes Ronald S. Crane, "the only one of Voltaire's romances which had any appreciable vogue among our readers, the very general interest which Englishmen took in the controversy over optimism, combined with the widespread advertisement which the press gave the work on its appearance in 1759, is doubtless sufficient, even if we forget its intrinsic merits of substance and style, to explain its unusual success." [54] At least nine editions in English appeared between 1761 and 1795,[55] while large numbers of cultivated Englishmen of course read the work in the original French.

During the nineteenth century the novel in France developed mainly in other directions than those indicated by Voltaire in his philosophic tales. Nevertheless, whether due to mere coincidence or to direct influence, the irony of such a prose narrative as Mérimée's *Tamango* or the cool matter-of-factness of his *Mateo Falcone* bear a striking resemblance to the manner of *Candide*. In secondary figures, not without ability, such as Mme de Girardin, Claude Tillier, Edmond About, and Francisque Sarcey, Lanson recognizes traces of

[53] *Ibid.*, pp. 301–303.

[54] Ronald S. Crane, "The Diffusion of Voltaire's Writings in England, 1750–1800," *Modern Philology*, XX (Feb., 1923), p. 268.

[55] Communicated by Mr. Crane from unpublished notes.

the light and piquant Voltairean style.[56] Flaubert com-
mented upon *Candide* in his correspondence: "Oui, c'est
beau Candide ! fort beau ! Quelle justice ! Y a-t-il moyen
d'être plus large, tout en restant aussi net? Peut-être non",[57]
and himself sought to emulate *Candide* in some measure in
his unfinished and intentionally laboured *Bouvard et Pécu-
chet*, while his Russian friend Turgeniev shook his head and
urged him to treat the subject "*presto*, à la Swift, à la Vol-
taire." [58] It is particularly in Anatole France, however, that
something of the Voltairean manner comes again into being
during the closing years of the nineteenth century. His *Rôtis-
serie de la Reine pédauque* (1893), though in many ways dif-
ferent, has been called not incorrectly a philosophic *conte* in
the manner of *Candide*. Less incisive and trenchant than
Voltaire, Anatole France uses a milder irony, develops in
leisurely fashion the slight thread of his narrative in sharp
contrast to Voltaire's sequence of rapidly moving incidents,
gives us in the Abbé Coignard a wiser, more human philoso-
pher than Pangloss, but reproduces in Jacques Tournebroche
a *naïveté* which calls to mind that of Candide. Throughout
Anatole France the Voltairean spirit is prominent. Opposi-
tion to war, to religious or other fanaticism, to political and
social injustice, is equally characteristic of both. Anatole
France has called *Candide* and *Don Quijote* "des manuels
d'indulgence et de pitié, des bibles de bienveillance." [59] His
easy, clear prose, free from any apparent straining after effect,
also allies Anatole France with Voltaire and forecasts what is
perhaps the latter's dominant influence in modern times, an
influence upon style.

As evidence that direct reminiscences of *Candide* have not
been lacking in recent literature, it is interesting to note René

[56] G. Lanson, *Voltaire*, Grands Ecrivains français, pp. 208–09.

[57] Flaubert, *Œuvres*, Conard ed., III, 343.

[58] E. Halperine-Kaminsky, *Ivan Tourgueneff d'après sa correspon-
dance avec ses amis français*. Paris, 1901, p. 81.

[59] Anatole France, *Le Jardin d'Epicure*, Calmann-Lévy, p. 31.

Boylesve's brief, though inferior, *Voyage de Candide avec Pangloss au vrai Eldorado*, published in 1913 in the collection entitled *Nymphes dansant avec les satyres*. In 1917 Adrien Bertrand in his *Orage sur le jardin de Candide* evoked, not only Candide, but also the Abbé Coignard, Don Quijote, Achilles, and Faust in an interesting discussion of the problems and doubts raised by the struggles and sufferings of the World War. Still more successful and of wider contemporary interest is Brailsford's witty revival of Candide, Pangloss, and Cunégonde, amid the troubled scenes of post-war Europe, a sketch which appeared in the *Yale Review* in January, 1928. It may well be enthusiastically recommended as likely to give the modern reader an added appreciation of the applicability of Candide to modern times.

Candide has become a classic. Of all the fifty volumes of Voltaire, it is the work most frequently read by the public today. In the United States also it has been often reprinted in recent years. There are several *de luxe* editions of varying merit. Noteworthy is that illustrated by Rockwell Kent in 1928 and reprinted for wider distribution in 1929 by the Literary Guild. Candide is a figure known as least by name to large numbers of people. He represents a type to be referred to on appropriate occasion in writing or in speech, evoking definite connotations. *Candide* has become part of the intellectual heritage of the educated world. The reasons for this are not far to seek and have already been sufficiently explained in these pages. Such a figure no one can afford to ignore. Whoever would not be complacent amid gross abuses, whoever would view contemporary stupidity and wickedness with open eyes, and yet without despair, whoever would learn to *cultivate his garden* and work for the gradual improvement of human conditions, will do well to go to school for a time to *Candide*. Clarity, brevity, ease of expression, effective irony and wit, these are dominant qualities of the style of *Candide*, which can best be learned there, if anywhere. Hatred of injustice, of superstition, of intolerance, of war, and of countless

other human failings, appears throughout its pages. We still need, as in Voltaire's time, to learn how to ridicule and laugh out of court all the host of intolerable abuses which beset us. Whether another man of Voltaire's peculiar genius appears in the modern world or not, the old Voltaire can still do this for us. While he does not in *Candide* attempt to give a complete picture of human life, the presence of ideals is implicit in the very criticism of the world about him. The rubbish must be cleared away before the new can be built. *Candide* points out the rubbish and bids us get broom and pick and shovel and fall to work.

SELECTIVE BIBLIOGRAPHY

In addition to occasional indications in the Notes, the following general information may be helpful.

Herbert Wildon Carr, *Leibniz*, Boston, 1929.

Especially recommended for the philosophic background of *Candide*.

Robert Latta, *Leibniz, The Monadology and other Philosophical Writings*, Oxford, 1898.

Useful for the Introduction and for the text of several of Leibniz's chief works.

William Henry Barber, *Leibniz in France, from Arnauld to Voltaire, ... 1670–1760*, Oxford, Clarendon Press, 1955.

Excellent study of the extent to which the ideas of Leibniz became known in France up to the time of *Candide*.

André Morize, *Candide*, édition critique, Paris, 1913; reprinted, Droz, 1931; Didier, 1957.

Indispensable for the student of Voltaire's greatest work.

René Pomeau, *Candide*, édition critique, Paris, Nizet, 1959.

Without superseding Morize, Pomeau adds important new material on the date of composition of *Candide* — no longer to be regarded as an improvisation — and makes other valuable observations on style and characters.

William F. Bottiglia, *Candide: Analysis of a Classic* (first published, 1959), Second edition, revised thoughout, Genève, Institut et Musée Voltaire, 1964. (In *Studies on Voltaire and the Eighteenth Century*, edited by Theodore Besterman, Volume VII A, 1964).

Thoroughgoing analysis of *Candide* from practically every conceivable standpoint. Very extensive knowledge of background and bibliography. Second edition takes account of previous criticisms and is presented also in much more readable form.

Candide and the Critics, Edited by Milton P. Foster, Belmont, California, Wadsworth, 1962.

Presents twenty-two critical essays on *Candide*, dating from the 18th century to the present.

Gustave Lanson, *Voltaire* (1st ed., 1906), Paris, 1960, with up-to-date *Commentaire* by René Pomeau.

Probably the best treatment of Voltaire in brief space. Every student is urged to read it.

_____, *Voltaire*, English translation by Robert A. Wagoner, New York, John Wiley and Sons, Inc., 1966.

Excellent translation.

Virgil W. Topazio, *Voltaire: A Critical Study of his Major Works*, New York, Random House, 1967. (Paperback).

Excellent brief treatment in English. Based on recent scholarship. Very useful bibliography.

George R. Havens, *Selections from Voltaire*, Revised edition, New York, Holt, Rinehart and Winston, Inc., 1969.

Brief presentation of Voltaire's life and of selections from his chief works. Revised in accordance with recent Voltaire studies. See especially the Appendix.

Voltaire, *Œuvres complètes* (Moland edition), Paris, Garnier Frères, 1877–1885. 52 volumes.

Standard edition of Voltaire's works in French.

Voltaire's Correspondence, Edited by Theodore Besterman, Genève, Institut et Musée Voltaire, 1953–65. 107 volumes.

Supersedes the previous publication of Voltaire's letters in the Moland edition or elsewhere, including also a much larger number of letters by others to Voltaire. More accurate also in text and dating of the letters. Nearly doubles the number of letters from about 10,000 to about 20,000.

David C. Cabeen (and others), *A Critical Bibliography of French Literature*, Volume IV, *The Eighteenth Century* (edited by George R. Havens and Donald F. Bond, with the aid of other contributors), Syracuse University Press, 1951.

Valuable for its listing and brief evaluation of many titles dealing with Voltaire and others.

Richard A. Brooks (and others), *A Critical Bibliography of French Literature*, Volume IV, *Supplement*, Syracuse University Press, 1968.

Brings the preceding title up-to-date. Same general comment.

CANDIDE* OU L'OPTIMISME*

TRADUIT DE L'ALLEMAND

DE M. LE DOCTEUR RALPH*

AVEC LES ADDITIONS

QU'ON A TROUVÉES DANS LA POCHE DU DOCTEUR, LORSQU'IL
MOURUT A MINDEN, L'AN DE GRACE 1759*

COMMENT CANDIDE FUT ÉLEVÉ DANS UN BEAU CHATEAU, ET COMMENT IL FUT CHASSÉ D'ICELUI *

Il y avait en Westphalie,* dans le château de M. le baron de Thunder-ten-tronckh, un jeune garçon à qui la nature avait donné les mœurs les plus douces. Sa physionomie annonçait son âme. Il avait le jugement assez droit, avec l'esprit le plus simple; c'est, je crois, pour cette raison 5 qu'on le nommait Candide. Les anciens domestiques de la maison soupçonnaient qu'il était fils de la sœur de monsieur le baron, et d'un bon et honnête gentilhomme du voisinage, que cette demoiselle ne voulut jamais épouser,* parce qu'il n'avait pu prouver que soixante et onze quar- 10 tiers,* et que le reste de son arbre généalogique avait été perdu par l'injure du temps.

Monsieur le baron était un des plus puissants seigneurs de la Westphalie, car son château avait une porte et des fenêtres.* Sa grande salle même était ornée d'une tapis- 15 serie. Tous les chiens de ses basses-cours composaient une meute dans le besoin, ses palefreniers étaient ses piqueurs; le vicaire du village était son grand-aumônier. Ils l'appelaient tous Monseigneur, et ils riaient quand il faisait des contes. 20

Madame la baronne, qui pesait environ trois cent cinquante livres, s'attirait par là une très grande considération, et faisait les honneurs de la maison avec une dignité qui la rendait encore plus respectable. Sa fille Cunégonde,* âgée de dix-sept ans, était haute en couleur, fraîche, grasse, 25 appétissante. Le fils du baron paraissait en tout digne de son père. Le précepteur Pangloss * était l'oracle de la mai-

3

son, et le petit Candide écoutait ses leçons avec toute
la bonne foi de son âge et de son caractère.

Pangloss enseignait la métaphysico-théologo-cosmolo-
nigologie. Il prouvait admirablement qu'il n'y a point
5 d'effet sans cause, et que, dans ce meilleur des mondes
possibles,* le château de monseigneur le baron était le plus
beau des châteaux, et madame la meilleure des baronnes
possibles.

« Il est démontré, disait-il, que les choses ne peuvent
10 être autrement, car tout étant fait pour une fin, tout est
nécessairement pour la meilleure fin. Remarquez bien
que les nez ont été faits pour porter des lunettes *; aussi *
avons-nous des lunettes. Les jambes sont visiblement
instituées pour être chaussées, et nous avons des chausses.
15 Les pierres ont été formées pour être taillées et pour en
faire des châteaux; aussi monseigneur a un très beau châ-
teau: le plus grand baron de la province doit être le mieux
logé; et les cochons étant faits pour être mangés, nous
mangeons du porc toute l'année: par conséquent, ceux
20 qui ont avancé que tout est bien, ont dit une sottise; il
fallait dire que tout est au mieux. »

Candide écoutait attentivement, et croyait innocem-
ment; car il trouvait mademoiselle Cunégonde extrême-
ment belle, quoiqu'il ne prît jamais la hardiesse de le lui
25 dire. Il concluait qu'après le bonheur d'être né baron de
Thunder-ten-tronckh, le second degré de bonheur était
d'être mademoiselle Cunégonde; le troisième, de la voir
tous les jours; et le quatrième, d'entendre maître Pangloss,
le plus grand philosophe de la province, et par conséquent,
30 de toute la terre.

Un jour Cunégonde rencontra Candide en revenant au
château, et rougit: Candide rougit aussi. Elle lui dit
bonjour d'une voix entrecoupée; et Candide lui parla sans
savoir ce qu'il disait. Le lendemain, après le dîner, comme
35 on sortait de table, Cunégonde et Candide se trouvèrent
derrière un paravent; Cunégonde laissa tomber son mou-

CARICATURE OF PANGLOSS

choir, Candide le ramassa; elle lui prit innocemment la main, le jeune homme baisa innocemment la main de la jeune demoiselle avec une vivacité, une sensibilité, une grâce toute * particulière; leurs bouches se rencontrèrent, leurs yeux s'enflammèrent, leurs genoux tremblèrent. 5 M. le baron de Thunder-ten-tronckh, passa auprès du paravent, et, voyant cette cause et cet effet,* chassa Candide du château à grands coups de pied; Cunégonde s'évanouit; elle fut souffletée par madame la baronne dès qu'elle fut revenue à elle-même; et tout fut consterné dans le plus beau et le plus agréable des châteaux possibles. 10

CHAPITRE II

CE QUE DEVINT CANDIDE PARMI LES BULGARES

Candide, chassé du paradis terrestre, marcha longtemps sans savoir où, pleurant, levant les yeux au ciel, les tournant souvent vers le plus beau des châteaux, qui renfermait la plus belle des baronnettes; il se coucha sans souper
5 au milieu des champs entre deux sillons; la neige tombait à gros flocons. Candide, tout transi, se traîna le lendemain vers la ville voisine, qui s'appelle *Waldberghoff-trarbkdikdorff*, n'ayant point d'argent, mourant de faim et de lassitude. Il s'arrêta tristement à la porte d'un cabaret.
10 Deux hommes habillés de bleu * le remarquèrent: « Camarade, dit l'un, voilà un jeune homme très bien fait, et qui a la taille requise. » Ils s'avancèrent vers Candide, et le prièrent à dîner très civilement. « Messieurs, leur dit Candide avec une modestie charmante, vous me faites beaucoup
15 d'honneur, mais je n'ai pas de quoi payer mon écot. — Ah! monsieur, lui dit un des bleus, les personnes de votre figure et de votre mérite ne payent jamais rien: n'avez-vous pas cinq pieds cinq pouces de haut? — Oui, messieurs, c'est ma taille,* dit-il en faisant la révérence. — Ah! monsieur,
20 mettez-vous à table; non seulement nous vous défraierons, mais nous ne souffrirons jamais qu'un homme comme vous manque d'argent; les hommes ne sont faits que pour se secourir les uns les autres. — Vous avez raison, dit Candide; c'est ce que M. Pangloss m'a toujours dit, et je vois
25 bien que tout est au mieux. » On le prie d'accepter quelques écus, il les prend et veut faire son billet; on n'en veut point, on se met à table. « N'aimez-vous pas tendrement . . . ? — Oh! oui, répond-il, j'aime tendrement made-

6

moiselle Cunégonde. — Non, dit l'un de ces messieurs, nous vous demandons si vous n'aimez pas tendrement le roi des Bulgares ? — Point du tout, dit-il, car je ne l'ai jamais vu. — Comment ! c'est le plus charmant des rois, et il faut boire à sa santé. — Oh ! très volontiers, messieurs »; et il boit. « C'en * est assez, lui dit-on, vous voilà l'appui, le soutien, le défenseur, le héros des Bulgares; votre fortune est faite, et votre gloire est assurée. » On lui met sur-le-champ les fers aux pieds, et on le mène au régiment. On le fait tourner à droite, à gauche, hausser la baguette, remettre la baguette, coucher en joue, tirer, doubler le pas, et on lui donne trente coups de bâton; le lendemain, il fait l'exercice un peu moins mal, et il ne reçoit que vingt coups; le surlendemain, on ne lui en donne que dix, et il est regardé par ses camarades comme un prodige.

Candide, tout stupéfait, ne démêlait pas encore trop bien comment il était un héros. Il s'avisa un beau jour de printemps de s'aller promener,* marchant tout droit devant lui, croyant que c'était un privilège de l'espèce humaine, comme de l'espèce animale, de se servir de ses jambes à son plaisir. Il n'eut pas fait deux lieues, que voilà quatre autres héros de six pieds qui l'atteignent, qui le lient, qui le mènent dans un cachot. On lui demanda juridiquement ce qu'il aimait le mieux d'être fustigé trente-six fois par tout le régiment, ou de recevoir à la fois douze balles de plomb dans la cervelle. Il eut beau dire que les volontés sont libres, et qu'il ne voulait ni l'un ni l'autre, il fallut faire un choix; il se détermina, en vertu du don de Dieu qu'on nomme *liberté*,* à passer trente-six fois par les baguettes, il essuya deux promenades. Le régiment était composé de deux mille hommes. Cela lui composa quatre mille coups de baguettes, qui lui découvrirent les muscles et les nerfs. Comme on allait procéder à la troisième course, Candide, n'en pouvant plus, demanda en grâce qu'on voulût bien avoir la bonté de lui casser la tête; il obtint cette faveur; on lui bande les yeux; on le fait mettre à

genoux. Le roi des Bulgares passe dans ce moment, s'in-
forme du crime du patient; et comme ce roi avait un grand
génie, il comprit, par tout ce qu'il apprit de Candide, que
c'était un jeune métaphysicien fort ignorant des choses
5 de ce monde, et il lui accorda sa grâce avec une clémence
qui sera louée dans tous les journaux et dans tous les siè-
cles.* Un brave chirurgien guérit Candide en trois se-
maines avec les émollients enseignés par Dioscoride. Il
avait déjà un peu de peau, et pouvait marcher, quand le
10 roi des Bulgares livra bataille au roi des Abares.*

CHAPITRE III

COMMENT CANDIDE SE SAUVA D'ENTRE LES
BULGARES, ET CE QU'IL DEVINT

Rien n'était si beau, si leste, si brillant, si bien ordonné
que les deux armées. Les trompettes, les fifres, les haut-
bois, les tambours, les canons, formaient une harmonie
telle qu'il n'y en eut jamais en enfer. Les canons renversè-
rent d'abord à peu près six mille hommes de chaque côté; 5
ensuite la mousqueterie ôta du meilleur des mondes envi-
ron neuf à dix mille coquins qui en infectaient la surface.
La baïonnette * fut aussi la raison suffisante * de la mort de
quelques milliers d'hommes. Le tout pouvait bien se mon-
ter à une trentaine de mille âmes. Candide, qui tremblait 10
comme un philosophe,* se cacha du mieux qu'il put pendant
cette boucherie héroïque.

Enfin, tandis que les deux rois faisaient chanter des *Te
Deum*,* chacun dans son camp, il prit le parti d'aller rai-
sonner ailleurs des effets et des causes. Il passa par-dessus 15
des tas de morts et de mourants,* et gagna d'abord un
village voisin; il était en cendres: c'était un village abare
que les Bulgares avaient brûlé, selon les lois du droit
public. Ici des vieillards criblés de coups regardaient
mourir leurs femmes égorgées, qui tenaient leurs enfants 20
à leurs mamelles sanglantes; là des filles éventrées ren-
daient les derniers soupirs; d'autres à demi brûlées criaient
qu'on achevât de leur donner la mort. Des cervelles étaient
répandues sur la terre à côté de bras et de jambes coupés.

Candide s'enfuit au plus vite dans un autre village: il 25
appartenait à des Bulgares, et les héros abares l'avaient
traité de même. Candide, toujours marchant sur des
membres palpitants, ou à travers des ruines, arriva enfin

hors du théâtre de la guerre, portant quelques petites
provisions dans son bissac, et n'oubliant jamais made-
moiselle Cunégonde. Ses provisions lui manquèrent quand
il fut en Hollande; mais ayant entendu dire que tout le
5 monde était riche * dans ce pays-là, et qu'on y était chré-
tien, il ne douta pas qu'on ne * le traitât aussi bien qu'il
l'avait été dans le château de M. le baron, avant qu'il en
eût été chassé pour les beaux yeux de mademoiselle Cuné-
gonde.

10 Il demanda l'aumône à plusieurs graves personnages,
qui lui répondirent tous que, s'il continuait à faire ce
métier, on l'enfermerait dans une maison de correction
pour lui apprendre à vivre.

Il s'adressa ensuite à un homme qui venait de parler
15 tout seul une heure de suite sur la charité dans une grande
assemblée. Cet orateur le regardant de travers lui dit:
« Que venez-vous faire ici ? Y êtes-vous pour la bonne
cause * ? — Il n'y a point d'effet sans cause, répondit mo-
destement Candide; tout est enchaîné * nécessairement, et
20 arrangé pour le mieux. Il a fallu que je fusse chassé d'au-
près de mademoiselle Cunégonde, que j'aie passé par les
baguettes, et il faut que je demande mon pain, jusqu'à ce
que je puisse en gagner; tout cela ne pouvait être autre-
ment. — Mon ami, lui dit l'orateur, croyez-vous que le pape
25 soit l'antéchrist ? — Je ne l'avais pas encore entendu dire,
répondit Candide; mais qu'il le soit ou qu'il ne le soit pas,
je manque de pain. — Tu ne mérites pas d'en manger, dit
l'autre: va, coquin, va, misérable, ne m'approche de ta
vie.* » La femme de l'orateur ayant mis la tête à la fenêtre,
30 et avisant un homme qui doutait que le pape fût l'anté-
christ, lui répandit sur le chef un plein . . .* O ciel ! à quel
excès se porte le zèle de la religion dans les dames !

Un homme qui n'avait point été baptisé, un bon ana-
baptiste, nommé Jacques, vit la manière cruelle et ignomi-
35 nieuse dont on traitait ainsi un de ses frères, un être à deux
pieds, sans plumes, qui avait une âme *; il l'amena chez lui,

le nettoya, lui donna du pain et de la bière, lui fit présent de deux florins, et voulut même lui apprendre à travailler dans ses manufactures aux étoffes de Perse qu'on fabrique en Hollande. Candide, se prosternant presque devant lui, s'écriait: « Maître Pangloss me l'avait bien dit que tout est 5 au mieux dans ce monde, car je suis infiniment plus touché de votre extrême générosité que de la dureté de ce monsieur à manteau noir, et de madame son épouse. »

Le lendemain, en se promenant, il rencontra un gueux tout couvert de pustules, les yeux morts, le bout du nez 10 rongé, la bouche de travers, les dents noires, et parlant de la gorge, tourmenté d'une toux violente, et crachant une dent à chaque effort.

COMMENT CANDIDE RENCONTRA SON ANCIEN MAITRE DE PHILOSOPHIE, LE DOCTEUR PANGLOSS, ET CE QUI EN ADVINT

Candide, plus ému encore de compassion que d'horreur, donna à cet épouvantable gueux les deux florins qu'il avait reçus de son honnête anabaptiste Jacques. Le fantôme le regarda fixement, versa des larmes, et sauta à son cou.
5 Candide effrayé recule. « Hélas ! dit le misérable à l'autre misérable, ne reconnaissez-vous plus votre cher Pangloss ? — Qu'entends-je ? vous, mon cher maître ! vous, dans cet état horrible ! Quel malheur vous est-il donc arrivé ? Pourquoi n'êtes-vous plus dans le plus beau des châteaux ?
10 Qu'est devenue mademoiselle Cunégonde, la perle des filles, le chef-d'œuvre de la nature ? — Je n'en peux plus, » dit Pangloss. Aussitôt Candide le mène dans l'étable de l'anabaptiste, où il lui fit manger un peu de pain ; et quand Pangloss fut refait : « Eh bien ! lui dit-il, Cunégonde ?
15 — Elle est morte, » reprit l'autre. Candide s'évanouit à ce mot : son ami rappela ses sens avec un peu de mauvais vinaigre qui se trouva par hasard dans l'étable. Candide rouvre les yeux. « Cunégonde est morte ! Ah ! meilleur des mondes, où êtes-vous ? Mais de quelle maladie est-
20 elle morte ; ne serait-ce point de m'avoir vu chasser du beau château de monsieur son père à grands coups de pied ? » — Non, dit Pangloss, elle a été poignardée par des soldats bulgares ; ils ont cassé la tête à monsieur le baron qui voulait la défendre ; madame la baronne a été coupée
25 en morceaux ; mon pauvre pupille traité précisément comme sa sœur ; et quant au château, il n'est pas resté

pierre sur pierre,* pas une grange, pas un mouton, pas un canard, pas un arbre; mais nous avons été bien vengés, car les Abares en ont fait autant dans une baronnie voisine qui appartenait à un seigneur bulgare. »

A ce discours, Candide s'évanouit encore; mais revenu à 5 soi, et ayant dit tout ce qu'il devait dire, il s'enquit de la cause et de l'effet, et de la raison suffisante qui avait mis Pangloss dans un si piteux état. « Hélas! dit l'autre, c'est l'amour: l'amour, le consolateur du genre humain, le conservateur de l'univers, l'âme de tous les êtres sensibles, le 10 tendre amour. — Hélas! dit Candide, je l'ai connu cet amour, ce souverain des cœurs, cette âme de notre âme; il ne m'a jamais valu qu'un baiser et vingt coups de pied. »

Pangloss répondit en ces termes: « O mon cher Candide! vous avez connu Paquette, cette jolie suivante de notre 15 auguste baronne. C'est mon amour pour elle qui m'a rendu malade. »

« Voilà qui est admirable, dit Candide; mais il faut vous faire guérir. — Et comment le puis-je? dit Pangloss; je n'ai pas le sou, mon ami, et dans toute l'étendue de ce 20 globe, on ne peut ni se faire saigner, ni prendre un lavement sans payer, ou sans qu'il y ait quelqu'un qui paye pour nous. »

Ce dernier discours détermina Candide; il alla se jeter aux pieds de son charitable anabaptiste Jacques, et lui 25 fit une peinture si touchante de l'état où son ami était réduit, que le bonhomme n'hésita pas à recueillir le docteur Pangloss; il le fit guérir à ses dépens. Pangloss, dans la cure, ne perdit qu'un œil et une oreille. Il écrivait bien, et savait parfaitement l'arithmétique. L'anabap- 30 tiste Jacques en * fit son teneur de livres. Au bout de deux mois, étant obligé d'aller à Lisbonne pour les affaires de son commerce, il mena dans son vaisseau ses deux philosophes. Pangloss lui expliqua comment tout était on ne peut mieux. Jacques n'était pas de cet avis. « Il faut 35 bien, disait-il, que les hommes aient un peu corrompu la

nature,* car ils ne sont pas nés loups, et ils sont devenus
loups. Dieu ne leur a donné ni canons de vingt-quatre, ni
baïonnettes, et ils se sont fait des baïonnettes et des canons
pour se détruire. Je pourrais mettre en ligne de compte les
5 banqueroutes, et la justice qui s'empare des biens des
banqueroutiers pour en frustrer les créanciers.* — Tout
cela était indispensable, répliquait le docteur borgne, et
les malheurs particuliers font le bien général; de sorte que
plus il y a de malheurs particuliers, et plus tout est bien. »
10 Tandis qu'il raisonnait, l'air s'obscurcit, les vents souf-
flèrent des quatre coins du monde, et le vaisseau fut assailli
de la plus horrible tempête, à la vue du port de Lisbonne.

CHAPITRE V

TEMPÊTE, NAUFRAGE, TREMBLEMENT DE TERRE, ET CE QUI ADVINT DU DOCTEUR PANGLOSS, DE CANDIDE ET DE L'ANABAPTISTE JACQUES

La moitié des passagers affaiblis, expirants de ces angoisses inconcevables que le roulis d'un vaisseau porte dans les nerfs et dans toutes les humeurs du corps agitées en sens contraires, n'avait pas même la force de s'inquiéter du danger. L'autre moitié jetait des cris et faisait des prières; les voiles étaient déchirées, les mâts brisés, le vaisseau entr'ouvert. Travaillait * qui pouvait, personne ne s'entendait, personne ne commandait. L'anabaptiste aidait un peu à la manœuvre; il était sur le tillac; un matelot furieux le frappe rudement et l'étend sur les planches; mais du coup qu'il lui donna, il eut lui-même une si violente secousse, qu'il tomba hors du vaisseau, la tête la première. Il restait suspendu et accroché à une partie de mât rompu. Le bon Jacques court à son secours, l'aide à remonter, et de l'effort qu'il fait, il est précipité dans la mer à la vue du matelot, qui le laissa périr sans daigner seulement le regarder. Candide approche, voit son bienfaiteur qui reparaît un moment, et qui est englouti pour jamais. Il veut se jeter après lui dans la mer; le philosophe Pangloss l'en empêche, en lui prouvant que la rade de Lisbonne avait été formée exprès pour que cet anabaptiste s'y noyât. Tandis qu'il le prouvait *a priori,* * le vaisseau s'entr'ouvre, tout périt à la réserve de Pangloss, de Candide, et de ce brutal de * matelot qui avait noyé le vertueux anabaptiste; le coquin nagea heureusement jusqu'au rivage, où Pangloss et Candide furent portés sur une planche.

Quand ils furent revenus un peu à eux, ils marchèrent vers Lisbonne; il leur restait quelque argent, avec lequel ils espéraient se sauver de la faim après avoir échappé à la tempête.

5 A peine ont-ils mis le pied dans la ville, en pleurant la mort de leur bienfaiteur, qu'ils sentent la terre trembler sous leurs pas *; la mer s'élève en bouillonnant dans le port, et brise les vaisseaux qui sont à l'ancre. Des tourbillons de flamme et de cendres couvrent les rues et les places publi-
10 ques; les maisons s'écroulent, les toits sont renversés sur les fondements, et les fondements se dispersent; trente mille habitants de tout âge et de tout sexe sont écrasés sous des ruines. Le matelot disait en sifflant et en jurant: « Il y aura quelque chose à gagner ici. — Quelle peut être la
15 raison suffisante de ce phénomène ? disait Pangloss. — Voici le dernier jour du monde, » s'écriait Candide. Le matelot court incontinent au milieu des débris, affronte la mort pour trouver de l'argent, en trouve, s'en empare, s'enivre. Pangloss le tirait cependant par la manche: « Mon
20 ami, lui disait-il, cela n'est pas bien; vous manquez à la raison universelle, vous prenez mal votre temps. — Tête et sang, répondit l'autre, je suis matelot et né à Batavia; j'ai marché quatre fois sur le crucifix dans quatre voyages au Japon *; tu as bien trouvé ton homme avec ta raison
25 universelle ! »

Quelques éclats de pierre avaient blessé Candide; il était étendu dans la rue et couvert de débris. Il disait à Pangloss: « Hélas ! procure-moi un peu de vin et d'huile; je me meurs. — Ce tremblement de terre n'est pas une chose
30 nouvelle, répondit Pangloss; la ville de Lima * éprouva les mêmes secousses en Amérique l'année passée; mêmes causes, mêmes effets; il y a certainement une traînée de soufre * sous terre depuis Lima jusqu'à Lisbonne. — Rien n'est plus probable, dit Candide; mais, pour Dieu, un peu
35 d'huile et de vin. — Comment probable ? répliqua le philosophe; je soutiens que la chose est démontrée. » Can-

dide perdit connaissance, et Pangloss lui apporta un peu
d'eau d'une fontaine voisine.

Le lendemain, ayant trouvé quelques provisions de
bouche en se glissant à travers des décombres, ils réparèrent
un peu leurs forces. Ensuite ils travaillèrent comme les 5
autres à soulager les habitants échappés à la mort.
Quelques citoyens, secourus par eux, leur donnèrent un
aussi bon dîner qu'on le pouvait dans un tel désastre: il est
vrai que le repas était triste; les convives arrosaient leur
pain de leurs larmes; mais Pangloss les consola, en les 10
assurant que les choses ne pouvaient être autrement; « car,
dit-il, tout ceci est ce qu'il y a de mieux; car, s'il y a un
volcan * à Lisbonne, il ne pouvait être ailleurs; car il est
impossible que les choses ne soient pas où elles sont; car
tout est bien. » 15

Un petit homme noir, familier de l'inquisition, lequel
était à côté de lui, prit poliment la parole et dit: « Appa-
remment que monsieur ne croit pas au péché originel; *car*,
si tout est au mieux, il n'y a donc eu ni chute ni punition.

— Je demande très humblement pardon à votre excel- 20
lence, répondit Pangloss encore plus poliment, car la chute
de l'homme et la malédiction * entraient nécessairement
dans le meilleur des mondes possibles. — Monsieur ne croit
donc pas à la liberté * ? dit le familier. — Votre excellence
m'excusera, dit Pangloss; la liberté peut subsister avec la 25
nécessité absolue, car il était nécessaire que nous fussions
libres; car enfin la volonté déterminée ...» Pangloss était
au milieu de sa phrase, quand le familier fit un signe de tête
à son estafier qui lui servait à boire du vin de Porto ou
d'Oporto. 30

COMMENT ON FIT UN BEL AUTO-DA-FÉ POUR EMPÊCHER LES TREMBLEMENTS DE TERRE, ET COMMENT CANDIDE FUT FESSÉ

Après le tremblement de terre qui avait détruit les trois quarts de Lisbonne, les sages du pays n'avaient pas trouvé un moyen plus efficace pour prévenir une ruine totale que de donner au peuple un bel auto-da-fé *; il était
5 décidé par l'université de Coïmbre que le spectacle de quelques personnes brûlées à petit feu, en grande cérémonie, est un secret infaillible pour empêcher la terre de trembler.

On avait en conséquence saisi un Biscayen convaincu
10 d'avoir épousé sa commère, et deux Portugais qui, en mangeant un poulet, en avaient arraché le lard *: on vint lier après le dîner le docteur Pangloss et son disciple Candide, l'un pour avoir parlé, et l'autre pour avoir écouté avec un air d'approbation: tous deux furent menés sépa-
15 rément dans des appartements d'une extrême fraîcheur, dans lesquels on n'était jamais incommodé du soleil: huit jours après ils furent tous deux revêtus d'un san-benito, et on orna leurs têtes de mitres de papier: la mitre et le san-benito de Candide étaient peints de flammes
20 renversées, et de diables qui n'avaient ni queues ni griffes; mais les diables de Pangloss portaient griffes et queues, et les flammes étaient droites.* Ils marchèrent en procession ainsi vêtus, et entendirent un sermon très pathétique, suivi d'une belle musique en faux-bourdon.* Candide fut fessé
25 en cadence, pendant qu'on chantait; le Biscayen et les deux hommes qui n'avaient point voulu manger de lard furent brûlés, et Pangloss fut pendu, quoique ce ne soit pas la

coutume.* Le même jour la terre trembla de nouveau avec un fracas épouvantable.

Candide épouvanté, interdit, éperdu, tout palpitant, se disait à lui-même: « Si c'est ici le meilleur des mondes possibles, que sont donc les autres ? Passe encore si je n'étais 5 que fessé; je l'ai été chez les Bulgares; mais, ô mon cher Pangloss ! le plus grand des philosophes, faut-il vous avoir vu pendre, sans que je sache pourquoi ! O mon cher anabaptiste ! le meilleur des hommes, faut-il que vous ayez été noyé dans le port ! O mademoiselle Cunégonde ! 10 la perle des filles, faut-il qu'on vous ait égorgée !"

Il s'en retournait, se soutenant à peine, prêché, fessé, absous, et béni, lorsqu'une vieille l'aborda, et lui dit: « Mon fils, prenez courage, suivez-moi. »

COMMENT UNE VIEILLE PRIT SOIN DE CANDIDE, ET COMMENT IL RETROUVA CE QU'IL AIMAIT

Candide ne prit point courage, mais il suivit la vieille dans une masure: elle lui donna un pot de pommade pour se frotter, lui laissa à manger et à boire; elle lui montra un petit lit assez propre; il y avait auprès du lit un habit
5 complet. « Mangez, buvez, dormez, lui dit-elle, et que Notre-Dame d'Atocha,* monseigneur saint Antoine de Padoue,* et monseigneur saint Jacques de Compostelle * prennent soin de vous: je reviendrai demain. » Candide, toujours étonné de tout ce qu'il avait vu, de tout ce qu'il
10 avait souffert, et encore plus de la charité de la vieille, voulut lui baiser la main. « Ce n'est pas ma main qu'il faut baiser, dit la vieille; je reviendrai demain. Frottez-vous de pommade, mangez et dormez. »

Candide, malgré tant de malheurs, mangea et dormit.
15 Le lendemain la vieille lui apporte à déjeuner, visite son dos, le frotte elle-même d'une autre pommade: elle lui apporte ensuite à dîner: elle revient sur le soir et apporte à souper. Le surlendemain elle fit encore les mêmes cérémonies. « Qui êtes-vous ? lui disait toujours Candide;
20 qui vous a inspiré tant de bonté ? Quelles grâces puis-je vous rendre ? » La bonne femme ne répondait jamais rien: elle revint sur le soir, et n'apporta point à souper: « Venez avec moi, dit-elle, et ne dites * mot. » Elle le prend sous le bras, et marche avec lui dans la campagne environ
25 un quart de mille: ils arrivent à une maison isolée, entourée de jardins et de canaux. La vieille frappe à une petite porte. On ouvre; elle mène Candide, par un escalier

dérobé, dans un cabinet doré, le laisse sur un canapé de brocart, referme la porte, et s'en va. Candide croyait rêver, et regardait toute sa vie comme un songe funeste, et le moment présent comme un songe agréable.

La vieille reparut bientôt; elle soutenait avec peine une femme tremblante, d'une taille majestueuse, brillante de pierreries, et couverte d'un voile. « Otez ce voile, » dit la vieille à Candide. Le jeune homme approche; il lève le voile d'une main timide. Quel moment! quelle surprise! il croit voir mademoiselle Cunégonde; il la voyait en effet, c'était elle-même. La force lui manque, il ne peut proférer une parole, il tombe à ses pieds. Cunégonde tombe sur le canapé. La vieille les accable d'eaux spiritueuses, ils reprennent leurs sens, ils se parlent: ce sont d'abord des mots entrecoupés, des demandes et des réponses qui se croisent, des soupirs, des larmes, des cris. La vieille leur recommande de faire moins de bruit, et les laisse en liberté. « Quoi! c'est vous, lui dit Candide, vous vivez! je vous retrouve en Portugal! On ne vous a point poignardée, comme le philosophe Pangloss me l'avait assuré? — Si fait, dit la belle Cunégonde; mais on ne meurt pas toujours d'un tel accident. — Mais votre père et votre mère ont-ils été tués? — Il n'est que trop vrai, dit Cunégonde en pleurant. — Et votre frère? — Mon frère a été tué aussi. — Et pourquoi êtes-vous en Portugal? et comment avez-vous su que j'y étais? et par quelle étrange aventure m'avez-vous fait conduire dans cette maison? — Je vous dirai tout cela, répliqua la dame, mais il faut auparavant que vous m'appreniez tout ce qui vous est arrivé depuis le baiser innocent que vous me donnâtes, et les coups de pied que vous reçûtes. »

Candide lui obéit avec un profond respect; et quoiqu'il fût interdit, quoique sa voix fût faible et tremblante, quoique l'échine lui fît encore un peu mal, il lui raconta de la manière la plus naïve tout ce qu'il avait éprouvé depuis le moment de leur séparation. Cunégonde levait les yeux

au ciel; elle donna des larmes à la mort du bon anabaptiste et de Pangloss; après quoi elle parla en ces termes à Candide, qui ne perdait pas une parole, et qui la dévorait des yeux.

HISTOIRE DE CUNÉGONDE

« J'étais dans mon lit et je dormais profondément, quand il plut au ciel d'envoyer les Bulgares dans notre beau château de Thunder-ten-tronckh; ils égorgèrent mon père et mon frère, et coupèrent ma mère par morceaux. Un grand Bulgare, haut de six pieds, voyant qu'à ce spectacle 5 j'avais perdu connaissance, m'attaqua; cela me fit revenir, je repris mes sens, je criai, je me débattis, je mordis, j'égratignai, je voulais arracher les yeux à ce grand Bulgare, ne sachant pas que tout ce qui arrivait dans le château de mon père était une chose d'usage: le brutal 10 me donna un coup de couteau dans le flanc gauche dont je porte encore la marque.... Mais continuons. — Continuez, » dit Candide.

Elle reprit ainsi le fil de son histoire: « Un capitaine bulgare entra; il me vit toute sanglante, et le soldat ne se 15 dérangeait pas. Le capitaine se mit en colère du peu de respect que lui témoignait ce brutal, et le tua sur mon corps. Ensuite il me fit panser et m'emmena prisonnière de guerre dans son quartier. Je blanchissais le peu de chemises qu'il avait, je faisais sa cuisine; il me trouvait 20 fort jolie, il faut l'avouer; et je ne nierai pas qu'il ne * fût très bien fait, et qu'il n'eût la peau blanche et douce; d'ailleurs peu d'esprit, peu de philosophie: on voyait bien qu'il n'avait pas été élevé par le docteur Pangloss. Au bout de trois mois, ayant perdu tout son argent, et s'étant dégoûté 25 de moi, il me vendit à un juif nommé don Issachar,* qui trafiquait en Hollande et en Portugal. Ce juif s'attacha beaucoup à ma personne. Pour m'apprivoiser, il me mena dans cette maison de campagne que vous voyez. J'avais

cru jusque-là qu'il n'y avait rien sur la terre de si beau que
le château de Thunder-ten-tronckh; j'ai été détrompée.

« Le grand inquisiteur m'aperçut un jour à la messe; il
me lorgna beaucoup, et me fit dire qu'il avait à me parler
5 pour des affaires secrètes. Je fus conduite à son palais; je
lui appris ma naissance; il me représenta combien il était
au-dessous de mon rang d'appartenir à un Israélite. On
proposa de sa part à don Issachar de me céder à monsei-
gneur. Don Issachar, qui est le banquier de la cour, et
10 homme de crédit, n'en voulut rien faire. L'inquisiteur le
menaça d'un auto-da-fé.

« Enfin, pour détourner le fléau des tremblements de
terre, et pour intimider don Issachar, il plut à monsei-
gneur l'inquisiteur de célébrer un auto-da-fé. Il me fit
15 l'honneur de m'y inviter. Je fus très bien placée; on servit
aux dames des rafraîchissements entre la messe et l'exécu-
tion. Je fus, à la vérité, saisie d'horreur en voyant brûler
ces deux juifs et cet honnête Biscayen qui avait épousé sa
commère: mais quelle fut ma surprise, mon effroi, mon
20 trouble, quand je vis dans un san-benito, et sous une mitre,
une figure qui ressemblait à celle de Pangloss ! Je me frot-
tai les yeux, je regardai attentivement, je le vis pendre; je
tombai en faiblesse. A peine reprenais-je mes sens, que
je vous vis dépouillé; ce fut là le comble de l'horreur,
25 de la consternation, de la douleur, du désespoir. Cette
vue redoubla tous les sentiments qui m'accablaient, qui
me dévoraient. Je m'écriai, je voulus dire: Arrêtez,
barbares ! mais la voix me manqua, et mes cris auraient
été inutiles. Quand vous eûtes été bien fessé: « Comment
30 se peut-il faire, disais-je, que l'aimable Candide et le sage
Pangloss se trouvent à Lisbonne, l'un pour recevoir cent
coups de fouet, et l'autre pour être pendu par l'ordre de
monseigneur l'inquisiteur, dont je suis la bien-aimée ?
Pangloss m'a donc bien cruellement trompée, quand il me
35 disait que tout va le mieux du monde ! »

« Agitée, éperdue, tantôt hors de moi-même, et tantôt

prête de * mourir de faiblesse, j'avais la tête remplie du massacre de mon père, de ma mère, de mon frère, de l'insolence de mon vilain soldat bulgare, du coup de couteau qu'il me donna, de ma servitude, de mon métier de cuisinière, de mon capitaine bulgare, de mon vilain don Issachar, de mon abominable inquisiteur, de la pendaison du docteur Pangloss, de ce grand *miserere* en faux-bourdon pendant lequel on vous fessait, et surtout du baiser que je vous avais donné derrière un paravent, le jour que je vous avais vu pour la dernière fois. Je louai Dieu, qui vous ramenait à moi par tant d'épreuves. Je recommandai à ma vieille d'avoir soin de vous, et de vous amener ici dès qu'elle le pourrait. Elle a très bien exécuté ma commission; j'ai goûté le plaisir inexprimable de vous revoir, de vous entendre, de vous parler. Vous devez avoir une faim dévorante; j'ai grand appétit, commençons par souper. »

Les voilà qui se mettent tous deux à table; et, après le souper, ils se replacent sur ce beau canapé dont on a déjà parlé; ils y étaient quand le signor don Issachar, l'un des maîtres de la maison, arriva. C'était le jour du sabbat. Il venait expliquer son tendre amour.

CE QUI ADVINT DE CUNÉGONDE, DE CANDIDE, DU GRAND INQUISITEUR ET D'UN JUIF

Cet Issachar était le plus colérique Hébreu qu'on eût vu dans Israël, depuis la captivité en Babylone.* « Quoi ! dit-il, chienne de galiléenne, ce n'est pas assez de monsieur l'inquisiteur ? » En disant cela, il tire un long poignard dont
5 il était toujours pourvu, et, ne croyant pas que son adverse partie eût des armes, il se jette sur Candide; mais notre bon Westphalien avait reçu une belle épée de la vieille avec l'habit complet. Il tire son épée, quoiqu'il eût les mœurs fort douces, et vous étend l'Israélite roide mort sur le
10 carreau, aux pieds de la belle Cunégonde.

« Sainte Vierge ! s'écria-t-elle, qu'allons-nous devenir ? Un homme tué chez moi ! si la justice vient, nous sommes perdus. — Si Pangloss n'avait pas été pendu, dit Candide, il nous donnerait un bon conseil dans cette extrémité, car
15 c'était un grand philosophe. A son défaut, consultons la vieille. » Elle était fort prudente, et commençait * à dire son avis quand une autre petite porte s'ouvrit. Il était une heure après minuit, c'était le commencement du dimanche. L'inquisiteur entre et voit le fessé Candide, l'épée à la
20 main, un mort étendu par terre, Cunégonde effarée, et la vieille donnant des conseils.

Voici dans ce moment ce qui se passa dans l'âme de Candide, et comment il raisonna: « Si ce saint homme appelle du secours, il me fera infailliblement brûler; il
25 pourra en faire autant de Cunégonde; il m'a fait fouetter impitoyablement; il est mon rival; je suis en train de tuer, il n'y a pas à balancer. » Ce raisonnement fut net et ra-

pide, et, sans donner le temps à l'inquisiteur de revenir de
sa surprise, il le perce d'outre en outre, et le jette à côté du
juif. « En voici bien d'une autre, dit Cunégonde; il n'y a
plus de rémission, nous sommes excommuniés, notre der-
nière heure est venue. Comment avez-vous fait, vous qui 5
êtes né si doux, pour tuer en deux minutes un juif et un
prélat ? — Ma belle demoiselle, répondit Candide, quand on
est amoureux, jaloux, et fouetté par l'inquisition, on ne se
connaît plus. »

La vieille prit alors la parole, et dit: « Il y a trois chevaux 10
andalous dans l'écurie, avec leurs selles et leurs brides;
que le brave Candide les prépare; madame a des moyadors
et des diamants; montons vite à cheval, quoique je ne
puisse guère m'y tenir, et allons à Cadix; il fait le plus
beau temps du monde, et c'est un grand plaisir de voyager 15
pendant la fraîcheur de la nuit. »

Aussitôt Candide selle les trois chevaux. Cunégonde, la
vieille et lui, font trente milles d'une traite. Pendant
qu'ils s'éloignaient, la sainte hermandad arrive dans la
maison; on enterre monseigneur dans une belle église, et 20
on jette Issachar à la voirie.

Candide, Cunégonde et la vieille étaient déjà dans la
petite ville d'Avacéna, au milieu des montagnes de la
Sierra-Morena, et ils parlaient ainsi dans un cabaret.

DANS QUELLE DÉTRESSE CANDIDE, CUNÉGONDE ET LA VIEILLE ARRIVENT A CADIX, ET DE LEUR EMBARQUEMENT

« Qui a donc pu me voler mes pistoles et mes diamants ? disait en pleurant Cunégonde; de quoi vivrons-nous ? Comment ferons-nous ? Où trouver des inquisiteurs et des juifs qui m'en donnent d'autres ? — Hélas ! dit la vieille, je
5 soupçonne fort un révérend père cordelier, qui coucha hier dans la même auberge que nous à Badajos; Dieu me garde de faire un jugement téméraire ! mais il entra deux fois dans notre chambre, et il partit longtemps avant nous. — Hélas ! dit Candide, le bon Pangloss m'avait sou-
10 vent prouvé que les biens de la terre sont communs à tous les hommes, que chacun y a un droit égal. Ce cordelier devait bien, suivant ces principes, nous laisser de quoi achever notre voyage. Il ne vous reste donc rien du tout, ma belle Cunégonde ? — Pas un maravédis, dit-elle. —
15 Quel parti prendre ? dit Candide. — Vendons un des chevaux, dit la vieille; je monterai en croupe derrière mademoiselle, et nous arriverons à Cadix. »

Il y avait dans la même hôtellerie un prieur de bénédictins; il acheta le cheval bon marché. Candide, Cunégonde
20 et la vieille, passèrent par Lucéna, par Chillas, par Lebrixa, et arrivèrent enfin à Cadix. On y équipait une flotte,* et on y assemblait des troupes pour mettre à la raison les révérends pères jésuites du Paraguai, qu'on accusait d'avoir fait révolter une de leurs hordes contre les rois d'Espagne
25 et de Portugal, auprès de la ville du Saint-Sacrement. Candide, ayant servi chez les Bulgares, fit l'exercice bulgarien devant le général de la petite armée avec tant de grâce, de célérité, d'adresse, de fierté, d'agilité, qu'on lui

donna une compagnie d'infanterie à commander. Le voilà
capitaine; il s'embarque avec mademoiselle Cunégonde,
la vieille, deux valets, et les deux chevaux andalous qui
avaient appartenu à M. le grand inquisiteur de Portugal.

Pendant toute la traversée ils raisonnèrent beaucoup 5
sur la philosophie du pauvre Pangloss. « Nous allons dans
un autre univers, disait Candide; c'est dans celui-là, sans
doute, que tout est bien: car il faut avouer qu'on pourrait
gémir un peu de ce qui se passe dans le nôtre en physique
et en morale. — Je vous aime de tout mon cœur, disait 10
Cunégonde; mais j'ai encore l'âme tout effarouchée de ce
que j'ai vu, de ce que j'ai éprouvé. — Tout ira bien, répli-
quait Candide; la mer de ce nouveau monde vaut déjà
mieux que les mers de notre Europe; elle est plus calme, les
vents plus constants. C'est certainement le Nouveau- 15
Monde qui est le meilleur des univers possibles. — Dieu le
veuille ! disait Cunégonde: mais j'ai été si horriblement
malheureuse dans le mien, que mon cœur est presque
fermé à l'espérance. — Vous vous plaignez, leur dit la
vieille; hélas ! vous n'avez pas éprouvé des infortunes telles 20
que les miennes. » Cunégonde se mit presque à rire, et
trouva cette bonne femme fort plaisante de prétendre être
plus malheureuse qu'elle. « Hélas ! lui dit-elle, ma bonne,
à moins que vous n'ayez reçu deux coups de couteau dans
le corps, qu'on n'ait démoli deux de vos châteaux, qu'on 25
n'ait égorgé à vos yeux deux mères et deux pères, et que
vous n'ayez vu deux de vos amants fouettés dans un auto-
da-fé, je ne vois pas que vous puissiez l'emporter sur moi;
ajoutez que je suis née baronne avec soixante et douze
quartiers,* et que j'ai été cuisinière. — Mademoiselle, 30
répondit la vieille, vous ne savez pas quelle est ma nais-
sance; et, si je vous montrais mes blessures, vous ne parle-
riez pas comme vous faites, et vous suspendriez votre
jugement. » Ce discours fit naître une extrême curiosité
dans l'esprit de Cunégonde et de Candide. La vieille leur 35
parla en ces termes:

HISTOIRE DE LA VIEILLE

« Je n'ai pas eu toujours les yeux éraillés et bordés d'écarlate, mon nez n'a pas toujours touché à mon menton, et je n'ai pas toujours été servante. Je suis la fille du pape Urbain X et de la princesse de Palestrine.* On m'éleva jusqu'à quatorze ans dans un palais auquel tous les châteaux de vos barons allemands n'auraient pas servi d'écurie; et une de mes robes valait mieux que toutes les magnificences de la Westphalie. Je croissais en beauté, en grâces, en talents, au milieu des plaisirs, des respects, et des espérances: j'inspirais déjà de l'amour; quels yeux! quelles paupières! quels sourcils noirs! quelles flammes brillaient dans mes deux prunelles, et effaçaient la scintillation des étoiles, comme me disaient les poètes du quartier.

« Je fus fiancée à un prince souverain de Massa-Carrara: quel prince! aussi beau que moi, pétri de douceur et d'agréments, brillant d'esprit et brûlant d'amour; je l'aimais comme on aime pour la première fois, avec idolâtrie, avec emportement. Les noces furent préparées: c'était une pompe, une magnificence inouïe; c'étaient des fêtes, des carrousels, des opéra-buffa continuels *; et toute l'Italie fit pour moi des sonnets dont il n'y eut pas un seul de passable. Je touchais au moment de mon bonheur, quand une vieille marquise, qui avait été maîtresse de mon prince, l'invita à prendre du chocolat chez elle; il mourut en moins de deux heures avec des convulsions épouvantables: mais ce n'est qu'une bagatelle. Ma mère au désespoir, et bien moins affligée que moi, voulut s'arracher pour quelque temps à un séjour si funeste. Elle avait une très belle terre auprès de Gaïète: nous nous embarquâmes sur une

30

CANDIDE 31

galère du pays, dorée comme l'autel de Saint-Pierre de
Rome. Voilà qu'un corsaire de Salé fond sur nous et nous
aborde: nos soldats se défendirent comme des soldats du
pape *; ils se mirent tous à genoux en jetant leurs armes,
et en demandant au corsaire une absolution *in articulo* 5
mortis.

« Je ne vous dirai point combien il est dur pour une jeune
princesse d'être menée esclave à Maroc avec sa mère:
vous concevez assez tout ce que nous eûmes à souffrir dans
le vaisseau corsaire. Ma mère était encore très belle: nos 10
filles d'honneur, nos simples femmes de chambre avaient
plus de charmes qu'on n'en peut trouver dans toute l'A-
frique: pour moi, j'étais ravissante, j'étais la beauté, la
grâce même. Certes il fallait que madame la princesse de
Palestrine et moi fussions bien fortes pour résister à tout 15
ce que nous éprouvâmes jusqu'à notre arrivée à Maroc !
Mais passons; ce sont des choses si communes, qu'elles ne
valent pas la peine qu'on en parle.

« Maroc nageait dans le sang quand nous arrivâmes.
Cinquante fils de l'empereur Muley-Ismael avaient 20
chacun leur parti; ce qui produisait en effet cinquante
guerres civiles, de noirs contre noirs, de noirs contre ba-
sanés, de basanés contre basanés, de mulâtres contre
mulâtres: c'était un carnage continuel dans toute l'é-
tendue de l'empire. 25

« A peine fûmes-nous débarquées, que des noirs d'une
faction ennemie de celle de mon corsaire se présentèrent
pour lui enlever son butin. Nous étions, après les diamants
et l'or, ce qu'il avait de plus précieux. Je fus témoin d'un
combat tel que vous n'en voyez jamais dans vos climats 30
d'Europe. Les peuples septentrionaux n'ont pas le sang
assez ardent. Il semble que vos Européens aient du lait
dans les veines; c'est du vitriol, c'est du feu qui coule dans
celles des habitants du mont Atlas et des pays voisins. On
combattit avec la fureur des lions, des tigres, et des ser- 35
pents de la contrée, pour savoir qui nous aurait. Mon

capitaine me tenait cachée derrière lui; il avait le cimeterre
au poing, et tuait tout ce qui s'opposait à sa rage. Enfin
je vis toutes nos Italiennes et ma mère déchirées, coupées,
massacrées par les monstres qui se les disputaient. Les
5 captifs, mes compagnons, ceux qui les avaient pris, soldats,
matelots, noirs, basanés, blancs, mulâtres, et enfin mon
capitaine, tout fut tué, et je demeurai mourante sur un
tas de morts. Des scènes pareilles se passaient, comme on
sait, dans l'étendue de plus de trois cents lieues, sans qu'on
10 manquât aux cinq prières par jour ordonnées par Ma-
homet.*

« Je me débarrassai avec beaucoup de peine de la foule
de tant de cadavres sanglants entassés, et je me traînai
sous un grand oranger au bord d'un ruisseau voisin; j'y
15 tombai d'effroi, de lassitude, d'horreur, de désespoir et de
faim. Bientôt après mes sens accablés se livrèrent à un
sommeil qui tenait plus de l'évanouissement que du repos.
J'étais dans cet état de faiblesse et d'insensibilité, entre la
mort et la vie, quand je me sentis pressée de quelque chose
20 qui s'agitait près de mon corps; j'ouvris les yeux, je vis un
homme blanc et de bonne mine qui soupirait et qui se
plaignait en italien.

CHAPITRE XII

SUITE DES MALHEURS DE LA VIEILLE

« Étonnée et ravie d'entendre la langue de ma patrie, et non moins surprise des paroles que proférait cet homme, je lui répondis qu'il y avait de plus grands malheurs que celui dont il se plaignait; je l'instruisis en peu de mots des horreurs que j'avais essuyées, et je retombai en faiblesse. 5 Il m'emporta dans une maison voisine, me fit mettre au lit, me fit donner à manger, me servit, me consola, me flatta, et me dit qu'il n'avait rien vu de si beau que moi. Je suis né à Naples, me dit-il; j'ai été musicien de la chapelle de madame la princesse de Palestrine. — De ma 10 mère ! m'écriai-je. — De votre mère ! s'écria-t-il en pleurant: quoi ! vous seriez * cette jeune princesse que j'ai élevée jusqu'à l'âge de six ans, et qui promettait déjà d'être aussi belle que vous êtes ? — C'est moi-même; ma mère est à quatre cents pas d'ici coupée en quartiers 15 sous un tas de morts. »

« Je lui contai tout ce qui m'était arrivé; il me conta aussi ses aventures, et m'apprit comment il avait été envoyé chez le roi de Maroc par une puissance chrétienne, pour conclure avec ce monarque un traité par lequel on 20 lui fournirait de la poudre, des canons et des vaisseaux, pour l'aider à exterminer le commerce des autres chrétiens.* « Ma mission est faite, dit-il; je vais m'embarquer à Ceuta, et je vous ramènerai en Italie. »

« Je le remerciai avec des larmes d'attendrissement; et, 25 au lieu de me mener en Italie, il me conduisit à Alger, et me vendit au dey de cette province. A peine fus-je vendue, que cette peste qui a fait le tour de l'Afrique, de l'Asie et de l'Europe, se déclara dans Alger avec fureur. Vous avez

vu des tremblements de terre; mais, mademoiselle, avez-vous jamais eu la peste? — Jamais, répondit la baronne.

« Si vous l'aviez eue, reprit la vieille, vous avoueriez qu'elle est bien au-dessus d'un tremblement de terre. Elle 5 est fort commune en Afrique; j'en fus attaquée. Figurez-vous quelle situation pour la fille d'un pape, âgée de quinze ans, qui en trois mois de temps avait éprouvé la pauvreté, l'esclavage, avait vu couper sa mère en quatre, avait essuyé la faim et la guerre, et mourait pestiférée dans 10 Alger. Je n'en mourus pourtant pas; mais l'Italien et le dey, et presque tout le sérail d'Alger périrent.

« Quand les premiers ravages de cette épouvantable peste furent passés, on vendit les esclaves du dey. Un marchand m'acheta et me mena à Tunis; il me vendit à un autre 15 marchand qui me revendit à Tripoli; de Tripoli je fus revendue à Alexandrie; d'Alexandrie revendue à Smyrne; de Smyrne à Constantinople. J'appartins enfin à un aga des janissaires, qui fut bientôt commandé pour aller défendre Azof contre les Russes, qui l'assiégeaient.

20 « L'aga, qui était un très galant homme, mena avec lui tout son sérail, et nous logea dans un petit fort sur les Palus Méotides, gardé par deux esclaves noirs et vingt soldats. On tua prodigieusement de Russes, mais ils nous le rendirent bien: Azof fut mise à feu et à sang, et on ne 25 pardonna ni au sexe, ni à l'âge; il ne resta que notre petit fort; les ennemis voulurent nous prendre par famine. Les vingt janissaires avaient juré de ne se jamais rendre. Les extrémités de la faim où ils furent réduits les contraignirent à manger nos deux esclaves, de peur de violer leur 30 serment.

« A peine les janissaires avaient-ils fait ce repas, que les Russes arrivent sur des bateaux plats; pas un janissaire ne réchappa.

« On nous fit aller à Moscou; j'échus en partage à un 35 boïard qui me fit sa jardinière, et qui me donnait vingt coups de fouet par jour; mais ce seigneur ayant été roué

au bout de deux ans avec une trentaine de boïards pour quelque tracasserie de cour, je profitai de cette aventure; je m'enfuis; je traversai toute la Russie; je fus longtemps servante de cabaret à Riga, puis à Rostock, à Vismar, à Leipsick, à Cassel, à Utrecht, à Leyde, à la Haye, à Rotter- 5 dam: j'ai vieilli dans la misère et dans l'opprobre, me souvenant toujours que j'étais fille d'un pape; je voulus cent fois me tuer, mais j'aimais encore la vie. Cette fai- blesse ridicule est peut-être un de nos penchants les plus funestes; car y a-t-il rien de plus sot que de vouloir porter 10 continuellement un fardeau qu'on veut toujours jeter par terre; d'avoir son être en horreur, et de tenir à son être; enfin de caresser le serpent qui nous dévore, jusqu'à ce qu'il nous ait mangé le cœur ?

« J'ai vu dans les pays que le sort m'a fait parcourir, et 15 dans les cabarets où j'ai servi, un nombre prodigieux de personnes qui avaient leur existence en exécration; mais je n'en ai vu que douze qui aient mis volontairement fin à leur misère, trois nègres, quatre Anglais, quatre Géne- vois, et un professeur allemand nommé Robek. J'ai fini 20 par être servante chez le juif don Issachar; il me mit auprès de vous, ma belle demoiselle; je me suis attachée à votre destinée, et j'ai été plus occupée de vos aventures que des miennes. Je ne vous aurais même jamais parlé de mes malheurs, si vous ne m'aviez pas un peu piquée, et 25 s'il n'était d'usage, dans un vaisseau, de conter des his- toires pour se désennuyer. Enfin, mademoiselle, j'ai de l'expérience, je connais le monde; donnez-vous un plaisir, engagez chaque passager à vous conter son histoire, et s'il s'en trouve un seul qui n'ait * souvent maudit sa vie, qui ne 30 se soit souvent dit à lui-même qu'il était le plus malheu- reux des hommes, jetez-moi dans la mer la tête la premi- ère. »

COMMENT CANDIDE FUT OBLIGÉ DE SE
SÉPARER DE LA BELLE CUNÉGONDE
ET DE LA VIEILLE

La belle Cunégonde, ayant entendu l'histoire de la vieille, lui fit toutes les politesses qu'on devait à une personne de son rang et de son mérite. Elle accepta la proposition; elle engagea tous les passagers, l'un après l'autre, à
5 lui conter leurs aventures. Candide et elle avouèrent que la vieille avait raison. « C'est bien dommage, disait Candide, que le sage Pangloss ait été pendu contre la coutume *
dans un auto-da-fé; il nous dirait des choses admirables sur le mal physique et sur le mal moral qui couvrent la
10 terre et la mer, et je me sentirais assez de force pour oser lui faire respectueusement quelques objections. » *

A mesure que chacun racontait son histoire, le vaisseau avançait. On aborda dans Buenos-Ayres. Cunégonde, le capitaine Candide et la vieille, allèrent chez le gouver-
15 neur don Fernando d'Ibaraa, y Figueora, y Mascarenes, y Lampourdos, y Souza.* Ce seigneur avait une fierté convenable à un homme qui portait tant de noms. Il parlait aux hommes avec le dédain le plus noble, portait le nez si haut, élevant si impitoyablement la voix, prenant un
20 ton si imposant, affectant une démarche si altière, que tous ceux qui le saluaient étaient tentés de le battre. Cunégonde lui parut ce qu'il avait jamais vu de plus beau. La première chose qu'il fit fut de demander si elle n'était point la femme du capitaine. L'air dont il fit cette question
25 alarma Candide: il n'osa pas dire qu'elle était sa femme, parce qu'en effet elle ne l'était point; il n'osait pas dire que c'était sa sœur, parce qu'elle ne l'était pas non plus;

et quoique ce mensonge officieux eût été autrefois très
à la mode chez les anciens,* et qu'il pût être utile aux
modernes, son âme était trop pure pour trahir la vérité.
« Mademoiselle Cunégonde, dit-il, doit me faire l'honneur
de m'épouser, et nous supplions votre excellence de daigner 5
faire notre noce. »

Don Fernando d'Ibaraa, y Figueora, y Mascarenes, y
Lampourdos, y Souza, relevant sa moustache, sourit
amèrement, et ordonna au capitaine Candide d'aller faire
la revue de sa compagnie. Candide obéit; le gouverneur 10
demeura avec mademoiselle Cunégonde. Il lui déclara sa
passion, lui protesta que le lendemain il l'épouserait à la
face de l'Église, ou autrement, ainsi qu'il plairait à ses
charmes. Cunégonde lui demanda un quart d'heure pour
se recueillir, pour consulter la vieille, et pour se déter- 15
miner.

La vieille dit à Cunégonde: « Mademoiselle, vous avez
soixante et douze quartiers et pas une obole; il ne tient
qu'à vous d'être la femme du plus grand seigneur de l'Amé-
rique méridionale, qui a une très belle moustache; est-ce à 20
vous de vous piquer d'une fidélité à toute épreuve ? Les
malheurs donnent des droits. J'avoue que si j'étais à
votre place, je ne ferais aucun scrupule d'épouser monsieur
le gouverneur, et de faire la fortune de monsieur le capi-
taine Candide. » Tandis que la vieille parlait avec toute 25
la prudence que l'âge et l'expérience donnent, on vit entrer
dans le port un petit vaisseau; il portait un alcade et des
alguazils, et voici ce qui était arrivé.

La vieille avait très bien deviné que ce fut un cordelier
à la grande manche, qui vola l'argent et les bijoux de Cuné- 30
gonde dans la ville de Badajos, lorsqu'elle fuyait en hâte
avec Candide. Ce moine voulut vendre quelques-unes des
pierreries à un joaillier. Le marchand les reconnut pour
celles du grand inquisiteur. Le cordelier, avant d'être
pendu, avoua qu'il les avait volées: il indiqua les per- 35
sonnes et la route qu'elles prenaient. La fuite de Cuné-

gonde et de Candide était déjà connue. On les suivit à
Cadix: on envoya, sans perdre de * temps, un vaisseau à
leur poursuite. Le vaisseau était déjà dans le port de
Buenos-Ayres. Le bruit se répandit qu'un alcade allait
5 débarquer, et qu'on poursuivait les meurtriers de monsei-
gneur le grand inquisiteur. La prudente vieille vit dans
l'instant tout ce qui était à faire. « Vous ne pouvez fuir,
dit-elle à Cunégonde, et vous n'avez rien à craindre; ce
n'est pas vous qui avez tué monseigneur, et d'ailleurs le
10 gouverneur, qui vous aime, ne souffrira pas qu'on vous mal-
traite; demeurez. » Elle court sur-le-champ à Candide:
« Fuyez, dit-elle, ou dans une heure vous allez être brûlé. »
Il n'y avait pas un moment à perdre; mais comment se
séparer de Cunégonde, et où se réfugier ?

COMMENT CANDIDE ET CACAMBO FURENT
REÇUS CHEZ LES JÉSUITES DU PARAGUAY

Candide avait amené de Cadix un valet tel qu'on en trouve beaucoup sur les côtes d'Espagne et dans les colonies. C'était un quart d'Espagnol, né d'un métis dans le Tucuman; il avait été enfant de chœur, sacristain, matelot, moine, facteur, soldat, laquais. Il s'appelait Cacambo,* et aimait fort son maître, parce que son maître était un fort bon homme. Il sella au plus vite les deux chevaux andalous. « Allons, mon maître, suivons le conseil de la vieille, partons, et courons sans regarder derrière nous. » Candide versa des larmes: « O ma chère Cunégonde ! faut-il vous abandonner dans le temps que monsieur le gouverneur va faire nos noces ! Cunégonde, amenée de si loin, que deviendrez-vous ? — Elle deviendra ce qu'elle pourra, dit Cacambo; les femmes ne sont jamais embarrassées d'elles; Dieu y pourvoit; courons. — Où me mènes-tu ? Où allons-nous ? Que ferons-nous sans Cunégonde ? disait Candide. — Par saint Jacques de Compostelle, dit Cacambo, vous alliez faire la guerre aux jésuites; allons la faire pour eux; je sais assez les chemins, je vous mènerai dans leur royaume, ils seront charmés d'avoir un capitaine qui fasse l'exercice à la bulgare; vous ferez une fortune prodigieuse; quand on n'a pas son compte dans un monde, on le trouve dans un autre. C'est un très grand plaisir de voir et de faire des choses nouvelles.

— Tu as donc été déjà dans le Paraguay ? dit Candide. — Eh vraiment oui ! dit Cacambo; j'ai été cuistre dans le collège de l'Assomption, et je connais le gouvernement de los padres comme je connais les rues de Cadix. C'est une

chose admirable que ce gouvernement. Le royaume a déjà
plus de trois cents lieues de diamètre; il est divisé en trente
provinces. Los padres y ont tout, et les peuples rien; c'est
le chef-d'œuvre de la raison et de la justice. Pour moi, je ne
5 vois rien de si divin que los padres, qui font ici la guerre au
roi d'Espagne et au roi de Portugal, et qui en Europe con-
fessent ces rois; qui tuent ici des Espagnols, et qui à
Madrid les envoient au ciel; cela me ravit; avançons: vous
allez être le plus heureux de tous les hommes. Quel plaisir
10 auront los padres, quand ils sauront qu'il leur vient un
capitaine qui sait l'exercice bulgare! »

Dès qu'ils furent arrivés à la première barrière, Cacambo
dit à la garde avancée qu'un capitaine demandait à parler
à monseigneur le commandant. On alla avertir la grande
15 garde. Un officier paraguain courut aux pieds du comman-
dant lui donner part de la nouvelle. Candide et Cacambo
furent d'abord désarmés; on se saisit de leurs deux che-
vaux andalous. Les deux étrangers sont introduits au
milieu de deux files de soldats; le commandant était au
20 bout, le bonnet à trois cornes en tête, la robe retroussée,
l'épée au côté, l'esponton à la main. Il fit un signe; aussi-
tôt vingt-quatre soldats entourent les deux nouveaux
venus. Un sergent leur dit qu'il faut attendre, que le
commandant ne peut leur parler, que le révérend père
25 provincial ne permet pas qu'aucun Espagnol ouvre la
bouche qu'en sa présence, et demeure plus de trois heures *
dans le pays. « Et où est le révérend père provincial? dit
Cacambo. — Il est à la parade après avoir dit sa messe,
répondit le sergent, et vous ne pourrez baiser ses éperons *
30 que dans trois heures. — Mais, dit Cacambo, monsieur
le capitaine, qui meurt de faim comme moi, n'est point
Espagnol, il est Allemand; ne pourrions-nous point dé-
jeuner en attendant sa révérence? »

Le sergent alla sur-le-champ rendre compte de ce dis-
35 cours au commandant. « Dieu soit béni! dit ce seigneur,
puisqu'il est Allemand, je peux lui parler; qu'on le mène

dans ma feuillée. » Aussitôt on conduit Candide dans un cabinet de verdure, orné d'une très jolie colonnade de marbre vert et or, et de treillages qui renfermaient des perroquets, des colibris, des oiseaux-mouches, des pintades,* et tous les oiseaux les plus rares. Un excellent 5 déjeuner était préparé dans des vases d'or; et tandis que les Paraguains mangèrent du maïs * dans des écuelles de bois, en plein champ, à l'ardeur du soleil, le révérend père commandant entra dans la feuillée.

C'était un très beau jeune homme, le visage plein, assez 10 blanc, haut en couleur, le sourcil relevé, l'œil vif, l'oreille rouge, les lèvres vermeilles, l'air fier, mais d'une fierté qui n'était ni celle d'un Espagnol ni celle d'un jésuite. On rendit à Candide et à Cacambo leurs armes, qu'on leur avait saisies, ainsi que les deux chevaux andalous; Cacambo 15 leur fit manger l'avoine auprès de la feuillée, ayant toujours l'œil sur eux, crainte de surprise.

Candide baisa d'abord le bas de la robe du commandant, ensuite ils se mirent à table. « Vous êtes donc Allemand ? lui dit le jésuite en cette langue. — Oui, mon révé- 20 rend père, » dit Candide. L'un et l'autre, en prononçant ces paroles, se regardaient avec une extrême surprise, et une émotion dont ils n'étaient pas les maîtres. « Et de quel pays d'Allemagne êtes-vous ? dit le jésuite. — De la sale * province de Westphalie, dit Candide: je suis né dans le 25 château de Thunder-ten-tronckh. — O ciel ! est-il possible ! s'écria le commandant. — Quel miracle ! s'écria Candide. — Serait-ce vous ? * dit le commandant. — Cela n'est pas possible, » dit Candide. Ils se laissent tomber tous deux à la renverse, ils s'embrassent, ils versent des ruisseaux de 30 larmes. « Quoi ! serait-ce vous, mon révérend père ? vous, le frère de la belle Cunégonde ! Vous qui fûtes tué par les Bulgares ! Vous le fils de monsieur le baron ! Vous jésuite au Paraguay ! Il faut avouer que ce monde est une étrange chose. O Pangloss ! Pangloss ! que vous seriez aise si vous 35 n'aviez pas été pendu ! »

Le commandant fit retirer les esclaves nègres et les
Paraguains qui servaient à boire dans des gobelets de
cristal de roche. Il remercia Dieu et saint Ignace mille
fois; il serrait Candide entre ses bras; leurs visages étaient
5 baignés de pleurs. « Vous seriez bien plus étonné, plus at-
tendri, plus hors de vous-même, dit Candide, si je vous
disais que mademoiselle Cunégonde, votre sœur, que vous
avez crue égorgée, est pleine de santé. — Où ? — Dans
votre voisinage, chez M. le gouverneur de Buenos-Ayres, et
10 je venais pour vous faire la guerre. » Chaque mot qu'ils
prononcèrent dans cette longue conversation accumulait
prodige sur prodige. Leur âme tout entière volait sur leur
langue, était attentive dans leurs oreilles, et étincelante
dans leurs yeux. Comme ils étaient Allemands, ils tinrent
15 table longtemps,* en attendant le révérend père provin-
cial; et le commandant parla ainsi à son cher Candide.

COMMENT CANDIDE TUA LE FRÈRE DE
SA CHÈRE CUNÉGONDE

« J'aurai toute ma vie présent à la mémoire le jour hor-
rible où je vis tuer mon père et ma mère, et poignarder ma
sœur. Quand les Bulgares furent retirés, on ne trouva point
cette sœur adorable, et on mit dans une charrette ma mère,
mon père, et moi, deux servantes et trois petits garçons 5
égorgés, pour nous aller enterrer * dans une chapelle de
jésuites, à deux lieues du château de mes pères. Un jésuite
nous jeta de l'eau bénite; elle était horriblement salée *;
il en entra quelques gouttes dans mes yeux: le père s'aper-
çut que ma paupière faisait un petit mouvement: il mit 10
la main sur mon cœur, et le sentit palpiter; je fus secouru,
et au bout de trois semaines il n'y paraissait pas. Vous
savez, mon cher Candide, que j'étais fort joli; je le devins
encore davantage; aussi le révérend père Croust,* supé-
rieur de la maison, prit pour moi la plus tendre amitié: il 15
me donna l'habit de novice; quelque temps après je fus
envoyé à Rome. Le père général * avait besoin d'une
recrue de jeunes jésuites allemands. Les souverains du
Paraguay reçoivent le moins qu'ils peuvent de jésuites
espagnols; ils aiment mieux les étrangers, dont ils se croient 20
plus maîtres. Je fus jugé propre par le révérend père
général pour aller travailler dans cette vigne.* Nous
partîmes, un Polonais, un Tyrolien, et moi. Je fus honoré,
en arrivant, du sous-diaconat * et d'une lieutenance *: je
suis aujourd'hui colonel et prêtre. Nous recevrons vi- 25
goureusement les troupes du roi d'Espagne; je vous ré-
ponds qu'elles seront excommuniées et battues. La
Providence vous envoie ici pour nous seconder. Mais est-il

bien vrai que ma chère sœur Cunégonde soit dans le voisinage, chez le gouverneur de Buenos-Ayres ? » Candide l'assura par serment que rien n'était plus vrai. Leurs larmes recommencèrent à couler.

5 Le baron ne pouvait se lasser d'embrasser Candide; il l'appelait son frère, son sauveur. « Ah ! peut-être, lui dit-il, nous pourrons ensemble, mon cher Candide, entrer en vainqueurs dans la ville, et reprendre ma sœur Cunégonde. — C'est tout ce que je souhaite, dit Candide; car je 10 comptais l'épouser, et je l'espère encore. — Vous, insolent ! répondit le baron, vous auriez l'impudence d'épouser ma sœur qui a soixante et douze quartiers ? Je vous trouve bien effronté d'oser me parler d'un dessein si téméraire ! » Candide, pétrifié d'un tel discours, lui répondit: « Mon 15 révérend père, tous les quartiers du monde n'y font rien; j'ai sauvé votre sœur d'un juif et d'un inquisiteur; elle m'a assez d'obligations, elle veut m'épouser. Maître Pangloss m'a toujours dit que les hommes sont égaux,* et assurément je l'épouserai. — C'est ce que nous verrons, 20 coquin, » dit le jésuite baron de Thunder-ten-tronckh, et en même temps il lui donna un grand coup du plat de son épée sur le visage. Candide dans l'instant tire la sienne, et l'enfonce jusqu'à la garde dans le ventre du baron jésuite; mais en la retirant toute fumante, il se mit à pleurer: 25 « Hélas ! mon Dieu ! dit-il, j'ai tué mon ancien maître, mon ami, mon beau-frère; je suis le meilleur homme du monde, et voilà déjà trois hommes que je tue; et dans ces trois il y a deux prêtres. »

Cacambo, qui faisait la sentinelle à la porte de la feuillée, 30 accourut. « Il ne nous reste qu'à vendre cher notre vie, lui dit son maître; on va, sans doute, entrer dans la feuillée; il faut mourir les armes à la main. » Cacambo, qui en avait bien vu d'autres, ne perdit point la tête; il prit la robe de jésuite que portait le baron, la mit sur le corps de Can- 35 dide, lui donna le bonnet carré * du mort, et le fit monter à cheval. Tout cela se fit en un clin d'œil. « Galopons, mon

maître; tout le monde vous prendra pour un jésuite qui va donner des ordres; et nous aurons passé les frontières avant qu'on puisse courir après nous. » Il volait déjà en prononçant ces paroles, et en criant en espagnol: « Place, place pour le révérend père colonel ! »

5

CE QUI ADVINT AUX DEUX VOYAGEURS
AVEC DEUX FILLES, DEUX SINGES, ET
LES SAUVAGES NOMMÉS OREILLONS

Candide et son valet furent au delà des barrières, et personne ne savait encore dans le camp la mort du jésuite allemand. Le vigilant Cacambo avait eu soin de remplir sa valise de pain, de chocolat, de jambon, de fruits, et de
5 quelques mesures de vin. Ils s'enfoncèrent avec leurs chevaux andalous dans un pays inconnu où ils ne découvrirent aucune route. Enfin une belle prairie entrecoupée de ruisseaux se présenta devant eux. Nos deux voyageurs font repaître leurs montures. Cacambo propose à son maître de
10 manger, et lui en donne l'exemple. « Comment veux-tu, disait Candide, que je mange du jambon, quand j'ai tué le fils de monsieur le baron, et que je me vois condamné à ne * revoir la belle Cunégonde de ma vie ? à quoi me servira de prolonger mes misérables jours, puisque je dois les
15 traîner loin d'elle dans les remords et dans le désespoir ? et que dira le Journal de Trévoux ? » *

En parlant ainsi, il ne laissa pas de manger. Le soleil se couchait. Les deux égarés entendirent quelques petits cris qui paraissaient poussés par des femmes. Ils ne savaient *
20 si ces cris étaient de douleur ou de joie; mais ils se levèrent précipitamment avec cette inquiétude et cette alarme que tout inspire dans un pays inconnu. Ces clameurs partaient de deux filles qui couraient légèrement au bord de la prairie, tandis que deux singes les suivaient. Candide fut touché
25 de pitié, il avait appris à tirer chez les Bulgares, et il aurait abattu une noisette dans un buisson sans toucher aux feuilles. Il prend son fusil espagnol à deux coups, tire, et

tue les deux singes. « Dieu soit loué, mon cher Cacambo !
j'ai délivré d'un grand péril ces deux pauvres créatures:
si j'ai commis un péché en tuant un inquisiteur et un jésuite,
je l'ai bien réparé en sauvant la vie à deux filles. Ce sont
peut-être deux demoiselles de condition, et cette aventure ⁵
nous peut procurer de très grands avantages dans le pays. »

Il allait continuer, mais sa langue devint percluse quand
il vit ces deux filles embrasser tendrement les deux singes,
fondre en larmes sur leurs corps, et remplir l'air des cris les
plus douloureux. « Je ne m'attendais pas à tant de bonté ¹⁰
d'âme, » dit-il enfin à Cacambo; lequel lui répliqua: « Vous
avez fait là un beau chef-d'œuvre, mon maître; tout ce que
je crains, c'est que ces dames ne nous fassent quelque
méchante affaire. »

Ces réflexions solides engagèrent Candide à quitter la ¹⁵
prairie, et à s'enfoncer dans un bois. Il y soupa avec
Cacambo; et tous deux, après avoir maudit l'inquisiteur
de Portugal, le gouverneur de Buenos-Ayres, et le baron,
s'endormirent sur de la mousse. A leur réveil, ils sentirent
qu'ils ne pouvaient * remuer; la raison en * était que pen- ²⁰
dant la nuit, les Oreillons, habitants du pays, à qui les deux
dames les avaient dénoncés, les avaient garrottés * avec des
cordes d'écorce d'arbre. Ils étaient entourés d'une cin-
quantaine d'Oreillons tout nus, armés de flèches, de massues
et de haches de caillou: les uns faisaient bouillir une ²⁵
grande chaudière; les autres préparaient des broches, et
tous criaient: « C'est un jésuite, c'est un jésuite; nous
serons vengés, et nous ferons bonne chère: mangeons du
jésuite, mangeons du jésuite.*

— Je vous l'avais bien dit, mon cher maître, s'écria tris- ³⁰
tement Cacambo, que ces deux filles nous joueraient un
mauvais tour. » Candide, apercevant la chaudière et les
broches, s'écria: « Nous allons certainement être rôtis ou
bouillis. Ah ! que dirait maître Pangloss, s'il voyait comme
la pure nature est faite ? * Tout est bien: soit, mais ³⁵
j'avoue qu'il est bien cruel d'avoir perdu mademoiselle

Cunégonde, et d'être mis à la broche par des Oreillons. »
Cacambo ne perdait jamais la tête. « Ne désespérez de rien,
dit-il au désolé Candide; j'entends un peu le jargon de ces
peuples, je vais leur parler. — Ne manquez pas, dit Can-
5 dide, de leur représenter quelle est l'inhumanité affreuse de
faire cuire des hommes, et combien cela est peu chrétien. » *

« Messieurs, dit Cacambo, vous comptez donc manger
aujourd'hui un jésuite ? c'est très bien fait; rien n'est plus
juste que de traiter ainsi ses ennemis. En effet le droit
10 naturel nous enseigne à tuer notre prochain, et c'est ainsi
qu'on en agit dans toute la terre. Si nous n'usons pas du
droit de le manger, c'est que nous avons d'ailleurs de quoi
faire bonne chère; mais vous n'avez pas les mêmes res-
sources que nous: certainement il vaut mieux manger ses
15 ennemis que d'abandonner aux corbeaux et aux corneilles
le fruit de sa victoire. Mais, messieurs, vous ne voudriez
pas manger vos amis. Vous croyez aller mettre un jésuite
en broche, et c'est votre défenseur, c'est l'ennemi de vos
ennemis que vous allez rôtir. Pour moi, je suis né dans
20 votre pays; monsieur, que vous voyez, est mon maître, et,
bien loin d'être jésuite, il vient de tuer un jésuite, il en
porte les dépouilles; voilà le sujet de votre méprise. Pour
vérifier ce que je vous dis, prenez sa robe, portez-la à la
première barrière du royaume de los padres; informez-vous
25 si mon maître n'a pas tué un officier jésuite. Il vous faudra
peu de temps; vous pourrez toujours nous manger, si vous
trouvez que je vous ai menti. Mais, si je vous ai dit la
vérité, vous connaissez trop les principes du droit public, les
mœurs, et les lois, pour ne nous pas faire grâce. »

30 Les Oreillons trouvèrent ce discours très raisonnable; ils
députèrent deux notables pour aller en diligence s'infor-
mer de la vérité; les deux députés s'acquittèrent de leur
commission en gens d'esprit, et revinrent bientôt apporter
de bonnes nouvelles. Les Oreillons délièrent leurs deux
35 prisonniers, leur firent toutes sortes de civilités, leur don-
nèrent des rafraîchissements, et les reconduisirent jus-

qu'aux confins de leurs États, en criant avec allégresse: « Il n'est point jésuite, il n'est point jésuite. »

Candide ne se lassait point d'admirer le sujet de sa délivrance. « Quel peuple ! disait-il, quels hommes ! quelles mœurs ! si je n'avais pas eu le bonheur de donner un grand coup d'épée au travers du corps du frère de mademoiselle Cunégonde, j'étais * mangé sans rémission. Mais, après tout, la pure nature est bonne, puisque ces gens-ci, au lieu de me manger, m'ont fait mille honnêtetés, dès qu'ils ont su que je n'étais pas jésuite. »

CHAPITRE XVII

ARRIVÉE DE CANDIDE ET DE SON VALET AU PAYS D'ELDORADO, ET CE QU'ILS Y VIRENT

Quand ils furent aux frontières des Oreillons: « Vous voyez, dit Cacambo à Candide, que cet hémisphère-ci ne vaut pas mieux que l'autre; croyez-moi, retournons en Europe par le plus court chemin. — Comment y retourner, dit Candide; et où aller ? Si je vais dans mon pays, les Bulgares et les Abares y égorgent tout; si je retourne en Portugal, j'y suis brûlé; si nous restons dans ce pays-ci, nous risquons à tout moment d'être mis en broche. Mais comment se résoudre à quitter la partie du monde que mademoiselle Cunégonde habite ?

— Tournons vers la Cayenne, dit Cacambo, nous y trouverons des Français qui vont par tout le monde; ils pourront nous aider. Dieu aura peut-être pitié de nous. »

Il n'était pas facile d'aller à la Cayenne: ils savaient bien à peu près de quel côté il fallait marcher; mais des montagnes, des fleuves, des précipices, des brigands, des sauvages, étaient partout de terribles obstacles. Leurs chevaux moururent de fatigue; leurs provisions furent consumées, ils se nourrirent un mois entier de fruits sauvages, et se trouvèrent enfin auprès d'une petite rivière bordée de cocotiers qui soutinrent leur vie et leurs espérances.

Cacambo, qui donnait toujours d'aussi bons conseils que la vieille, dit à Candide: « Nous n'en pouvons plus, nous avons assez marché, j'aperçois un canot vide sur le rivage, emplissons-le de cocos, jetons-nous dans cette petite barque, laissons-nous aller au courant; une rivière

mène toujours à quelque endroit habité. Si nous ne trou-
vons pas des choses agréables, nous trouverons du moins
des choses nouvelles.* — Allons, dit Candide, recomman-
dons-nous à la Providence. »

Ils voguèrent quelques lieues entre des bords, tantôt 5
fleuris, tantôt arides, tantôt unis, tantôt escarpés. La
rivière s'élargissait toujours; enfin elle se perdait sous une
voûte de rochers épouvantables qui s'élevaient jusqu'au
ciel. Les deux voyageurs eurent la hardiesse de s'aban-
donner aux flots sous cette voûte. Le fleuve resserré en cet 10
endroit les porta avec une rapidité et un bruit horrible.
Au bout de vingt-quatre heures ils revirent le jour; mais
leur canot se fracassa contre les écueils; il fallut se traîner
de rocher en rocher pendant une lieue entière; enfin ils
découvrirent un horizon immense bordé de montagnes 15
inaccessibles. Le pays était cultivé pour le plaisir comme
pour le besoin; partout l'utile était agréable *: les chemins
étaient couverts ou plutôt ornés de voitures d'une forme
et d'une matière brillantes, portant des hommes et des
femmes d'une beauté singulière, traînés rapidement par de 20
gros moutons rouges * qui surpassaient en vitesse les plus
beaux chevaux d'Andalousie, de Tétuan et de Méqui-
nez.*

« Voilà pourtant, dit Candide, un pays qui vaut mieux
que la Westphalie. » * Il mit pied à terre avec Cacambo 25
auprès du premier village qu'il rencontra. Quelques en-
fants du village, couverts de brocarts d'or tout déchirés,
jouaient au palet à l'entrée du bourg; nos deux hommes de
l'autre monde s'amusèrent à les regarder: leurs palets
étaient d'assez larges pièces rondes, jaunes, rouges, vertes, 30
qui jetaient un éclat singulier. Il prit envie aux voyageurs
d'en ramasser quelques-uns; c'était de l'or, c'étaient des
émeraudes, des rubis, dont le moindre aurait été le plus
grand ornement du trône du Mogol. « Sans doute, dit Ca-
cambo, ces enfants sont les fils du roi du pays qui jouent 35
au petit palet. » Le magister du village parut dans ce

moment pour les faire rentrer à l'école. « Voilà, dit Candide, le précepteur de la famille royale. »

Les petits gueux quittèrent aussitôt le jeu, en laissant à terre leurs palets, et tout ce qui avait servi à leurs diver-5 tissements. Candide les ramasse, court au précepteur et les lui présente humblement, lui faisant entendre par signes que leurs altesses royales avaient oublié leur or et leurs pierreries. Le magister du village, en souriant, les jeta par terre, regarda un moment la figure de Candide 10 avec beaucoup de surprise, et continua son chemin.

Les voyageurs ne manquèrent pas de ramasser l'or, les rubis et les émeraudes. « Où sommes-nous ? s'écria Candide. Il faut que les enfants des rois de ce pays soient bien élevés, puisqu'on leur apprend à mépriser l'or et les pier-15 reries. » Cacambo était aussi surpris que Candide. Ils approchèrent enfin de la première maison du village; elle était bâtie comme un palais d'Europe. Une foule de monde s'empressait à la porte, et encore plus dans le logis; une musique très agréable se faisait entendre, et une odeur 20 délicieuse de cuisine se faisait sentir. Cacambo s'approcha de la porte, et entendit qu'on parlait péruvien; c'était sa langue maternelle; car tout le monde sait que Cacambo était né au Tucuman,* dans un village où l'on ne connaissait que cette langue. « Je vous servirai d'interprète, dit-il 25 à Candide; entrons, c'est ici un cabaret. »

Aussitôt deux garçons et deux filles de l'hôtellerie, vêtus de drap d'or, et les cheveux renoués avec des rubans, les invitent à se mettre à la table de l'hôte. On servit quatre potages garnis chacun de deux perroquets, un con-30 tour bouilli qui pesait deux cents livres, deux singes rôtis d'un goût excellent, trois cents colibris dans un plat, et six cents oiseaux-mouches dans un autre; des ragoûts exquis, des pâtisseries délicieuses *; le tout dans des plats d'une espèce de cristal de roche. Les garçons et les filles de 35 l'hôtellerie versaient plusieurs liqueurs faites de cannes de sucre.

Les convives étaient pour la plupart des marchands et des voituriers, tous d'une politesse extrême, qui firent quelques questions à Cacambo avec la discrétion la plus circonspecte, et qui répondirent aux siennes d'une manière à le satisfaire. 5

Quand le repas fut fini, Cacambo crut, ainsi que Candide, bien payer son écot, en jetant sur la table de l'hôte deux de ces larges pièces d'or qu'il avait ramassées, l'hôte et l'hôtesse éclatèrent de rire, et se tinrent longtemps les côtés. Enfin ils se remirent. « Messieurs, dit l'hôte, nous 10 voyons bien que vous êtes des étrangers; nous ne sommes pas accoutumés à en voir. Pardonnez-nous si nous nous sommes mis à rire quand vous nous avez offert en payement les cailloux de nos grands chemins.* Vous n'avez pas sans doute de la * monnaie du pays, mais il n'est pas néces- 15 saire d'en avoir pour dîner ici. Toutes les hôtelleries établies pour la commodité du commerce sont payées par le gouvernement. Vous avez fait mauvaise chère ici, parce que c'est un pauvre village, mais partout ailleurs vous serez reçus comme vous méritez de l'être. » Cacambo expli- 20 quait à Candide tous les discours de l'hôte, et Candide les écoutait avec la même admiration et le même égarement que son ami Cacambo les rendait. « Quel est donc ce pays, disaient-ils l'un et l'autre, inconnu à tout le reste de la terre, et où toute la nature est d'une espèce si différente 25 de la nôtre ? C'est probablement le pays où tout va bien; car il faut absolument qu'il y en ait un de cette espèce. Et, quoi qu'en dît maître Pangloss, je me suis souvent aperçu que tout allait assez mal en Westphalie. »

CE QU'ILS VIRENT DANS LE PAYS
D'ELDORADO

Cacambo témoigna à son hôte toute sa curiosité; l'hôte lui dit: « Je suis fort ignorant, et je m'en trouve bien; mais nous avons ici un vieillard retiré de la cour qui est le plus savant homme du royaume, et le plus communicatif. »
5 Aussitôt il mène Cacambo chez le vieillard. Candide ne jouait plus que le second personnage, et accompagnait son valet. Ils entrèrent dans une maison fort simple, car la porte n'était que d'argent, et les lambris des appartements n'étaient que d'or, mais travaillés avec tant de goût, que
10 les plus riches lambris ne l'effaçaient pas. L'antichambre n'était à la vérité incrustée que de rubis et d'émeraudes, mais l'ordre dans lequel tout était arrangé réparait bien cette extrême simplicité.

Le vieillard reçut les deux étrangers sur un sofa mate-
15 lassé de plumes de colibri, et leur fit présenter des liqueurs dans des vases de diamant; après quoi il satisfit à leur curiosité en ces termes:

« Je suis âgé de cent soixante et douze ans, et j'ai appris de feu mon père, écuyer du roi, les étonnantes révolutions
20 du Pérou * dont il avait été témoin. Le royaume où nous sommes est l'ancienne patrie des Incas, qui en sortirent très imprudemment pour aller subjuguer une partie du monde, et qui furent enfin détruits par les Espagnols.

« Les princes de leur famille qui restèrent dans leur pays
25 natal furent plus sages; ils ordonnèrent, du consentement de la nation, qu'aucun habitant ne sortirait jamais de notre petit royaume; et c'est ce qui nous a conservé notre innocence et notre félicité. Les Espagnols ont eu une connais-

sance confuse de ce pays, ils l'ont appelé *Eldorado*, et un
Anglais, nommé le chevalier Raleigh, en a même approché
il y a environ cent années *; mais, comme nous sommes
entourés de rochers inabordables et de précipices, nous
avons toujours été jusqu'à présent à l'abri de la rapacité 5
des nations de l'Europe, qui ont une fureur inconcevable
pour les cailloux et pour la fange de notre terre,* et qui,
pour en avoir, nous tueraient tous jusqu'au dernier. »

La conversation fut longue; elle roula sur la forme du
gouvernement, sur les mœurs, sur les femmes, sur les spec- 10
tacles publics, sur les arts. Enfin Candide, qui avait tou-
jours * du goût pour la métaphysique, fit demander par
Cacambo si dans le pays il y avait une religion.

Le vieillard rougit un peu. « Comment donc ! dit-il, en
pouvez-vous douter ? Est-ce que vous nous prenez pour 15
des ingrats ? » Cacambo demanda humblement quelle était
la religion d'Eldorado. Le vieillard rougit encore: « Est-ce
qu'il peut y avoir deux religions ? dit-il. Nous avons, je
crois, la religion de tout le monde; nous adorons Dieu du
soir jusqu'au matin. — N'adorez-vous qu'un seul Dieu ? dit 20
Cacambo, qui servait toujours d'interprète aux doutes
de Candide. — Apparemment, dit le vieillard, qu'il n'y en a
ni deux, ni trois, ni quatre. Je vous avoue que les gens de
votre monde font des questions bien singulières. » Candide
ne se lassait pas de faire interroger ce bon vieillard; il 25
voulut savoir comment on priait Dieu dans Eldorado.
« Nous ne le prions point, dit le bon et respectable sage;
nous n'avons rien à lui demander, il nous a donné tout ce
qu'il nous faut; nous le remercions sans cesse. » Candide
eut la curiosité de voir des prêtres; il fit demander où ils 30
étaient. Le bon vieillard sourit. « Mes amis, dit-il, nous
sommes tous prêtres; le roi et tous les chefs de famille
chantent des cantiques d'actions de grâces solennellement
tous les matins, et cinq ou six mille musiciens les accom-
pagnent. — Quoi ! vous n'avez point de moines qui en- 35
seignent, qui disputent, qui gouvernent, qui cabalent, et qui

font brûler les gens qui ne sont pas de leur avis ? — Il fau-
drait que nous fussions fous, dit le vieillard; nous sommes
tous ici du même avis, et nous n'entendons pas ce que
vous voulez dire avec vos moines. » * Candide à tous ces
5 discours demeurait en extase, et disait en lui-même: « Ceci
est bien différent de la Westphalie et du château de M. le
baron: si notre ami Pangloss avait vu Eldorado, il n'aurait
plus dit que le château de Thunder-ten-tronckh était ce
qu'il y avait de mieux sur la terre; et il est certain qu'il faut
10 voyager. »

Après cette longue conversation, le bon vieillard fit
atteler un carrosse à six moutons, et donna douze de ses
domestiques aux deux voyageurs pour les conduire à la
cour. « Excusez-moi, leur dit-il, si mon âge me prive de
15 l'honneur de vous accompagner. Le roi vous recevra d'une
manière dont vous ne serez pas mécontents, et vous par-
donnerez sans doute aux usages du pays, s'il y en a quel-
ques-uns qui vous déplaisent. »

Candide et Cacambo montent en carrosse; les six mou-
20 tons volaient, et en moins de quatre heures on arriva au
palais du roi, situé à un bout de la capitale. Le portail était
de deux cent vingt pieds de haut, et de cent de large; il est
impossible d'exprimer quelle en était la matière. On voit
assez quelle supériorité prodigieuse elle devait avoir sur
25 ces cailloux et sur ce sable que nous nommons or et pier-
reries.

Vingt membres de la garde reçurent Candide et Cacambo
à la descente du carrosse, les conduisirent aux bains, les
vêtirent de robes d'un tissu de duvet de colibri; après quoi
30 les grands officiers et les grandes officières de la couronne
les menèrent à l'appartement de sa majesté au milieu de
deux files, chacune de mille musiciens, selon l'usage ordi-
naire. Quand ils approchèrent de la salle du trône, Ca-
cambo demanda à un grand officier comment il fallait s'y
35 prendre pour saluer sa majesté *: si on se jetait à genoux
ou ventre à terre; si on mettait les mains sur la tête; si

on léchait la poussière de la salle: en un mot, quelle était la cérémonie. « L'usage, dit le grand officier, est d'embrasser le roi et de le baiser des deux côtés. » Candide et Cacambo sautèrent au cou de sa majesté, qui les reçut avec toute la grâce imaginable, et qui les pria poliment à souper. 5

En attendant, on leur fit voir la ville, les édifices publics élevés jusqu'aux nues,* les marchés ornés de mille colonnes, les fontaines d'eau pure, les fontaines d'eau rose, celles de liqueurs de cannes de sucre qui coulaient continuellement 10 dans de grandes places pavées d'une espèce de pierreries qui répandaient une odeur semblable à celle du girofle et de la cannelle. Candide demanda à voir la cour de justice, le parlement; on lui dit qu'il n'y en avait point, et qu'on ne plaidait jamais. Il s'informa s'il y avait des prisons, et on 15 lui dit que non. Ce qui le surprit davantage, et qui lui fit le plus de plaisir, ce fut le palais des sciences, dans lequel il vit une galerie de deux mille pas, toute pleine d'instruments de mathématiques et de physique.*

Après avoir parcouru toute l'après-dînée à peu près la 20 millième partie de la ville, on les ramena chez le roi. Candide se mit à table entre sa majesté, son valet Cacambo, et plusieurs dames. Jamais on ne fit meilleure chère, et jamais on n'eut plus d'esprit à souper qu'en eut sa majesté. Cacambo expliquait les bons mots du roi à Candide, et 25 quoique traduits, ils paraissaient toujours des bons mots.* De tout ce qui étonnait Candide, ce n'était pas ce qui l'étonna le moins.

Ils passèrent un mois dans cet hospice. Candide ne cessait * de dire à Cacambo: « Il est vrai, mon ami, encore une 30 fois, que le château où je suis né ne vaut pas le pays où nous sommes; mais enfin mademoiselle Cunégonde n'y est pas, et vous avez sans doute quelque maîtresse en Europe. Si nous restons ici, nous n'y serons que comme les autres; au lieu que si nous retournons dans notre monde, seule- 35 ment avec douze moutons chargés de cailloux d'Eldorado,

nous serons plus riches que tous les rois ensemble, nous n'aurons plus d'inquisiteurs à craindre, et nous pourrons aisément reprendre M^lle Cunégonde. »

Ce discours plut à Cacambo; on aime tant à courir, à se 5 faire valoir chez les siens, à faire parade de ce qu'on a vu dans ses voyages, que les deux heureux résolurent de ne plus l'être, et de demander leur congé à sa majesté.

« Vous faites une sottise, leur dit le roi: je sais bien que mon pays est peu de chose; mais, quand on est passable-
10 ment quelque part, il faut y rester.* Je n'ai pas assuré-ment le droit de retenir des étrangers; c'est une tyrannie qui n'est ni dans nos mœurs ni dans nos lois; tous les hom-mes sont libres; partez quand vous voudrez, mais la sortie est bien difficile. Il est impossible de remonter la rivière
15 rapide sur laquelle vous êtes arrivée par miracle, et qui court sous des voûtes de rochers. Les montagnes qui en-tourent tout mon royaume ont dix mille pieds de hauteur, et sont droites comme des murailles: elles occupent cha-cune en largeur un espace de plus de dix lieues; on ne peut
20 en descendre que par des précipices. Cependant, puisque vous voulez absolument partir, je vais donner ordre aux intendants des machines d'en faire une qui puisse vous transporter commodément. Quand on vous aura conduits au revers des montagnes, personne ne pourra vous ac-
25 compagner; car mes sujets ont fait vœu de ne jamais sortir de leur enceinte, et ils sont trop sages pour rompre leur vœu. Demandez-moi d'ailleurs tout ce qu'il vous plaira. — Nous ne demandons à votre majesté, dit Ca-cambo, que quelques moutons chargés de vivres, de cail-
30 loux, et de la boue du pays. » Le roi rit: « Je ne conçois pas, dit-il, quel goût vos gens d'Europe ont pour notre boue jaune; mais emportez-en tant que vous voudrez, et grand bien vous fasse. »

Il donna l'ordre sur-le-champ à ses ingénieurs de faire 35 une machine pour guinder ces deux hommes extraordi-naires hors du royaume. Trois mille bons physiciens y

travaillèrent; elle fut prête au bout de quinze jours, et ne coûta pas plus de vingt millions de livres sterling, monnaie du pays. On mit sur la machine Candide et Cacambo; il y avait deux grands moutons rouges sellés et bridés pour leur servir de monture quand ils auraient franchi les montagnes, vingt moutons de bât chargés de vivres, trente qui portaient des présents de ce que le pays a de plus curieux, et cinquante chargés d'or, de pierreries, et de diamants. Le roi embrassa tendrement les deux vagabonds.

Ce fut un beau spectacle que leur départ, et la manière ingénieuse dont ils furent hissés eux et leurs moutons au haut des montagnes. Les physiciens prirent congé d'eux après les avoir mis en sûreté, et Candide n'eut plus d'autre désir et d'autre objet que d'aller présenter ses moutons à M^lle Cunégonde. « Nous avons, dit-il, de quoi payer le gouverneur de Buenos-Ayres, si M^lle Cunégonde peut être mise à prix. Marchons vers la Cayenne, embarquons-nous, et nous verrons ensuite quel royaume nous pourrons acheter. »

CE QUI LEUR ARRIVA A SURINAM, ET COMMENT CANDIDE FIT CON— NAISSANCE AVEC MARTIN

La première journée de nos deux voyageurs fut assez agréable. Ils étaient encouragés par l'idée de se voir possesseurs de plus de trésors que l'Asie, l'Europe et l'Afrique n'en pouvaient rassembler.* Candide transporté écrivit le
5 nom de Cunégonde sur les arbres.* A la seconde journée deux de leurs moutons s'enfoncèrent dans des marais, et y furent abîmés avec leurs charges; deux autres moutons moururent de fatigue quelques jours après; sept ou huit périrent ensuite de faim dans un désert; d'autres tombè-
10 rent au bout de quelques jours dans des précipices. Enfin, après cent jours de marche, il ne leur resta que deux moutons. Candide dit à Cacambo: « Mon ami, vous voyez comme les richesses de ce monde sont périssables; il n'y a rien de solide que la vertu et le bonheur de revoir Mlle Cu-
15 négonde. — Je l'avoue, dit Cacambo; mais il nous reste encore deux moutons avec plus de trésors que n'en aura jamais * le roi d'Espagne; et je vois de loin une ville que je soupçonne être Surinam, appartenant aux Hollandais. Nous sommes au bout de nos peines et au commencement
20 de notre félicité. »

En approchant de la ville, ils rencontrèrent un nègre étendu par terre, n'ayant plus que la moitié de son habit, c'est-à-dire d'un caleçon de toile bleue; il manquait à ce pauvre homme la jambe gauche et la main droite. « Eh,
25 mon Dieu! lui dit Candide en hollandais, que fais-tu là, mon ami, dans l'état horrible où je te vois? — J'attends mon maître, M. Vanderdendur,* le fameux négociant,

répondit le nègre. — Est-ce M. Vanderdendur, dit Candide, qui t'a traité ainsi ? — Oui, monsieur, dit le nègre, c'est l'usage. On nous donne un caleçon de toile pour tout vêtement, deux fois l'année. Quand nous travaillons aux sucreries, et que la meule nous attrape le doigt, on nous coupe la main: quand nous voulons nous enfuir, on nous coupe la jambe: je me suis trouvé dans les deux cas. C'est à ce prix que vous mangez du sucre en Europe.* Cependant, lorsque ma mère me vendit dix écus patagons sur la côte de Guinée, elle me disait: « Mon cher enfant, bénis nos fétiches, adore-les toujours, ils te feront vivre heureux; tu as l'honneur d'être esclave de nos seigneurs les blancs, et tu fais par là la fortune de ton père et de ta mère. » Hélas ! je ne sais pas si j'ai fait leur fortune, mais ils n'ont pas fait la mienne. Les chiens, les singes et les perroquets sont mille fois moins malheureux que nous: les fétiches hollandais qui m'ont converti me disent tous les dimanches que nous sommes tous enfants d'Adam, blancs et noirs. Je ne suis pas généalogiste; mais si ces prêcheurs disent vrai, nous sommes tous cousins issus de germain. Or vous m'avouerez qu'on ne peut pas en user avec ses parents d'une manière plus horrible.*

— O Pangloss ! s'écria Candide, tu n'avais pas deviné cette abomination: c'en est fait, il faudra qu'à la fin je renonce à ton optimisme ? — Qu'est-ce que l'optimisme ? * disait Cacambo. — Hélas ! dit Candide, c'est la rage de soutenir que tout est bien quand on est mal »; et il versait des larmes en regardant son nègre; et en pleurant, il entra dans Surinam.

La première chose dont ils s'informent, c'est s'il n'y a point au port quelque vaisseau qu'on pût * envoyer à Buenos-Ayres. Celui à qui ils s'adressèrent était justement un patron espagnol qui s'offrit à faire avec eux un marché honnête. Il leur donna rendez-vous dans un cabaret. Candide et le fidèle Cacambo * allèrent l'y attendre avec leurs deux moutons.

Candide, qui avait le cœur sur les lèvres,* conta à l'Espa-
gnol toutes ses aventures, et lui avoua qu'il voulait enlever
Mlle Cunégonde. « Je me garderai bien de * vous passer à
Buenos-Ayres, dit le patron: je serais pendu, et vous aussi;
5 la belle Cunégonde est la favorite de monseigneur. » Ce
fut un coup de foudre pour Candide, il pleura longtemps;
enfin il tira à part Cacambo. « Voici, mon cher ami, lui
dit-il, ce qu'il faut que tu fasses. Nous avons chacun dans
nos poches pour * cinq ou six millions de diamants, tu es
10 plus habile que moi; va prendre Mlle Cunégonde à Buenos-
Ayres. Si le gouverneur fait quelques difficultés, donne-
lui un million: s'il ne se rend pas, donne-lui-en deux; tu
n'as point tué d'inquisiteur, on ne se défiera point de toi.
J'équiperai un autre vaisseau, j'irai t'attendre à Venise,
15 c'est un pays libre * où l'on n'a rien à craindre ni des Bul-
gares, ni des Abares, ni des juifs, ni des inquisiteurs. »
Cacambo applaudit à cette sage résolution. Il était au
désespoir de se séparer d'un bon maître devenu son ami
intime; mais le plaisir de lui être utile l'emporta sur la
20 douleur de le quitter. Ils s'embrassèrent en versant des
larmes: Candide lui recommanda de ne point oublier la
bonne vieille. Cacambo partit dès le jour même: c'était un
très bon homme que ce Cacambo.

Candide resta encore quelque temps à Surinam, et atten-
25 dit qu'un autre patron voulût * le mener en Italie, lui et les
deux moutons qui lui restaient. Il prit des domestiques, et
acheta tout ce qui lui était nécessaire pour un long voyage;
enfin M. Vanderdendur,* maître d'un gros vaisseau, vint se
présenter à lui. « Combien voulez-vous ? demanda-t-il à
30 cet homme, pour me mener en droiture à Venise, moi, mes
gens, mon bagage, et les deux moutons que voilà ? » Le
patron s'accorda à dix mille piastres: Candide n'hésita
pas.

« Oh ! oh ! dit à part soi le prudent Vanderdendur, cet
35 étranger donne dix mille piastres tout d'un coup ! Il faut
qu'il soit bien riche. » Puis revenant un moment après, il

signifia qu'il ne pouvait partir à moins de vingt mille. « Eh bien, vous les aurez, » dit Candide.

« Ouais, se dit tout bas le marchand, cet homme donne vingt mille piastres aussi aisément que dix mille. » Il revint encore, et dit qu'il ne pouvait le conduire à Venise à 5 moins de trente mille piastres. « Vous en aurez donc trente mille, » répondit Candide.

« Oh ! oh ! se dit encore le marchand hollandais, trente mille piastres ne coûtent rien à cet homme-ci; sans doute les deux moutons portent des trésors immenses; n'insistons 10 pas davantage: faisons-nous d'abord payer les trente mille piastres, et puis nous verrons. » Candide vendit deux petits diamants, dont le moindre valait plus que tout l'argent que demandait le patron. Il le paya d'avance. Les deux moutons furent embarqués. Candide suivait dans un 15 petit bateau pour joindre le vaisseau à la rade; le patron prend son temps, met à la voile, démarre; le vent le favorise. Candide éperdu et stupéfait le perd bientôt de vue. « Hélas ! cria-t-il, voilà un tour digne de l'Ancien Monde.* » Il retourne au rivage abîmé dans la douleur; car enfin il 20 avait perdu de quoi faire la fortune de vingt monarques.

Il se transporte chez le juge hollandais; et, comme il était un peu troublé, il frappe rudement à la porte; il entre, expose son aventure, et crie un peu plus haut qu'il ne * convenait. Le juge commença par lui faire payer dix 25 mille piastres pour le bruit qu'il avait fait: ensuite il l'écouta patiemment, lui promit d'examiner son affaire sitôt que le marchand serait revenu, et se fit payer dix mille autres piastres pour les frais de l'audience.

Ce procédé acheva de désespérer Candide: il avait à la 30 vérité essuyé des malheurs mille fois plus douloureux; mais le sang-froid du juge et celui du patron dont il était volé, alluma sa bile, et le plongea dans une noire mélancolie.* La méchanceté des hommes se présentait à son esprit dans toute sa laideur, il ne se nourrissait que d'idées 35 tristes. Enfin un vaisseau français étant sur le point de

partir pour Bordeaux, comme il n'avait plus de moutons
chargés de diamants à embarquer, il loua une chambre du
vaisseau à juste prix, et fit signifier dans la ville qu'il pay-
erait le passage, la nourriture, et donnerait deux mille
5 piastres à un honnête homme qui voudrait faire le voyage
avec lui, à condition que cet homme serait le plus dégoûté
de son état, et le plus malheureux de la province.

Il se présenta une foule de prétendants qu'une flotte
n'aurait pu contenir. Candide voulant choisir entre les
10 plus apparents, il distingua une vingtaine de personnes qui
lui paraissaient sociables, et qui toutes prétendaient méri-
ter la préférence. Il les assembla dans son cabaret, et leur
donna à souper, à condition que chacun ferait serment de
raconter fidèlement son histoire, promettant de choisir
15 celui qui lui paraîtrait le plus à plaindre et le plus mécontent
de son état à plus juste titre, et de donner aux autres
quelques gratifications.

La séance dura jusqu'à quatre heures du matin. Can-
dide, en écoutant toutes leurs aventures, se ressouvenait
20 de ce que lui avait dit la vieille en allant à Buenos-Ayres,
et de la gageure * qu'elle avait faite, qu'il n'y avait per-
sonne sur le vaisseau à qui il ne fût arrivé * de très grands
malheurs. Il songeait à Pangloss à chaque aventure qu'on
lui contait. « Ce Pangloss, disait-il, serait bien embarrassé
25 à démontrer son système. Je voudrais qu'il fût ici. Cer-
tainement si tout va bien, c'est dans Eldorado, et non pas
dans le reste de la terre. » Enfin il se détermina en faveur
d'un pauvre savant qui avait travaillé dix ans pour les
libraires à Amsterdam. Il jugea qu'il n'y avait point de
30 métier au monde dont on dût être plus dégoûté.*

Ce savant, d'ailleurs, qui était un bon homme, avait été
volé par sa femme, battu par son fils, et abandonné de sa
fille, qui s'était fait enlever par un Portugais. Il venait
d'être privé d'un petit emploi duquel il subsistait; et les
35 prédicants de Surinam le persécutaient, parce qu'ils le
prenaient pour un socinien.* Il faut avouer que les autres

étaient pour le moins aussi malheureux que lui; mais
Candide espérait que le savant le désennuierait dans le
voyage. Tous ses autres * rivaux trouvèrent que Candide
leur faisait une grande injustice; mais il les apaisa en leur
donnant à chacun cent piastres. 5

CHAPITRE XX

CE QUI ARRIVA SUR MER A CANDIDE ET A MARTIN

Le vieux savant, qui s'appelait Martin, s'embarqua donc pour Bordeaux avec Candide. L'un et l'autre avaient beaucoup vu et beaucoup souffert; et quand le vaisseau aurait dû faire voile de Surinam au Japon par le cap de
5 Bonne-Espérance, ils auraient eu de quoi s'entretenir du mal moral et du mal physique * pendant tout le voyage.

Cependant Candide avait un grand avantage sur Martin, c'est qu'il espérait toujours revoir M^{lle} Cunégonde, et que Martin n'avait rien à espérer; de plus il avait de l'or et des
10 diamants; et, quoiqu'il eût perdu cent gros moutons rouges chargés des plus grands trésors de la terre, quoiqu'il eût toujours sur le cœur la friponnerie du patron hollandais; cependant, quand il songeait à ce qui lui restait dans ses poches, et quand il parlait de Cunégonde, surtout sur la
15 fin du repas,* il penchait alors pour le système de Pangloss.

« Mais vous, monsieur Martin, dit-il au savant, que pensez-vous de tout cela ? Quelle est votre idée sur le mal moral et le mal physique ? — Monsieur, répondit Martin, mes prêtres m'ont accusé d'être socinien; mais la vérité du
20 fait est que je suis manichéen.* — Vous vous moquez de moi, dit Candide; il n'y a plus de manichéens dans le monde. — Il y a moi, dit Martin: je ne sais qu'y faire; mais je ne peux penser autrement. — Il faut que vous ayez le diable au corps,* dit Candide. — Il se mêle si fort des
25 affaires de ce monde, dit Martin, qu'il pourrait bien être dans mon corps, comme partout ailleurs: mais je vous avoue qu'en jetant la vue sur ce globe, ou plutôt sur ce globule,* je pense que Dieu l'a abandonné à quelque être

malfaisant; j'en excepte toujours Eldorado.* Je n'ai
guère vu de ville qui ne * désirât la ruine de la ville voisine,
point de famille qui ne * voulût exterminer quelque autre
famille. Partout les faibles ont en exécration les puissants
devant lesquels ils rampent, et les puissants les traitent 5
comme des troupeaux dont on vend la laine et la chair. Un
million d'assassins enrégimentés,* courant d'un bout de
l'Europe à l'autre, exerce le meurtre et le brigandage avec
discipline pour gagner son pain, parce qu'il n'a pas de
métier plus honnête; et dans les villes qui paraissent jouir 10
de la paix, et où les arts fleurissent, les hommes sont dévorés
de plus d'envie, de soins et d'inquiétudes qu'une ville
assiégée n'éprouve * de fléaux. Les chagrins secrets sont
encore plus cruels que les misères publiques. En un mot
j'en ai tant vu et tant éprouvé que je suis manichéen. 15
— Il y a pourtant du bon, répliquait Candide. — Cela
peut être, disait Martin; mais je ne le connais pas. »
Au milieu de cette dispute, on entendit un bruit de canon.
Le bruit redouble de moment en moment. Chacun prend
sa lunette. On aperçoit deux vaisseaux qui combattaient 20
à la distance d'environ trois milles: le vent les amena
l'un et l'autre si près du vaisseau français, qu'on eut le
plaisir de voir le combat tout à son aise.* Enfin l'un des
deux vaisseaux lâcha à l'autre une bordée si bas et si juste
qu'il le coula à fond. Candide et Martin aperçurent 25
distinctement une centaine d'hommes sur le tillac du vais-
seau qui s'enfonçait; ils levaient tous les mains au ciel, et
jetaient des clameurs effroyables: en un moment tout fut
englouti.
« Eh bien ! dit Martin, voilà comme les hommes se trai- 30
tent les uns les autres. — Il est vrai, dit Candide, qu'il y a
quelque chose de diabolique dans cette affaire. » En par-
lant ainsi, il aperçut je ne sais quoi d'un rouge éclatant, qui
nageait auprès de son vaisseau. On détacha la chaloupe
pour voir ce que ce pouvait être; c'était un de ses moutons. 35
Candide eut plus de joie de retrouver ce mouton, qu'il

n'avait été affligé d'en perdre cent,* tous chargés de gros diamants d'Eldorado.

Le capitaine français aperçut bientôt que le capitaine du vaisseau submergeant était espagnol, et que celui du vaisseau submergé était un pirate hollandais; c'était celui-là même qui avait volé Candide. Les richesses immenses dont ce scélérat s'était emparé furent ensevelies avec lui dans la mer, et il n'y eut qu'un mouton de sauvé. « Vous voyez, dit Candide à Martin, que le crime est puni quelquefois; ce coquin de patron hollandais a eu le sort qu'il méritait. — Oui, dit Martin, mais fallait-il que les passagers qui étaient sur son vaisseau périssent aussi ? Dieu à puni ee fripon, le diable a noyé les autres. »

Cependant le vaisseau français et l'espagnol continuèrent leur route, et Candide continua ses conversations avec Martin. Ils disputèrent quinze jours de suite, et au bout de quinze jours, ils étaient aussi avancés que le premier.* Mais enfin ils parlaient, ils se communiquaient des idées, ils se consolaient. Candide caressait son mouton: « Puisque je t'ai retrouvé, dit-il, je pourrai bien retrouver Cunégonde. »

CANDIDE ET MARTIN APPROCHENT DES COTES
DE FRANCE ET RAISONNENT

On aperçut enfin les côtes de France. « Avez-vous jamais été en France, monsieur Martin ? dit Candide. — Oui, dit Martin, j'ai parcouru plusieurs provinces. Il y en a où la moitié des habitants est folle, quelques-unes où l'on est trop rusé, d'autres où l'on est communément assez 5 doux et assez bête ; d'autres où l'on fait le bel esprit ; et, dans toutes, la principale occupation est l'amour ; la seconde, de médire ; et la troisième, de dire des sottises. — Mais, monsieur Martin, avez-vous vu Paris ? — Oui, j'ai vu Paris ; il tient de toutes ces espèces-là ; c'est un 10 chaos, c'est une presse dans laquelle tout le monde cherche le plaisir ; et où presque personne ne le trouve, du moins à ce qu'il m'a paru. J'y ai séjourné peu ; j'y fus volé en arrivant, de tout ce que j'avais, par des filous, à la foire Saint-Germain * ; on me prit moi-même pour un voleur 15 et je fus huit jours en prison ; après quoi je me fis correcteur d'imprimerie pour gagner de quoi retourner à pied en Hollande. Je connus la canaille écrivante, la canaille cabalante et la canaille convulsionnaire.* On dit qu'il y a des gens fort polis dans cette ville-là : je le veux croire. 20

— Pour moi, je n'ai nulle curiosité de voir la France, dit Candide ; vous devinez aisément que quand on a passé un mois dans Eldorado, on ne se soucie plus de rien voir sur la terre que M^lle Cunégonde ; je vais l'attendre à Venise, nous traverserons la France pour aller en Italie ; ne m'accom- 25 pagnerez-vous pas ? — Très volontiers, dit Martin ; on dit que Venise n'est bonne que pour les nobles vénitiens ; mais que cependant on y reçoit très bien les étrangers quand ils

ont beaucoup d'argent; je n'en ai point; vous en avez, je
vous suivrai partout. — A propos, dit Candide, pensez-vous
que la terre ait été originairement une mer, comme on
l'assure dans ce gros livre * qui appartient au capitaine du
5 vaisseau ? — Je n'en crois rien du tout, dit Martin, non
plus que de toutes les rêveries qu'on nous débite depuis
quelque temps. — Mais à quelle fin ce monde a-t-il donc
été formé ? dit Candide. — Pour nous faire enrager, ré-
pondit Martin. — N'êtes-vous pas bien étonné, continua
10 Candide, de l'amour que ces deux filles du pays des Oreil-
lons avaient pour ces deux singes, et dont je vous ai conté
l'aventure ? — Point du tout, dit Martin, je ne vois pas ce
que cette passion a d'étrange; j'ai tant vu de choses ex-
traordinaires, qu'il n'y a plus rien d'extraordinaire. —
15 Croyez-vous, dit Candide, que les hommes se soient tou-
jours mutuellement massacrés, comme ils font aujourd'hui ?
Qu'ils aient toujours été menteurs, fourbes, perfides,
ingrats, brigands, faibles, volages, lâches, envieux, gour-
mands, ivrognes, avares, ambitieux, sanguinaires, calom-
20 niateurs, débauchés, fanatiques, hypocrites et sots ? —
Croyez-vous, dit Martin, que les éperviers aient toujours
mangé des pigeons quand ils en ont trouvé ? — Oui, sans
doute, dit Candide. — Eh bien ! dit Martin, si les éperviers
ont toujours eu le même caractère, pourquoi voulez-vous
25 que les hommes aient changé le leur * ? — Oh! dit Candide,
il y a bien de la différence, car le libre arbitre . . . » En
raisonnant ainsi, ils arrivèrent à Bordeaux.

CHAPITRE **XXII**

CE QUI ARRIVA EN FRANCE A CANDIDE
ET A MARTIN

Candide ne s'arrêta dans Bordeaux qu'autant de temps qu'il en fallait pour vendre quelques cailloux du Dorado, et pour s'accommoder d'une bonne chaise à deux places, car il ne pouvait plus se passer de son philosophe Martin; il fut seulement très fâché de se séparer de son mouton, qu'il 5 laissa à l'Académie des sciences de Bordeaux, laquelle proposa pour le sujet du prix de cette année de trouver pourquoi la laine de ce mouton était rouge; et le prix fut adjugé à un savant du nord, qui démontra par A, plus B, moins C divisé par Z, que le mouton devait être rouge, et 10 mourir de la clavelée.*

Cependant tous les voyageurs que Candide rencontra dans les cabarets de la route lui disaient: « Nous allons à Paris. » Cet empressement général lui donna enfin l'envie de voir cette capitale; ce n'était pas beaucoup se détourner 15 du chemin de Venise.

Il entra par le faubourg Saint-Marceau,* et crut être dans le plus vilain village de la Westphalie.

A peine Candide fut-il dans son auberge, qu'il fut attaqué d'une maladie légère causée par ses fatigues. Comme 20 il avait au doigt un diamant énorme, et qu'on avait aperçu dans son équipage une cassette prodigieusement pesante, il eut aussitôt auprès de lui deux médecins qu'il n'avait pas mandés, quelques amis intimes qui ne le quittèrent pas, et deux dévotes qui faisaient chauffer ses bouillons. Mar- 25 tin disait: « Je me souviens d'avoir été malade aussi à Paris dans mon premier voyage; j'étais fort pauvre: aussi n'eus-je ni amis, ni dévotes, ni médecins et je guéris. »

Cependant, à force de médecines et de saignées, la maladie de Candide devint sérieuse.* Un habitué du quartier vint avec douceur lui demander un billet payable au porteur pour l'autre monde *: Candide n'en voulut rien
5 faire; les dévotes l'assurèrent que c'était une nouvelle mode: Candide répondit qu'il n'était point homme à la mode. Martin voulut jeter l'habitué par les fenêtres. Le clerc jura qu'on n'enterrerait * point Candide. Martin jura qu'il enterrerait le clerc, s'il continuait à les importuner.
10 La querelle s'échauffa: Martin le prit par les épaules, et le chassa rudement; ce qui causa un grand scandale, dont on fit un procès-verbal.

Candide guérit; et pendant sa convalescence il eut très bonne compagnie à souper chez lui. On jouait gros jeu.
15 Candide était tout étonné que jamais les as ne lui vinssent; et Martin ne s'en étonnait pas.

Parmi ceux qui lui faisaient les honneurs de la ville, il y avait un petit abbé périgourdin, l'un de ces gens empressés, toujours alertes, toujours serviables, effrontés, caressants,
20 accommodants, qui guettent les étrangers à leur passage, leur content l'histoire scandaleuse de la ville, et leur offrent des plaisirs à tout prix. Celui-ci mena d'abord Candide et Martin à la comédie.* On y jouait une tragédie nouvelle. Candide se trouva placé auprès de quelques beaux esprits.
25 Cela ne l'empêcha pas de pleurer à des scènes jouées parfaitement. Un des raisonneurs qui étaient à ses côtés lui dit dans un entr'acte: « Vous avez grand tort de pleurer, cette actrice est fort mauvaise; l'acteur qui joue avec elle est plus mauvais acteur encore; la pièce est encore plus
30 mauvaise que les acteurs; l'auteur ne sait pas un mot d'arabe, et cependant la scène est en Arabie; et, de plus, c'est un homme qui ne croit pas aux idées innées *; je vous apporterai demain vingt brochures contre lui. — Monsieur,* combien avez-vous de pièces de théâtre en France ? » dit
35 Candide à l'abbé, lequel répondit: « Cinq ou six mille. — C'est beaucoup, dit Candide: combien y en a-t-il de bon-

nes ? — Quinze ou seize, répliqua l'autre. — C'est beau-
coup, » dit Martin.

Candide fut très content d'une actrice qui faisait la reine
Élisabeth, dans une assez plate tragédie,* que l'on joue
quelquefois. « Cette actrice, dit-il à Martin, me plaît beau- 5
coup, elle a un faux air de M^{lle} Cunégonde, je serais bien
aise de la saluer. » L'abbé périgourdin s'offrit à l'introduire
chez elle. Candide, élevé en Allemagne, demanda quelle
était l'étiquette, et comment on traitait en France les
reines d'Angleterre. « Il faut distinguer, dit l'abbé: en pro- 10
vince, on les mène au cabaret; à Paris, on les respecte
quand elles sont belles, et on les jette à la voirie * quand
elles sont mortes. — Des reines à la voirie ! dit Candide. —
Oui vraiment, dit Martin; M. l'abbé a raison; j'étais à
Paris quand M^{lle} Monime * passa, comme on dit, de cette 15
vie à l'autre; on lui refusa ce que ces gens-ci appellent *les
honneurs de la sépulture*, c'est-à-dire de pourrir avec tous les
gueux du quartier dans un vilain cimetière; elle fut enter-
rée toute seule de sa bande au coin de la rue de Bourgogne*;
ce qui dut lui faire une peine extrême, car elle pensait très 20
noblement. — Cela est bien impoli, dit Candide. — Que
voulez-vous ? dit Martin; ces gens-ci sont ainsi faits.
Imaginez toutes les contradictions, toutes les incompati-
bilités possibles, vous les verrez dans le gouvernement,
dans les tribunaux, dans les églises, dans les spectacles de 25
cette drôle de nation. — Est-il vrai qu'on rit toujours à
Paris ? dit Candide. — Oui, dit l'abbé, mais c'est en en-
rageant; car on s'y plaint de tout avec de grands éclats de
rire; même on y fait en riant les actions les plus détestables.

— Quel est, dit Candide, ce gros cochon qui me disait 30
tant de mal de la pièce où j'ai tant pleuré,* et des acteurs
qui m'ont fait tant de plaisir ? — C'est un mal-vivant,
répondit l'abbé, qui gagne sa vie à dire du mal de toutes les
pièces et de tous les livres; il hait quiconque réussit; c'est
un de ces serpents de la littérature qui se nourrissent de 35
fange et de venin; c'est un folliculaire. — Qu'appelez-vous

folliculaire ? dit Candide. — C'est, dit l'abbé, un faiseur
de feuilles, un Fréron.* »

C'est ainsi que Candide, Martin, et le Périgourdin, rai-
sonnaient sur l'escalier, en voyant défiler le monde au
5 sortir de la pièce. « Quoique je sois très empressé de revoir
M^lle Cunégonde, dit Candide, je voudrais pourtant souper
avec M^lle Clairon,* car elle m'a paru admirable. »

L'abbé n'était pas homme à approcher de M^lle Clairon,
qui ne voyait que bonne compagnie. « Elle est engagée
10 pour ce soir, dit-il; mais j'aurai l'honneur de vous mener
chez une dame de qualité, et là vous connaîtrez Paris
comme si vous y aviez été quatre ans. »

Candide, qui était naturellement curieux, se laissa
mener chez la dame, au fond du faubourg Saint-Honoré;
15 on y était occupé d'un pharaon *; douze tristes pontes
tenaient chacun en main un petit livre de cartes, registre
cornu de leurs infortunes. Un profond silence régnait, la
pâleur était sur le front des pontes, l'inquiétude sur celui
du banquier, et la dame du logis, assise auprès de ce ban-
20 quier impitoyable, remarquait avec des yeux de lynx
tous les parolis, tous les sept-et-le-va de campagne, dont
chaque joueur cornait ses cartes: elle les faisait décorner
avec une attention sévère, mais polie; et ne se fâchait
point, de peur de perdre ses pratiques. La dame se faisait
25 appeler la marquise de Parolignac. Sa fille, âgée de quinze
ans, était au nombre des pontes, et avertissait d'un clin
d'œil des friponneries de ces pauvres gens qui tâchaient
de réparer les cruautés du sort. L'abbé périgourdin, Can-
dide, et Martin, entrèrent; personne ne se leva, ni les
30 salua, ni les regarda; tous étaient profondément occupés
de leurs cartes. « M^me la baronne de Thunder-ten-tronckh
était plus civile, » dit Candide.

Cependant l'abbé s'approcha de l'oreille de la marquise,
qui se leva à moitié, honora Candide d'un sourire gracieux,
35 et Martin d'un air de tête tout à fait noble; elle fit donner
un siège et un jeu de cartes à Candide, qui perdit cin-

quante mille francs en deux tailles: après quoi on soupa
très gaiement; et tout le monde était étonné que Candide
ne fût pas ému de sa perte; les laquais disaient entre eux,
dans leur langage de laquais: « Il faut que ce soit quelque
milord anglais.* » 5

Le souper fut comme la plupart des soupers de Paris,
d'abord du silence, ensuite un bruit de paroles qu'on ne
distingue point, puis des plaisanteries dont la plupart sont
insipides, de fausses nouvelles, de mauvais raisonnements,
un peu de politique, et beaucoup de médisance; on parla 10
même de livres nouveaux. « Avez-vous vu, dit l'abbé péri-
gourdin, le roman du sieur Gauchat,* docteur en théologie ?
— Oui, répondit un des convives, mais je n'ai pu l'achever.
Nous avons une foule d'écrits impertinents; mais tous
ensemble n'approchent pas de l'impertinence de Gauchat, 15
docteur en théologie; je suis si rassasié de cette immensité
de détestables livres qui nous inondent, que je me suis mis
à ponter au pharaon. — Et les *Mélanges* de l'archidiacre
Trublet,* qu'en dites-vous ? dit l'abbé. — Ah ! dit Mme de
Parolignac, l'ennuyeux mortel ! Comme il vous dit cu- 20
rieusement tout ce que le monde sait ! Comme il discute
pesamment ce qui ne vaut pas la peine d'être remarqué
légèrement ! Comme il s'approprie, sans esprit, l'esprit des
autres ! Comme il gâte ce qu'il pille ! Comme il me
dégoûte ! Mais il ne me dégoûtera plus; c'est assez d'avoir 25
lu quelques pages de l'archidiacre. »

Il y avait à table un homme savant et de goût qui
appuya ce que disait la marquise. On parla ensuite de
tragédies; la dame demanda pourquoi il y avait des tragé-
dies qu'on jouait quelquefois, et qu'on ne pouvait lire. 30
L'homme de goût expliqua très bien comment une pièce
pouvait avoir quelque intérêt, et n'avoir presque aucun
mérite: il prouva en peu de mots que ce n'était pas assez
d'amener une ou deux de ces situations qu'on trouve dans
tous les romans, et qui séduisent toujours les spectateurs; 35
mais qu'il faut être neuf sans être bizarre, souvent sublime

et toujours naturel, connaître le cœur humain et le faire
parler; être grand poète, sans que jamais aucun person-
nage de la pièce paraisse poète; savoir parfaitement sa
langue, la parler avec pureté, avec une harmonie continue,
5 sans que jamais la rime coûte rien au sens. « Quiconque,
ajouta-t-il, n'observe pas toutes ces règles, peut faire une
ou deux tragédies applaudies au théâtre, mais il ne sera
jamais compté au rang des bons écrivains; il y a très peu
de bonnes tragédies: les unes sont des idylles en dialogues
10 bien écrits et bien rimés; les autres, des raisonnements
politiques qui endorment, ou des amplifications qui rebu-
tent; les autres, des rêves d'énergumène, en style barbare,
des propos interrompus, de longues apostrophes aux
dieux, parce qu'on ne sait point parler aux hommes, des
15 maximes fausses, des lieux communs ampoulés. »

Candide écouta ce propos avec attention, et conçut une
grande idée du discoureur; et, comme la marquise avait
eu soin de le placer à côté d'elle, il s'approcha de son oreille,
et prit la liberté de lui demander qui était cet homme qui
20 parlait si bien. « C'est un savant, dit la dame, qui ne ponte
point, et que l'abbé m'amène quelquefois à souper; il se
connaît parfaitement en tragédies et en livres, et il a fait
une tragédie sifflée, et un livre dont on n'a jamais vu hors de
la boutique de son libraire qu'un exemplaire qu'il m'a dédié.
25 — Le grand homme! dit Candide, c'est un autre Pan-
gloss. »

Alors, se tournant vers lui, il lui dit: « Monsieur, vous
pensez, sans doute, que tout est au mieux dans le monde
physique et dans le moral, et que rien ne pouvait être
30 autrement? — Moi, monsieur, lui répondit le savant, je ne
pense rien de tout cela; je trouve que tout va de travers
chez nous; que personne ne sait ni quel est son rang, ni
quelle est sa charge, ni ce qu'il fait, ni ce qu'il doit faire, et
qu'excepté le souper, qui est assez gai, et où il paraît assez
35 d'union, tout le reste du temps se passe en querelles imper-
tinentes; jansénistes contre molinistes, gens du parlement

contre gens d'église, gens de lettres contre gens de lettres, courtisans contre courtisans, financiers contre le peuple, femmes contre maris, parents contre parents; c'est une guerre éternelle. »

Candide lui répliqua: « J'ai vu pis; mais un sage, qui 5 depuis a eu le malheur d'être pendu, m'apprit que tout cela est à merveille; ce sont des ombres à un beau tableau. — Votre pendu se moquait du monde, dit Martin; vos ombres sont des taches horribles. — Ce sont les hommes qui font les taches, dit Candide, et ils ne peuvent pas s'en 10 dispenser. — Ce n'est donc pas leur faute, » dit Martin. La plupart des pontes, qui n'entendaient rien à ce langage, buvaient; et Martin raisonna avec le savant, et Candide raconta une partie de ses aventures à la dame du logis.

Après souper, la marquise mena Candide dans son 15 cabinet et le fit asseoir sur un canapé. « Eh bien ! lui dit-elle, vous aimez donc toujours éperdument Mlle Cunégonde de Thunder-ten-tronckh ? — Oui, madame, » répondit Candide. La marquise lui répliqua avec un souris tendre: « Vous me répondez comme un jeune homme de West- 20 phalie; un Français m'aurait dit: « Il est vrai que j'ai aimé Mlle Cunégonde, mais en vous voyant, madame, je crains de ne la plus aimer. » — Hélas ! madame, dit Candide, je répondrai comme vous voudrez. » La belle ayant aperçu deux énormes diamants aux deux mains de son jeune 25 étranger, les loua de si bonne foi, que des doigts de Candide ils passèrent aux doigts de la marquise.

Candide, en s'en retournant avec son abbé périgourdin, sentit quelques remords d'avoir fait une infidélité à Mlle Cunégonde. M. l'abbé entra dans sa peine; il n'avait 30 qu'une légère part aux cinquante mille livres perdues au jeu par Candide, et à la valeur des deux brillants moitié donnés, moitié extorqués. Son dessein était de profiter, autant qu'il le pourrait, des avantages que la connaissance de Candide pouvait lui procurer. Il lui parla beaucoup de 35 Cunégonde; et Candide lui dit qu'il demanderait bien

pardon à cette belle de son infidélité, quand il la verrait à Venise.

Le Périgourdin redoublait de politesses et d'attentions, et prenait un intérêt tendre à tout ce que Candide disait, 5 à tout ce qu'il faisait, à tout ce qu'il voulait faire.*

« Vous avez donc, monsieur, lui dit-il, un rendez-vous à Venise ? — Oui, monsieur l'abbé, dit Candide; il faut absolument que j'aille trouver Mlle Cunégonde. » Alors, engagé par le plaisir de parler de ce qu'il aimait, il conta, 10 selon son usage, une partie de ses aventures avec cette illustre Westphalienne.

« Je crois, dit l'abbé, que Mlle Cunégonde a bien de l'esprit et qu'elle écrit des lettres charmantes. — Je n'en ai jamais reçu, dit Candide; car, figurez-vous qu'ayant été 15 chassé du château pour l'amour d'elle, je ne pus lui écrire; que bientôt après j'appris qu'elle était morte, qu'ensuite je la retrouvai, et que je la perdis, et que je lui ai envoyé à deux mille cinq cents lieues d'ici un exprès dont j'attends la réponse. »

20 L'abbé écoutait attentivement, et paraissait un peu rêveur. Il prit bientôt congé des deux étrangers, après les avoir tendrement embrassés. Le lendemain Candide reçut à son réveil une lettre conçue en ces termes:

« Monsieur mon très cher amant, il y a huit jours que je 25 « suis malade en cette ville; j'apprends que vous y êtes. Je « volerais dans vos bras si je pouvais remuer. J'ai su * votre « passage à Bordeaux; j'y ai laissé le fidèle Cacambo et la « vieille, qui doivent bientôt me suivre. Le gouverneur de « Buenos-Ayres a tout pris, mais il me reste votre cœur. 30 « Venez; votre présence me rendra la vie ou me fera « mourir de plaisir. »

Cette lettre charmante, cette lettre inespérée, transporta Candide d'une joie inexprimable; et la maladie de sa chère Cunégonde l'accabla de douleur. Partagé entre ces deux 35 sentiments, il prend son or et ses diamants, et se fait con-

duire avec Martin à l'hôtel où M^{lle} Cunégonde demeurait.
Il entre en tremblant d'émotion, son cœur palpite, sa voix
sanglote; il veut ouvrir les rideaux du lit, il veut faire
apporter de la lumière. « Gardez-vous-en bien, lui dit la
suivante, la lumière la tue »; et soudain elle referme le 5
rideau. « Ma chère Cunégonde, dit Candide en pleurant,
comment vous portez-vous ? si vous ne pouvez me voir,
parlez-moi du moins. — Elle ne peut parler, » dit la sui-
vante. La dame alors tire du lit une main potelée que Can-
dide arrose longtemps de ses larmes, et qu'il remplit ensuite 10
de diamants, en laissant un sac plein d'or sur le fau-
teuil.

Au milieu de ses transports arrive un exempt suivi de
l'abbé périgourdin et d'une escouade. « Voilà donc, dit-il,
ces deux étrangers suspects ? » Il les fait incontinent saisir, 15
et ordonne à ses braves de les traîner en prison. « Ce n'est
pas ainsi qu'on traite les voyageurs dans Eldorado, dit
Candide. — Je suis plus manichéen que jamais, dit Martin.
— Mais, monsieur, où nous menez-vous ? dit Candide. —
Dans un cul de basse-fosse, » dit l'exempt. 20

Martin, ayant repris son sang-froid, jugea que la dame
qui se prétendait Cunégonde était une friponne, M. l'abbé
périgourdin un fripon, qui avait abusé au plus vite de
l'innocence de Candide, et l'exempt un autre fripon, dont
on pouvait aisément se débarrasser. 25

Plutôt que de s'exposer aux procédures de la justice,
Candide, éclairé par son conseil, et d'ailleurs toujours
impatient de revoir la véritable Cunégonde, propose à
l'exempt trois petits diamants d'environ trois mille pis-
toles chacun. « Ah ! monsieur, lui dit l'homme au bâton 30
d'ivoire, eussiez-vous commis * tous les crimes imaginables,
vous êtes le plus honnête homme du monde; trois dia-
mants ! chacun de trois mille pistoles ! Monsieur, je me
ferais tuer pour vous, au lieu de vous mener dans un
cachot. On arrête tous les étrangers, mais laissez-moi 35
faire; j'ai un frère à Dieppe en Normandie; je vais vous y

mener; et si vous avez quelque diamant à lui donner, il aura soin de vous comme moi-même.

« Et pourquoi arrête-t-on tous les étrangers ? » dit Candide. L'abbé périgourdin prit alors la parole, et dit: « C'est parce qu'un gueux du pays d'Atrébatie * a entendu dire des sottises *; cela seul lui a fait commettre un parricide, non pas tel que celui de 1610 * au mois de mai, mais tel que celui de 1594 * au mois de décembre, et tel que plusieurs autres commis dans d'autres années et dans d'autres mois par d'autres gueux qui avaient entendu dire des sottises. »

L'exempt alors expliqua de quoi il s'agissait. « Ah ! les monstres ! s'écria Candide; quoi ! de telles horreurs chez un peuple qui danse et qui chante ! Ne pourrai-je sortir au plus vite de ce pays où des singes agacent des tigres ? * J'ai vu des ours dans mon pays; je n'ai vu des hommes que dans Eldorado. Au nom de Dieu, monsieur l'exempt, menez-moi à Venise, où je dois attendre Mlle Cunégonde. — Je ne peux vous mener qu'en Basse-Normandie, dit le barigel. Aussitôt il lui fait ôter ses fers, dit qu'il s'est mépris, renvoie ses gens, emmène à Dieppe Candide et Martin, et les laisse entre les mains de son frère. Il y avait un petit vaisseau hollandais à la rade. Le Normand, à l'aide de trois autres diamants, devenu le plus serviable des hommes, embarque Candide et ses gens dans le vaisseau qui allait faire voile pour Portsmouth en Angleterre. Ce n'était pas le chemin de Venise; mais Candide croyait être délivré de l'enfer; et il comptait bien reprendre la route de Venise à la première occasion.

CANDIDE ET MARTIN VONT SUR LES COTES D'ANGLETERRE; CE QU'ILS Y VOIENT

« Ah ! Pangloss ! Pangloss ! Ah ! Martin ! Martin ! Ah ! ma chère Cunégonde ! qu'est-ce que ce monde-ci ? disait Candide sur le vaisseau hollandais. — Quelque chose de bien fou et de bien abominable, répondait Martin. — Vous connaissez l'Angleterre, y est-on aussi fou qu'en France ? 5 — C'est une autre espèce de folie, dit Martin. Vous savez que ces deux nations sont en guerre pour quelques arpents de neige vers le Canada,* et qu'elles dépensent pour cette belle guerre beaucoup plus que tout le Canada ne vaut. De vous dire précisément s'il y a plus de gens à lier dans un 10 pays que dans un autre, c'est ce que mes faibles lumières ne me permettent pas; je sais seulement qu'en général les gens que nous allons voir sont fort atrabilaires. »

En causant ainsi ils abordèrent à Portsmouth; une multitude de peuple couvrait le rivage, et regardait attentive- 15 ment un assez gros homme qui était à genoux,* les yeux bandés, sur le tillac d'un des vaisseaux de la flotte; quatre soldats, postés vis-à-vis de cet homme, lui tirèrent chacun trois balles dans le crâne, le plus paisiblement du monde; et toute l'assemblée s'en retourna extrêmement satisfaite. 20 « Qu'est-ce donc que tout ceci ? dit Candide; et quel démon exerce partout son empire ? » Il demanda qui était ce gros homme qu'on venait de tuer en cérémonie. « C'est un amiral, lui répondit-on. — Et pourquoi tuer cet amiral ? — C'est, lui dit-on, parce qu'il n'a pas fait tuer assez de 25 monde; il a livré un combat à un amiral français, et on a trouvé qu'il n'était pas assez près de lui. — Mais, dit Candide, l'amiral français était aussi loin de l'amiral anglais

que celui-ci l'était de l'autre ! — Cela est incontestable,
lui répliqua-t-on; mais dans ce pays-ci il est bon de tuer de
temps en temps un amiral pour encourager les autres. » *

Candide fut si étourdi et si choqué de ce qu'il voyait et
5 de ce qu'il entendait, qu'il ne voulut pas seulement mettre
pied à terre, et qu'il fit son marché avec le patron hollan-
dais (dût-il * le voler comme celui de Surinam), pour le
conduire sans délai à Venise.

Le patron fut prêt au bout de deux jours; on côtoya la
10 France; on passa à la vue de Lisbonne, et Candide frémit.
On entra dans le détroit et dans la Méditerranée. Enfin on
aborda à Venise. « Dieu soit loué ! dit Candide en embras-
sant Martin; c'est ici que je reverrai la belle Cunégonde.
Je compte sur Cacambo comme sur moi-même. Tout est
15 bien, tout va bien, tout va le mieux qu'il soit possible. »

DE PAQUETTE ET DE FRÈRE GIROFLÉE

Dès qu'il fut à Venise, il fit chercher Cacambo dans tous les cabarets, dans tous les cafés, et ne le trouva point. Il envoyait tous les jours à la découverte de tous les vaisseaux et de toutes les barques: nulles nouvelles de Cacambo. « Quoi ! disait-il à Martin, j'ai eu le temps de passer de ₅ Surinam à Bordeaux, d'aller de Bordeaux à Paris, de Paris à Dieppe, de Dieppe à Portsmouth, de côtoyer le Portugal et l'Espagne, de traverser toute la Méditerranée, de passer quelques mois à Venise; et la belle Cunégonde n'est point venue ! Je n'ai rencontré, au lieu d'elle, qu'une drôlesse et ₁₀ un abbé périgourdin ! Cunégonde est morte, sans doute; je n'ai plus qu'à mourir. Ah ! il valait mieux rester dans le paradis du Dorado que de revenir dans cette maudite Europe. Que vous avez raison, mon cher Martin ! tout n'est qu'illusion et calamité. » ₁₅

Il tomba dans une mélancolie noire,* et ne prit aucune part à l'opéra *alla moda,* ni aux autres divertissements du carnaval. Martin lui dit: « Vous êtes bien simple, en vérité, de vous figurer qu'un valet métis, qui a cinq ou six millions dans ses poches, ira chercher votre maîtresse au ₂₀ bout du monde, et vous l'amènera à Venise. Il la prendra pour lui, s'il la trouve; s'il ne la trouve pas, il en prendra une autre: je vous conseille d'oublier votre valet Cacambo et votre maîtresse Cunégonde. » Martin n'était pas consolant. La mélancolie de Candide augmenta, et Martin ne ₂₅ cessait de lui prouver qu'il y avait peu de vertu et peu de bonheur sur la terre, excepté peut-être dans Eldorado, où personne ne pouvait aller.

En disputant sur cette matière importante, et en atten-

dant Cunégonde, Candide aperçut un jeune théatin dans
la place Saint-Marc, qui tenait sous le bras une fille. Le
théatin paraissait frais, potelé, vigoureux; ses yeux étaient
brillants, son air assuré, sa mine haute, sa démarche fière.
5 La fille était très jolie et chantait; elle regardait amoureu-
sement son théatin, et de temps en temps lui pinçait ses
grosses joues. « Vous m'avouerez du moins, dit Candide à
Martin, que ces gens-ci sont heureux. Je n'ai trouvé
jusqu'à présent dans toute la terre habitable, excepté dans
10 Eldorado, que des infortunés; mais pour cette fille et ce
théatin, je gage que ce sont des créatures très heureuses.
— Je gage que non, dit Martin. — Il n'y a qu'à les prier à
dîner, dit Candide, et vous verrez si je me trompe. »

Aussitôt il les aborde, il leur fait son compliment, et les
15 invite à venir à son hôtellerie manger des macaroni,* des
perdrix de Lombardie, des œufs d'esturgeon, et à boire
du vin de Montepulciano, du lacryma-christi, du Chypre,
et du Samos. La demoiselle rougit, le théatin accepta la
partie, et la fille le suivit en regardant Candide avec des
20 yeux de surprise et de confusion, qui furent obscurcis
de quelques larmes. A peine fut-elle entrée dans la cham-
bre de Candide, qu'elle lui dit: « Eh quoi ! monsieur Can-
dide ne reconnaît plus Paquette ! » A ces mots Candide,
qui ne l'avait pas considérée jusque-là avec attention, parce
25 qu'il n'était occupé que de Cunégonde, lui dit: « Hélas !
ma pauvre enfant, c'est donc vous qui avez mis le docteur
Pangloss dans le bel état où je l'ai vu !

— Hélas ! monsieur, c'est moi-même, dit Paquette; je
vois que vous êtes instruit de tout. J'ai su les malheurs
30 épouvantables arrivés à toute la maison de M^{me} la baronne
et à la belle Cunégonde. Je vous jure que ma destinée n'a
guère été moins triste. Je fus obligée de sortir du château
quelque temps après que M. le baron vous eut renvoyé à
grands coups de pied. Si un fameux médecin n'avait pas
35 pris pitié de moi, j'étais morte.* Sa femme, qui était
jalouse à la rage, me battait tous les jours impitoyable-

ment; c'était une furie. Ce médecin était le plus laid de tous les hommes, et moi la plus malheureuse de toutes les créatures d'être battue continuellement pour un homme que je n'aimais pas. Vous savez, monsieur, combien il est dangereux pour une femme acariâtre d'être l'épouse d'un 5 médecin. Celui-ci, outré des procédés de sa femme, lui donna un jour, pour la guérir d'un petit rhume, une méde- cine si efficace, qu'elle en mourut en deux heures de temps dans des convulsions horribles. Les parents de madame intentèrent à monsieur un procès criminel; il prit la fuite, 10 et moi je fus mise en prison. Mon innocence ne m'aurait pas sauvée, si je n'avais été * un peu jolie. Le juge m'élar- git. Ah! monsieur, si vous pouviez vous imaginer ce que c'est que d'être exposée à toutes les insultes, à toutes les avanies; d'être volée par l'un de ce qu'on a gagné avec 15 l'autre; d'être rançonnée par les officiers de justice, et de n'avoir en perspective qu'une vieillesse affreuse, un hôpital, et un fumier, vous concluriez que je suis une des plus mal- heureuses créatures du monde. »

Paquette ouvrait ainsi son cœur au bon Candide, dans 20 un cabinet, en présence de Martin, qui disait à Candide: « Vous voyez que j'ai déjà gagné la moitié de la gageure. * »

Frère Giroflée était resté dans la salle à manger, et buvait un coup en attendant le dîner. « Mais, dit Candide à Paquette, vous aviez l'air si gai, si content, quand je vous 25 ai rencontrée; vous chantiez; vous m'avez paru aussi heu- reuse que vous prétendez|être infortunée. Ah! monsieur, répondit Paquette, j'ai été hier volée et battue par un officier, et il faut aujourd'hui que je paraisse de bonne humeur pour plaire à un moine. » 30

Candide n'en voulut pas davantage; il avoua que Mar- tin avait raison. On se mit à table avec Paquette et le théatin; le repas fut assez amusant, et sur la fin on se parla avec quelque confiance. « Mon père, dit Candide au moine, vous me paraissez jouir d'une destinée que tout le monde 35 doit envier; la fleur de la santé brille sur votre visage, votre

physionomie annonce le bonheur; et vous paraissez très content de votre état de théatin.

— Ma foi, monsieur, dit frère Giroflée, je voudrais que tous les théatins fussent au fond de la mer. J'ai été tenté 5 cent fois de mettre le feu au couvent, et d'aller me faire turc. Mes parents me forcèrent, à l'âge de quinze ans, d'endosser cette détestable robe, pour laisser plus de fortune à un maudit frère aîné,* que Dieu confonde! La jalousie, la discorde, la rage, habitent dans le couvent. Il est vrai que 10 j'ai prêché quelques mauvais sermons qui m'ont valu un peu d'argent dont le prieur me vole la moitié; mais quand je rentre le soir dans le monastère je suis prêt de me casser la tête contre les murs du dortoir; et tous mes confrères sont dans le même cas. »

15 Martin se tournant vers Candide avec son sang-froid ordinaire: « Eh bien! lui dit-il, n'ai-je pas gagné la gageure tout entière? » Candide donna deux mille piastres à Paquette, et mille piastres à frère Giroflée. « Je vous réponds, dit-il, qu'avec cela ils seront heureux. — Je n'en crois rien 20 du tout, dit Martin; vous les rendrez peut-être avec ces piastres beaucoup plus malheureux encore. — Il en sera ce qui pourra, dit Candide: mais une chose me console, je vois qu'on retrouve souvent les gens qu'on ne croyait jamais retrouver *; il se pourra bien faire qu'ayant rencontré mon 25 mouton rouge et Paquette, je rencontre aussi Cunégonde.

— Je souhaite, dit Martin, qu'elle fasse un jour votre bonheur; mais c'est de quoi je doute fort. — Vous êtes bien dur, dit Candide. — C'est que j'ai vécu, dit Martin.

— Mais regardez ces gondoliers, dit Candide, ne chan-30 tent-ils pas sans cesse? — Vous ne les voyez pas dans leur ménage, avec leurs femmes et leurs marmots d'enfants, dit Martin. Le doge a ses chagrins, les gondoliers ont les leurs. Il est vrai qu'à tout prendre le sort d'un gondolier est préférable à celui d'un doge; mais je crois la différence si mé-35 diocre, que cela ne vaut pas la peine d'être examiné.

— On parle, dit Candide, du sénateur Pococurante,* qui

demeure dans ce beau palais sur la Brenta, et qui reçoit assez bien les étrangers. On prétend que c'est un homme qui n'a jamais eu de chagrin. — Je voudrais voir une espèce si rare, » dit Martin. Candide aussitôt fit demander au seigneur Pococurante la permission de venir le voir le ₅ lendemain.

VISITE CHEZ LE SEIGNEUR POCOCURANTE,
NOBLE VÉNITIEN

Candide et Martin allèrent en gondole sur la Brenta, et arrivèrent au palais du noble Pococurante. Les jardins étaient bien entendus, et ornés de belles statues de marbre; le palais d'une belle architecture. Le maître du logis, 5 homme de soixante ans, fort riche, reçut très poliment les deux curieux, mais avec très peu d'empressement, ce qui déconcerta Candide, et ne déplut point à Martin.

D'abord deux filles jolies et proprement mises servirent du chocolat, qu'elles firent très bien mousser. Candide ne 10 put s'empêcher de les louer sur leur beauté, sur leur bonne grâce, et sur leur adresse. « Ce sont d'assez bonnes créatures, dit le sénateur Pococurante; je suis bien las des dames de la ville, de leurs coquetteries, de leurs jalousies, de leurs querelles, de leurs humeurs, de leurs petitesses, de 15 leur orgueil, de leurs sottises, et des sonnets qu'il faut faire ou commander pour elles: mais, après tout, ces deux filles commencent fort à m'ennuyer. »

Candide, après le déjeuner, se promenant dans une longue galerie, fut surpris de la beauté des tableaux. Il 20 demanda de quel maître étaient les deux premiers. « Ils sont de Raphaël,* dit le sénateur; je les achetai fort cher par vanité, il y a quelques années; on dit que c'est ce qu'il y a de plus beau en Italie, mais ils ne me plaisent point du tout: la couleur en est très rembrunie, les figures ne sont 25 pas assez arrondies, et ne sortent point assez; les draperies ne ressemblent en rien à une étoffe: en un mot, quoi qu'on en dise, je ne trouve point là une imitation vraie de la nature. Je n'aimerai un tableau que quand je croirai voir

la nature elle-même: il n'y en a point de cette espèce. J'ai beaucoup de tableaux, mais je ne les regarde plus. »

Pococurante, en attendant le dîner, se fit donner un concerto. Candide trouva la musique délicieuse. « Ce bruit, dit Pococurante, peut amuser une demi-heure; mais, 5 s'il dure plus longtemps, il fatigue tout le monde, quoique personne n'ose l'avouer. La musique aujourd'hui * n'est plus que l'art d'exécuter des choses difficiles, et ce qui n'est que difficile ne plaît point à la longue.

« J'aimerais peut-être mieux l'opéra, si on n'avait pas 10 trouvé le secret d'en faire un monstre qui me révolte.* Ira voir qui voudra de mauvaises tragédies en musique où les scènes ne sont faites que pour amener très mal à propos deux ou trois chansons ridicules qui font valoir le gosier d'une actrice; se pâmera de plaisir qui voudra ou qui 15 pourra, en voyant un ténor fredonner le rôle de César et de Caton, et se promener d'un air gauche sur des planches: pour moi, il y a longtemps que j'ai renoncé à ces pauvretés qui font aujourd'hui la gloire de l'Italie, et que des souverains payent si chèrement. » Candide disputa un peu, mais 20 avec discrétion. Martin fut entièrement de l'avis du sénateur.

On se mit à table; et, après un excellent dîner, on entra dans la bibliothèque. Candide, en voyant un Homère * magnifiquement relié, loua l'illustrissime sur son bon goût. 25 « Voilà, dit-il, un livre qui faisait les délices du grand Pangloss, le meilleur philosophe de l'Allemagne. — Il ne fait pas les miennes, dit froidement Pococurante: on me fit accroire autrefois que j'avais du plaisir en le lisant; mais cette répétition continuelle de combats qui se ressemblent tous, 30 ces dieux qui agissent toujours pour ne rien faire de décisif, cette Hélène qui est le sujet de la guerre, et qui à peine est une actrice de la pièce; cette Troie qu'on assiège et qu'on ne prend point; tout cela me causait le plus mortel ennui. J'ai demandé quelquefois à des savants s'ils s'en- 35 nuyaient autant que moi à cette lecture: tous les gens

sincères m'ont avoué que le livre leur tombait des mains,
mais qu'il fallait toujours l'avoir dans sa bibliothèque,
comme un monument de l'antiquité, et comme ces mé-
dailles rouillées qui ne peuvent être de commerce.

5 — Votre excellence ne pense pas ainsi de Virgile ? dit
Candide. — Je conviens, dit Pococurante, que le second, le
quatrième et le sixième livre de son Énéide sont excellents;
mais pour son pieux Énée, et le fort Cloanthe, et l'ami
Achates, et le petit Ascanius, et l'imbécile roi Latinus, et
10 la bourgeoise Amata, et l'insipide Lavinia, je ne crois pas
qu'il y ait rien de si froid et de plus désagréable. J'aime
mieux le Tasse et les contes à dormir debout de l'Arioste.*

— Oserais-je vous demander, monsieur, dit Candide, si
vous n'avez pas un grand plaisir à lire Horace * ? — Il y a
15 des maximes, dit Pococurante, dont un homme du monde
peut faire son profit, et qui, étant resserrées dans des vers
énergiques, se gravent plus aisément dans la mémoire:
mais je me soucie fort peu de son voyage à Brindes, et de
sa description d'un mauvais dîner, et de la querelle de
20 crocheteurs entre je ne sais quel Pupilus dont les paroles,
dit-il, étaient pleines de pus, et un autre dont les paroles
etaient du vinaigre. Je n'ai lu qu'avec un extrême dégoût
ses vers grossiers contre des vieilles et contre des sorcières;
et je ne vois pas quel mérite il peut y avoir à dire à son
25 ami Mécénas que, s'il est mis par lui au rang des poètes
lyriques, il frappera les astres de son front sublime. Les
sots admirent tout dans un auteur estimé. Je ne lis que
pour moi; je n'aime que ce qui est à mon usage. » Can-
dide, qui avait été élevé à ne jamais juger de rien par lui-
30 même, était fort étonné de ce qu'il entendait; et Martin
trouvait la façon de penser de Pococurante assez raison-
nable.

« Oh ! voici un Cicéron,* dit Candide: pour ce grand
homme-là, je pense que vous ne vous lassez point de le
35 lire. — Je ne le lis jamais, répondit le Vénitien. Que m'im-
porte qu'il ait plaidé pour Rabirius ou pour Cluentius ?

J'ai bien assez des procès que je juge; je me serais mieux accommodé de ses œuvres philosophiques; mais quand j'ai vu qu'il doutait de tout, j'ai conclu que j'en savais autant que lui, et que je n'avais besoin de personne pour être ignorant. 5

— Ah ! voilà quatre-vingts volumes de recueils d'une académie des sciences, s'écria Martin; il se peut qu'il y ait là du bon. — Il y en aurait, dit Pococurante, si un seul des auteurs de ces fatras avait inventé seulement l'art de faire des épingles*; mais il n'y a dans tous ces livres que de vains 10 systèmes,* et pas une seule chose utile.

— Que de pièces de théâtre je vois là, dit Candide, en italien, en espagnol, en français ! — Oui, dit le sénateur, il y en a trois mille, et pas trois douzaines de bonnes. Pour ces recueils de sermons, qui tous ensemble ne valent pas une 15 page de Sénèque, et tous ces gros volumes de théologie, vous pensez bien que je ne les ouvre jamais, ni moi, ni personne. »

Martin aperçut des rayons chargés de livres anglais. « Je crois, dit-il, qu'un républicain doit se plaire à la plupart 20 de ces ouvrages écrits si librement. — Oui, répondit Pococurante, il est beau d'écrire ce qu'on pense; c'est le privilège de l'homme. Dans toute notre Italie, on n'écrit que ce qu'on ne pense pas; ceux qui habitent la patrie des Césars et des Antonins n'osent avoir une idée sans la per- 25 mission d'un jacobin. Je serais content de la liberté qui inspire les génies anglais, si la passion et l'esprit de parti ne corrompaient pas tout ce que cette précieuse liberté a d'estimable. »

Candide, apercevant un Milton,* lui demanda s'il ne 30 regardait pas cet auteur comme un grand homme. « Qui ? dit Pococurante, ce barbare, qui fait un long commentaire du premier chapitre de la *Genèse*, en dix livres de vers durs* ? Ce grossier imitateur des Grecs, qui défigure la création, et qui, tandis que Moïse représente l'Être éternel 35 produisant le monde par la parole, fait prendre un grand

compas par le Messiah dans une armoire du ciel pour tracer
son ouvrage ? Moi, j'estimerais celui qui a gâté l'enfer et
le diable du Tasse ; qui déguise Lucifer tantôt en crapaud,
tantôt en pygmée ; qui lui fait rebattre cent fois les mêmes
5 discours ; qui le fait disputer sur la théologie ; qui, en imi-
tant sérieusement l'invention comique des armes à feu de
l'Arioste, fait tirer le canon dans le ciel par les diables ?
Ni moi ni personne en Italie n'a pu se plaire à toutes ces
tristes extravagances ; et le *Mariage du Péché et de la Mort*,
10 et les couleuvres dont le Péché accouche, font vomir tout
homme qui a le goût un peu délicat ; et sa longue descrip-
tion d'un hôpital n'est bonne que pour un fossoyeur. Ce
poème obscur, bizarre et dégoûtant fut méprisé à sa nais-
sance ; je le traite aujourd'hui comme il fut traité dans sa
15 patrie par les contemporains. Au reste, je dis ce que je
pense, et je me soucie fort peu que les autres pensent
comme moi. » Candide était affligé de ces discours* ; il
respectait Homère, il aimait un peu Milton. « Hélas ! dit-il
tout bas à Martin, j'ai bien peur que cet homme-ci n'ait
20 un souverain mépris pour nos poètes allemands.* — Il n'y
aurait pas grand mal à cela, dit Martin. — Oh ! quel homme
supérieur ! disait Candide entre ses dents ; quel grand génie
que ce Pococurante ! Rien ne peut lui plaire. »

Après avoir ainsi fait la revue de tous les livres, ils
25 descendirent dans le jardin. Candide en loua toutes les
beautés. « Je ne sais rien de si mauvais goût, dit le maître ;
nous n'avons ici que des colifichets ; mais je vais dès demain
en faire planter un d'un dessin plus noble. »

Quand les deux curieux eurent pris congé de son excel-
30 lence : « Or çà, dit Candide à Martin, vous conviendrez que
voilà le plus heureux de tous les hommes, car il est au-
dessus de tout ce qu'il possède. — Ne voyez-vous pas, dit
Martin, qu'il est dégoûté de tout ce qu'il possède ? Platon
a dit, il y a longtemps, que les meilleurs estomacs ne sont
35 pas ceux qui rebutent tous les aliments.* — Mais, dit Can-
dide, n'y a-t-il pas du plaisir à tout critiquer, à sentir des

défauts où les autres hommes croient voir des beautés ?
— C'est-à-dire, reprit Martin, qu'il y a du plaisir à n'avoir
pas de plaisir ? — Oh bien ! dit Candide, il n'y a donc d'heu-
reux que moi, quand je reverrai M^{lle} Cunégonde. — C'est
toujours bien fait d'espérer, » dit Martin. 5

Cependant les jours, les semaines s'écoulaient ; Cacambo
ne revenait point, et Candide était si abîmé dans sa dou-
leur, qu'il ne fit pas même réflexion que Paquette et frère
Giroflée n'étaient pas venus seulement le remercier.

CHAPITRE XXVI

D'UN SOUPER QUE CANDIDE ET MARTIN FIRENT AVEC SIX ÉTRANGERS, ET QUI ILS ÉTAIENT

Un soir que Candide, suivi de Martin, allait se mettre à table avec les étrangers qui logeaient dans la même hôtellerie, un homme à visage couleur de suie l'aborda par derrière, et, le prenant par le bras, lui dit: « Soyez prêt à partir
5 avec nous, n'y manquez pas. » Il se retourne, et voit Cacambo. Il n'y avait que la vue de Cunégonde qui pût l'étonner et lui plaire davantage. Il fut sur le point de devenir fou de joie. Il embrasse son cher ami. « Cunégonde est ici, sans doute ? Où est-elle ? Mène-moi vers
10 elle, que je meure de joie avec elle. — Cunégonde n'est point ici, dit Cacambo, elle est à Constantinople. — Ah ciel ! à Constantinople ! Mais fût-elle à la Chine,* j'y vole, partons. — Nous partirons après souper, reprit Cacambo; je ne peux vous en dire davantage; je suis esclave; mon
15 maître m'attend; il faut que j'aille le servir à table: ne dites mot, soupez et tenez-vous prêt. »

Candide, partagé entre la joie et la douleur, charmé d'avoir revu son agent fidèle, étonné de le voir esclave, plein de l'idée de retrouver sa maîtresse, le cœur agité, l'es-
20 prit bouleversé, se mit à table avec Martin, qui voyait de sang-froid toutes ces aventures, et avec six étrangers, qui étaient venus passer le carnaval à Venise.

Cacambo, qui versait à boire à l'un de ces six étrangers, s'approcha de l'oreille de son maître, sur la fin du repas, et
25 lui dit: « Sire, votre majesté partira quand elle voudra, le vaisseau est prêt. » Ayant dit ces mots, il sortit. Les convives étonnés se regardaient sans proférer une seule parole,

lorsqu'un autre domestique, s'approchant de son maître, lui dit : « Sire, la chaise de votre majesté est à Padoue, et la barque est prête. » Le maître fit un signe, et le domestique partit. Tous les convives se regardèrent encore, et la surprise commune redoubla. Un troisième valet, s'approchant aussi d'un troisième étranger, lui dit : « Sire, croyez-moi, votre majesté ne doit pas rester ici plus longtemps, je vais tout préparer »; et aussitôt il disparut.

Candide et Martin ne doutèrent pas alors que ce ne fût une mascarade du carnaval. Un quatrième domestique dit au quatrième maître: « Votre majesté partira quand elle voudra »; et sortit comme les autres. Le cinquième valet en dit autant au cinquième maître. Mais le sixième valet parla différemment au sixième étranger, qui était auprès de Candide; il lui dit : « Ma foi, sire, on ne veut plus faire crédit à votre majesté ni à moi non plus; et nous pourrions bien être coffrés * cette nuit, vous et moi; je vais pourvoir à mes affaires: adieu. »

Tous les domestiques ayant disparu, les six étrangers, Candide et Martin, demeurèrent dans un profond silence. Enfin Candide le rompit: « Messieurs, dit-il, voilà une singulière plaisanterie. Pourquoi êtes-vous tous rois ? Pour moi, je vous avoue que ni moi ni Martin nous ne le sommes. »

Le maître de Cacambo prit alors gravement la parole, et dit en italien: « Je ne suis point plaisant, je m'appelle Achmet III; j'ai été grand-sultan plusieurs années; je détrônai mon frère; mon neveu m'a détrôné; on a coupé le cou à mes visirs; j'achève ma vie dans le vieux sérail; mon neveu, le grand-sultan Mahmoud, me permet de voyager quelquefois pour ma santé; et je suis venu passer le carnaval à Venise. »

Un jeune homme qui était auprès d'Achmet parla après lui, et dit : « Je m'appelle Ivan; j'ai été empereur de toutes les Russies; j'ai été détrôné au berceau; mon père et ma mère ont été enfermés; on m'a élevé en prison; j'ai quel-

quefois la permission de voyager, accompagné de ceux qui me gardent; et je suis venu passer le carnaval à Venise. »

Le troisième dit: « Je suis Charles-Édouard, roi d'Angleterre; mon père m'a cédé ses droits au royaume; j'ai combattu pour les soutenir; on a arraché le cœur à huit cents de mes partisans, et on leur en a battu les joues; j'ai été mis en prison; je vais à Rome faire une visite au roi mon père, détrôné ainsi que moi et mon grand-père; et je suis venu passer le carnaval à Venise. »

Le quatrième prit alors la parole et dit: « Je suis roi des Polaques; le sort de la guerre m'a privé de mes états héréditaires, mon père a éprouvé les mêmes revers; je me résigne à la Providence comme le sultan Achmet, l'empereur Ivan, et le roi Charles-Édouard, à qui Dieu donne une longue vie; et je suis venu passer le carnaval à Venise. »

Le cinquième dit: Je suis aussi roi des Polaques *; j'ai perdu mon royaume deux fois; mais la Providence m'a donné un autre état dans lequel j'ai fait plus de bien que tous les rois des Sarmates ensemble n'en ont jamais pu faire sur les bords de la Vistule. Je me résigne aussi à la Providence; et je suis venu passer le carnaval à Venise. »

Il restait au sixième monarque à parler. « Messieurs, dit-il, je ne suis pas si grand seigneur que vous; mais enfin j'ai été roi tout comme un autre; je suis Théodore; on m'a élu roi en Corse; on m'a appelé *Votre Majesté*, et à présent à peine m'appelle-t-on *Monsieur:* j'ai fait frapper de la monnaie, et je ne possède pas un denier; j'ai eu deux secrétaires d'état, et j'ai à peine un valet; je me suis vu sur un trône, et j'ai longtemps été à Londres en prison sur la paille; j'ai bien peur d'être traité de même ici, quoique je sois venu, comme vos majestés, passer le carnaval à Venise. »

Les cinq autres rois écoutèrent ce discours avec une noble compassion. Chacun d'eux donna vingt sequins au roi Théodore pour avoir des habits et des chemises; Candide lui fit présent d'un diamant de deux mille sequins. « Quel est donc, disaient les cinq rois, cet homme qui est en

état de donner cent fois autant que chacun de nous, et qui le donne ? Êtes vous roi aussi, monsieur ? — Non, messieurs, et n'en ai nulle envie.* »

Dans l'instant qu'on sortait de table, il arriva dans la même hôtellerie quatre altesses sérénissimes qui avaient aussi perdu leurs États par le sort de la guerre, et qui venaient passer le reste du carnaval à Venise; mais Candide ne prit pas seulement garde à ces nouveaux venus. Il n'était occupé que d'aller trouver sa chère Cunégonde à Constantinople.

VOYAGE DE CANDIDE A CONSTANTINOPLE

Le fidèle Cacambo avait déjà obtenu du patron turc qui allait reconduire le sultan Achmet à Constantinople qu'il recevrait Candide et Martin sur son bord. L'un et l'autre s'y rendirent après s'être prosternés devant sa misérable
5 Hautesse. Candide, chemin faisant, disait à Martin: « Voilà pourtant six rois détrônés avec qui nous avons soupé ! et encore dans ces six rois il y en a un à qui j'ai fait l'aumône. Peut-être y a-t-il beaucoup d'autres princes plus infortunés. Pour moi, je n'ai perdu que cent moutons, et je
10 vole dans les bras de Cunégonde. Mon cher Martin, encore une fois, Pangloss avait raison, tout est bien. — Je le souhaite, dit Martin. — Mais, dit Candide, voilà une aventure bien peu vraisemblable que nous avons eue à Venise. On n'avait jamais vu ni ouï conter que six rois détrônés sou-
15 passent ensemble au cabaret. — Cela n'est pas plus extraordinaire, dit Martin, que la plupart des choses qui nous sont arrivées. Il est très commun que des rois soient détrônés; et à l'égard de l'honneur que nous avons eu de souper avec eux, c'est une chose qui ne mérite pas notre
20 attention. Qu'importe avec qui l'on soupe, pourvu qu'on fasse bonne chère * ? »

A peine Candide fut-il dans le vaisseau, qu'il sauta au cou de son ancien valet, de son ami Cacambo. « Eh bien, lui dit-il, que fait Cunégonde ? Est-elle toujours un pro-
25 dige de beauté ? M'aime-t-elle toujours ? Comment se porte-t-elle ? Tu lui as, sans doute, acheté un palais à Constantinople ?

— Mon cher maître, répondit Cacambo, Cunégonde lave les écuelles sur le bord de la Propontide, chez un prince

qui a très peu d'écuelles; elle est esclave dans la maison d'un ancien souverain, nommé Ragotski, à qui le grand-turc donne trois écus par jour dans son asile; mais, ce qui est bien plus triste, c'est qu'elle a perdu sa beauté, et qu'elle est devenue horriblement laide. — Ah ! belle ou laide, dit Candide, je suis honnête homme, et mon devoir est de l'aimer toujours. Mais comment peut-elle être réduite à un état si abject avec les cinq ou six millions que tu avais apportés ? — Bon, dit Cacambo, ne m'en a-t-il pas fallu donner deux millions au señor don Fernando d'Ibaraa y Figueora, y Mascarenes, y Lampourdos, y Souza ,* gouverneur de Buenos-Ayres, pour avoir la permission de reprendre Mlle Cunégonde, et un pirate ne nous a-t-il pas bravement dépouillés de tout le reste ? Ce pirate ne nous a-t-il pas menés au cap de Matapan, à Milo, à Nicarie, à Samos, à Petra, aux Dardanelles, à Marmora, à Scutari ? Cunégonde et la vieille servent chez ce prince dont je vous ai parlé, et moi je suis esclave du sultan détrôné. — Que d'épouvantables calamités enchaînées les unes aux autres ! dit Candide. Mais, après tout, j'ai encore quelques dia-mants; je délivrerai aisément Cunégonde. C'est bien dommage qu'elle soit devenue si laide. »

Ensuite, se tournant vers Martin: « Que pensez-vous, dit-il, qui soit le plus à plaindre, de l'empereur Achmet, de l'empereur Ivan, du roi Charles-Édouard, ou de moi * ? — Je n'en sais rien, dit Martin; il faudrait que je fusse dans vos cœurs pour le savoir. — Ah ! dit Candide, si Pangloss était ici, il le saurait, et nous l'apprendrait. — Je ne sais, dit Martin, avec quelles balances votre Pangloss aurait pu peser les infortunes des hommes, et apprécier leurs dou-leurs.* Tout ce que je présume c'est qu'il y a des millions d'hommes sur la terre cent fois plus à plaindre que le roi Charles-Édouard, l'empereur Ivan, et le sultan Achmet. — Cela pourrait bien être, » dit Candide.

On arriva en peu de jours sur le canal de la Mer-Noire. Candide commença par racheter Cacambo fort cher; et,

sans perdre de temps, il se jeta dans une galère, avec ses compagnons, pour aller sur le rivage de la Propontide chercher Cunégonde, quelque laide qu'elle pût être.

Il y avait dans la chiourme deux forçats qui ramaient
5 fort mal, et à qui le levanti patron appliquait de temps en temps quelques coups de nerf de bœuf sur les épaules nues; Candide, par un mouvement naturel, les regarda plus attentivement que les autres galériens, et s'approcha d'eux avec pitié. Quelques traits de leurs visages défigurés
10 lui parurent avoir un peu de ressemblance avec Pangloss et avec ce malheureux jésuite, ce baron, ce frère de mademoiselle Cunégonde. Cette idée l'émut et l'attrista. Il les considéra encore plus attentivement. « En vérité, dit-il à Cacambo, si je n'avais pas vu pendre maître Pangloss,
15 et si je n'avais pas eu le malheur de tuer le baron, je croirais que ce sont eux qui rament dans cette galère. »

Au nom du baron et de Pangloss les deux forçats poussèrent un grand cri, s'arrêtèrent sur leur banc, et laissèrent tomber leurs rames. Le levanti patron accourait sur eux,
20 et les coups de nerf de bœuf redoublaient. « Arrêtez ! arrêtez ! seigneur, s'écria Candide; je vous donnerai tant d'argent que vous voudrez. — Quoi ! c'est Candide, disait l'un des forçats. — Quoi ! c'est Candide, disait l'autre. — Est-ce un songe ? dit Candide; veillé-je ? Suis-je dans
25 cette galère ? Est-ce là monsieur le baron, que j'ai tué ? Est-ce là maître Pangloss, que j'ai vu pendre ?

— C'est nous-mêmes, c'est nous-mêmes, répondaientils. — Quoi ! c'est là ce grand philosophe ? disait Martin. — Eh ! monsieur le levanti patron, dit Candide, combien
30 voulez-vous d'argent pour la rançon de M. de Thunder-tentronckh, un des premiers barons de l'empire,* et de M. Pangloss, le plus profond métaphysicien d'Allemagne ? — Chien de chrétien, répondit le levanti patron, puisque ces deux chiens de forçats chrétiens sont des barons et des
35 métaphysiciens, ce qui est sans doute une grande dignité dans leur pays, tu m'en donneras cinquante mille sequins.

— Vous les aurez, monsieur; ramenez-moi comme un éclair à Constantinople, et vous serez payé sur-le-champ. Mais non, menez-moi chez M^lle Cunégonde. » Le levanti patron, sur la première offre de Candide avait déjà tourné la proue vers la ville, et il faisait ramer plus vite qu'un 5 oiseau ne fend les airs.*

Candide embrassa cent fois le baron et Pangloss. « Et comment ne vous ai-je pas tué, mon cher baron ? Et mon cher Pangloss, comment êtes-vous en vie, après avoir été pendu ? Et pourquoi êtes-vous tous deux aux galères en 10 Turquie ? — Est-il bien vrai que ma chère sœur soit dans ce pays ? disait le baron. — Oui, répondait Cacambo. — Je revois donc mon cher Candide,* » s'écriait Pangloss. Candide leur présentait Martin et Cacambo. Ils s'embrassaient tous; ils parlaient tous à la fois. La galère volait, 15 ils étaient déjà dans le port. On fit venir un juif, à qui Candide vendit pour cinquante mille sequins un diamant de la valeur de cent mille, et qui lui jura par Abraham qu'il n'en pouvait donner davantage. Il paya incontinent la rançon du baron et de Pangloss. Celui-ci se jeta aux pieds 20 de son libérateur et les baigna de larmes; l'autre le remercia par un signe de tête, et lui promit de lui rendre son argent à la première occasion. « Mais est-il bien possible que ma sœur soit en Turquie ? disait-il. — Rien n'est si possible, reprit Cacambo, puisqu'elle écure la vaisselle chez un 25 prince de Transylvanie. » On fit aussitôt venir deux juifs; Candide vendit encore des diamants; et ils repartirent dans une autre galère pour aller délivrer Cunégonde.

CE QUI ARRIVA A CANDIDE, A CUNÉGONDE
A PANGLOSS, A MARTIN, ETC.

« Pardon, encore une fois, dit Candide au baron, pardon, mon révérend père, de vous avoir donné un grand coup d'épée au travers du corps. — N'en parlons plus, dit le baron; je fus un peu trop vif, je l'avoue; mais puisque
5 vous voulez savoir par quel hasard vous m'avez vu aux galères, je vous dirai qu'après avoir été guéri de ma blessure par le frère apothicaire du collège, je fus attaqué et enlevé par un parti espagnol; on me mit en prison à Buenos-Ayres dans le temps que ma sœur venait d'en partir. Je demandai à retourner à Rome auprès du père général. Je fus nommé pour aller servir d'aumônier à Constantinople auprès de M. l'ambassadeur de France. Il n'y avait pas huit jours que j'étais entré en fonction, quand je trouvai sur le soir un jeune icoglan très bien fait. Il faisait fort chaud:
15 le jeune homme voulut se baigner; je pris cette occasion de me baigner aussi. Je ne savais pas que ce fût un crime capital pour un chrétien d'être trouvé tout nu avec un jeune musulman. Un cadi me fit donner cent coups de bâton sous la plante des pieds, et me condamna aux galères.
20 Je ne crois pas qu'on ait fait une plus horrible injustice. Mais je voudrais bien savoir pourquoi ma sœur est dans la cuisine d'un souverain de Transylvanie réfugié chez les Turcs.

— Mais vous, mon cher Pangloss, dit Candide, comment
25 se peut-il que je vous revoie ? — Il est vrai, dit Pangloss, que vous m'avez vu pendre; je devais naturellement être brûlé; mais vous vous souvenez qu'il plut à verse lorsqu'on allait me cuire: l'orage fut si violent qu'on désespéra

d'allumer le feu; je fus pendu, parce qu'on ne put mieux
faire *: un chirurgien acheta mon corps, m'emporta chez
lui, et me disséqua. Il me fit d'abord une incision cruciale
depuis le nombril jusqu'à la clavicule. On ne pouvait pas
avoir été plus mal pendu que je l'avais été. L'exécuteur 5
des hautes œuvres de la Sainte Inquisition, lequel était
sous-diacre, brûlait à la vérité les gens à merveille, mais il
n'était pas accoutumé à pendre: la corde était mouillée et
glissa mal, elle fut nouée; enfin je respirais encore. L'in-
cision cruciale me fit jeter un si grand cri, que mon chirur- 10
gien tomba à la renverse; et croyant qu'il disséquait le
diable, il s'enfuit en mourant de peur, et tomba encore sur
l'escalier en fuyant. Sa femme accourut au bruit d'un
cabinet voisin: elle me vit sur la table étendu avec mon
incision cruciale; elle eut encore plus de peur que son mari, 15
s'enfuit et tomba sur lui. Quand ils furent un peu revenus
à eux, j'entendis la chirurgienne qui disait au chirurgien:
« Mon bon, de quoi vous avisez-vous aussi de disséquer un
hérétique ? Ne savez-vous pas que le diable est toujours
dans le corps de ces gens-là ? Je vais vite chercher un prêtre 20
pour l'exorciser. » Je frémis à ce propos, et je ramassai
le peu de forces qui me restaient pour crier: « Ayez pitié
de moi ! » Enfin le barbier portugais s'enhardit: il recousit
ma peau, sa femme même eut soin de moi; je fus sur pied
au bout de quinze jours. Le barbier me trouva une condi- 25
tion, et me fit laquais d'un chevalier de Malte qui allait à
Venise: mais mon maître n'ayant pas de quoi me payer, je
me mis au service d'un marchand vénitien, et je le suivis
à Constantinople.

« Un jour il me prit fantaisie d'entrer dans une mosquée; 30
il n'y avait qu'un vieux iman et une jeune dévote très jolie
qui disait patenôtres; elle avait un beau bouquet de tulipes,
de roses, d'anémones, de renoncules, d'hyacinthes, et
d'oreilles d'ours: elle laissa tomber son bouquet; je le ra-
massai, et je le lui remis avec un empressement très respec- 35
tueux. Je fus si longtemps à le lui remettre que l'iman se

mit en colère, et voyant que j'étais chrétien, il cria à l'aide.
On me mena chez le cadi, qui me fit donner cent coups de
latte sous la plante des pieds, et m'envoya aux galères.
Je fus enchaîné précisément dans la même galère et au
5 même banc que monsieur le baron. Il y avait dans cette
galère quatre jeunes gens de Marseille, cinq prêtres napoli-
tains, et deux moines de Corfou, qui nous dirent que de
pareilles aventures arrivaient tous les jours. Monsieur le
baron prétendait qu'il avait essuyé une plus grande injus-
10 tice que moi. Nous disputions sans cesse, et nous recevions
vingt coups de nerf de bœuf par jour, lorsque l'enchaîne-
ment des événements de cet univers * vous a conduit dans
notre galère, et que vous nous avez rachetés.

— Eh bien ! mon cher Pangloss, lui dit Candide, quand
15 vous avez été pendu, disséqué, roué de coups, et que vous
avez ramé aux galères, avez-vous toujours pensé que tout
allait le mieux du monde ? — Je suis toujours de mon
premier sentiment, répondit Pangloss ; car enfin je suis
philosophe ; il ne me convient pas de me dédire, Leibnitz
20 ne pouvant pas avoir tort, et l'harmonie préétablie étant
d'ailleurs la plus belle chose du monde, aussi bien que le
plein et la matière subtile. * »

COMMENT CANDIDE RETROUVA CUNÉGONDE
ET LA VIEILLE

Pendant que Candide, le baron, Pangloss, Martin, et Cacambo contaient leurs aventures, qu'ils raisonnaient * sur les événements contingents ou non contingents * de cet univers, qu'ils disputaient sur les effets et les causes, sur le mal moral et sur le mal physique, sur la liberté et la 5 nécessité, sur les consolations que l'on peut éprouver lorsqu'on est aux galères en Turquie, ils abordèrent sur le rivage de la Propontide, à la maison du prince de Transylvanie. Les premiers objets qui se présentèrent furent Cunégonde et la vieille, qui étendaient des serviettes sur des 10 ficelles pour les faire sécher.

Le baron pâlit à cette vue. Le tendre amant Candide en voyant sa belle Cunégonde rembrunie, les yeux éraillés, les joues ridées, les bras rouges et écaillés, recula trois pas, saisi d'horreur, et avança ensuite par bon procédé. Elle 15 embrassa Candide et son frère: on embrassa la vieille; Candide les racheta toutes deux.

Il y avait une petite métairie dans le voisinage; la vieille proposa à Candide de s'en accommoder, en attendant que toute la troupe eût une meilleure destinée. Cuné- 20 gonde ne savait pas qu'elle était enlaidie, personne ne l'en avait avertie: elle fit souvenir Candide de ses promesses avec un ton si absolu, que le bon Candide n'osa pas la refuser. Il signifia donc au baron qu'il allait se marier avec sa sœur. « Je ne souffrirai jamais, dit le baron, une 25 telle bassesse de sa part, et une telle insolence de la vôtre; cette infamie ne me sera jamais reprochée: les enfants de ma sœur ne pourraient entrer dans les chapitres d'Alle-

magne. Non, jamais ma sœur n'épousera qu'un baron de
l'empire. » Cunégonde se jeta à ses pieds et les baigna
de larmes; il fut inflexible. « Maître fou, lui dit Candide,
je t'ai réchappé des galères, j'ai payé ta rançon, j'ai payé
5 celle de ta sœur; elle lavait ici des écuelles, elle est laide,
j'ai la bonté d'en faire ma femme; et tu prétends encore
t'y opposer ! Je te retuerais * si j'en croyais ma colère.
— Tu peux me tuer encore, dit le baron, mais tu n'épou-
seras pas ma sœur de mon vivant. »

CHAPITRE XXX

CONCLUSION

Candide, dans le fond de son cœur, n'avait aucune envie d'épouser Cunégonde; mais l'impertinence extrême du baron le déterminait à conclure le mariage, et Cunégonde le pressait si vivement qu'il ne pouvait s'en dédire. Il consulta Pangloss, Martin, et le fidèle Cacambo.* Pangloss fit un beau mémoire par lequel il prouvait que le baron n'avait nul droit sur sa sœur, et qu'elle pouvait, selon toutes les lois de l'empire, épouser Candide de la main gauche. Martin conclut à jeter le baron dans la mer. Cacambo décida qu'il fallait le rendre au levanti patron, et le remettre aux galères, après quoi on l'enverrait à Rome au père général par le premier vaisseau. L'avis fut trouvé fort bon; la vieille l'approuva; on n'en dit rien à sa sœur; la chose fut exécutée pour quelque argent, et on eut le plaisir d'attraper un jésuite et de punir l'orgueil d'un baron allemand.

Il était tout naturel d'imaginer qu'après tant de désastres, Candide marié avec sa maîtresse, et vivant avec le philosophe Pangloss, le philosophe Martin, le prudent Cacambo, et la vieille, ayant d'ailleurs rapporté tant de diamants de la patrie des anciens Incas, mènerait la vie du monde la plus agréable; mais il fut tant friponné par les juifs,* qu'il ne lui resta plus rien que sa petite métairie; sa femme devenant tous les jours plus laide devint acariâtre et insupportable; la vieille était infirme, et fut encore de plus mauvaise humeur que Cunégonde. Cacambo, qui travaillait au jardin, et qui allait vendre des légumes à Constantinople, était excédé de travail et maudissait sa destinée. Pangloss était au désespoir de ne pas briller dans

quelque université d'Allemagne. Pour Martin, il était
fermement persuadé qu'on est également mal partout; il
prenait les choses en patience. Candide, Martin, et Pan-
gloss, disputaient quelquefois de métaphysique et de
5 morale. On voyait souvent passer sous les fenêtres de la
métairie des bateaux chargés d'effendis, de bachas, de
cadis, qu'on envoyait en exil à Lemnos, à Mytilène, à
Erzeroum: on voyait venir d'autres cadis, d'autres bachas,
d'autres effendis, qui prenaient la place des expulsés, et
10 qui étaient expulsés à leur tour: on voyait des têtes propre-
ment empaillées qu'on allait présenter à la sublime Porte.
Ces spectacles faisaient redoubler les dissertations; et
quand on ne disputait pas, l'ennui était si excessif, que
la vieille osa un jour leur dire: « Je voudrais savoir lequel
15 est le pire, ou d'être attaquée cent fois par des pirates
nègres, de passer par les baguettes chez les Bulgares, d'être
fouetté et pendu dans un auto-da-fé, d'être disséqué, de
ramer aux galères, d'éprouver enfin toutes les misères par
lesquelles nous avons tous passé, ou bien de rester ici à ne
20 rien faire ? — C'est une grande question, » dit Candide.

Ce discours fit naître de nouvelles réflexions, et Martin
surtout conclut que l'homme était né pour vivre dans les
convulsions de l'inquiétude, ou dans la léthargie de l'ennui.
Candide n'en convenait pas; mais il n'assurait rien. Pan-
25 gloss avouait qu'il avait toujours horriblement souffert;
mais ayant soutenu une fois que tout allait à merveille, il le
soutenait toujours, et n'en croyait rien.*

Une chose acheva de confirmer Martin dans ses détes-
tables principes, de faire hésiter plus que jamais Candide
30 et d'embarrasser Pangloss. C'est qu'ils virent un jour
aborder dans leur métairie Paquette et le frère Giroflée,
qui étaient dans la plus extrême misère; ils avaient bien
vite mangé leurs trois mille piastres, s'étaient quittés,
s'étaient raccommodés, s'étaient brouillés, avaient été
35 mis en prison, s'étaient enfuis, et enfin frère Giroflée s'était
fait turc. « Je l'avais bien prévu, dit Martin à Candide, que

vos présents seraient bientôt dissipés, et ne les rendraient que plus misérables. Vous avez regorgé de millions de piastres, vous et Cacambo, et vous n'êtes pas plus heureux que frère Giroflée et Paquette. — Ah ! ah ! dit Pangloss à Paquette, le ciel vous ramène donc ici parmi nous. Ma pauvre enfant ! Comme vous voilà faite ! eh ! qu'est-ce que ce monde !» Cette nouvelle aventure les engagea à philosopher plus que jamais.

Il y avait dans le voisinage un derviche très fameux qui passait pour le meilleur philosophe de la Turquie; ils allèrent le consulter; Pangloss porta la parole, et lui dit: « Maître, nous venons vous prier de nous dire pourquoi un aussi étrange animal que l'homme a été formé.

— De quoi te mêles-tu ? lui dit le derviche; est-ce là ton affaire ? — Mais, mon révérend père, dit Candide, il y a horriblement de mal sur la terre. — Qu'importe, dit le derviche, qu'il y ait du mal ou du bien ? Quand Sa Hautesse envoie un vaisseau en Égypte, s'embarrasse-t-elle si les souris qui sont dans le vaisseau sont à leur aise ou non ? — Que faut-il donc faire ? dit Pangloss. — Te taire, dit le derviche. — Je me flattais, dit Pangloss, de raisonner un peu avec vous des effets et des causes, du meilleur des mondes possibles, de l'origine du mal, de la nature de l'âme et de l'harmonie préétablie. » Le derviche, à ces mots, leur ferma la porte au nez.*

Pendant cette conversation, la nouvelle s'était répandue qu'on venait d'étrangler à Constantinople deux visirs du banc et le mufti, et qu'on avait empalé plusieurs de leurs amis. Cette catastrophe faisait partout un grand bruit pendant quelques heures. Pangloss, Candide et Martin, en retournant à la petite métairie, rencontrèrent un bon vieillard qui prenait le frais à sa porte sous un berceau d'orangers. Pangloss, qui était aussi curieux que raisonneur, lui demanda comment se nommait le mufti qu'on venait d'étrangler. « Je n'en sais rien, répondit le bonhomme, et je n'ai jamais su le nom d'aucun mufti ni d'aucun visir.

J'ignore absolument l'aventure dont vous me parlez; je présume qu'en général ceux qui se mêlent des affaires publiques périssent quelquefois misérablement, et qu'ils le méritent; mais je ne m'informe jamais de ce qu'on fait
5 à Constantinople; je me contente d'y envoyer vendre les fruits du jardin que je cultive. » Ayant dit ces mots, il fit entrer les étrangers dans sa maison; ses deux filles et ses deux fils leur présentèrent plusieurs sortes de sorbets qu'ils faisaient eux-mêmes, du kaïmak piqué d'écorces de cédrat
10 confit, des oranges, des citrons, des limons, des ananas, des pistaches, du café de Moka qui n'était point mêlé avec le mauvais café de Batavia et des îles. Après quoi les deux filles de ce bon musulman parfumèrent les barbes de Candide, de Pangloss et de Martin.

15 « Vous devez avoir, dit Candide au Turc, une vaste et magnifique terre ? — Je n'ai que vingt arpents, répondit le Turc; je les cultive avec mes enfants; le travail éloigne de nous trois grands maux, l'ennui, le vice et le besoin. * »

Candide en retournant dans sa métairie fit de profondes
20 réflexions sur le discours du Turc. Il dit à Pangloss et à Martin: « Ce bon vieillard me paraît s'être fait un sort bien préférable à celui des six rois avec qui nous avons eu l'honneur de souper.* — Les grandeurs, dit Pangloss, sont fort dangereuses, selon le rapport de tous les philosophes; car
25 enfin Églon,* roi des Moabites, fut assassiné par Aod; Absalon * fut pendu par les cheveux et percé de trois dards; le roi Nadab,* fils de Jéroboam, fut tué par Baasa; le roi Éla,* par Zambri; Ochosias,* par Jéhu; Athalie,* par Joïada; les rois Joachim,* Jéchonias,* Sédécias,* furent esclaves.
30 Vous savez comment périrent Crésus,* Astyage,* Darius,* Denis de Syracuse,* Pyrrhus,* Persée, Annibal,* Jugurtha,* Arioviste,* César,* Pompée,* Néron,* Othon,* Vitellius,* Domitien,* Richard II d'Angleterre,* Édouard II,* Henri VI,* Richard III,* Marie Stuart,* Charles Ier,* les trois
35 Henri de France,* l'empereur Henri IV ? * Vous savez ...
— Je sais aussi, dit Candide, qu'il faut cultiver notre

"LES DÉLICES," NEAR GENEVA, VOLTAIRE'S HOME IN 1758

jardin. — Vous avez raison, dit Pangloss; car, quand l'homme fut mis dans le jardin d'Éden, il y fut mis *ut operaretur eum,** pour qu'il travaillât; ce qui prouve que l'homme n'est pas né pour le repos. — Travaillons sans raisonner, dit Martin, c'est le seul moyen de rendre la vie 5 supportable. »

Toute la petite société entra dans ce louable dessein, chacun se mit à exercer ses talents. La petite terre rapporta beaucoup. Cunégonde était, à la vérité, bien laide; mais elle devint une excellente pâtissière; Paquette broda; 10 la vieille eut soin du linge. Il n'y eut pas jusqu'à frère Giroflée qui ne rendît service; il fut un très bon menuisier, et même devint honnête homme; et Pangloss disait quelquefois à Candide: « Tous les événements sont enchaînés dans le meilleur des mondes possibles; car enfin si vous n'aviez 15 pas été chassé d'un beau château à grands coups de pied pour l'amour de M^lle Cunégonde, si vous n'aviez pas été mis à l'Inquisition, si vous n'aviez pas couru l'Amérique à pied, si vous n'aviez pas donné un bon coup d'épée au baron, si vous n'aviez pas perdu tous vos moutons du bon 20 pays d'Eldorado, vous ne mangeriez pas ici des cédrats confits et des pistaches. — Cela est bien dit, répondit Candide, mais il faut cultiver notre jardin. * »

FIN DE CANDIDE

NOTES

1. Candide: the name *Candide* suggests at once the unsophisticated and guileless character which Voltaire wishes to portray. Only such a character, he intimates, could believe in Optimism. Note that already in the *Diatribe du docteur Akakia* (1753), directed against the President of Frederick's Academy, Maupertuis, Voltaire had chosen a name whose meaning in Greek is nearly identical with Candide.

1. L'Optimisme: " Optimism is the original name of Leibnitz's doctrine that the world is the best possible world, based on the argument that God, being all-wise, must know all possible worlds; being all-powerful, must be able to create whichsoever he might choose; and, being all-good, must choose the best." (Webster, *New International Dictionary.*) This doctrine had a wide currency among eighteenth-century thinkers in England, Germany, and France. In its origin, it goes back to Plato. In maintaining the necessity of things being as they are, Optimism, in spite of its misleading name, was in reality nearer to Fatalism. Voltaire, who appreciated this fact, wrote to a friend in 1756: " L'optimisme est désespérant, c'est une philosophie cruelle sous un nom consolant." (Moland, XXXVIII, 557.) Hence the reason for Voltaire's opposition to this so-called Optimism is clear.

1. Traduit de l'allemand de M. le docteur Ralph: this facetious attribution to a supposed German scholar only thinly conceals Voltaire's authorship and carries out his regular policy of at first publishing anonymously all works which he foresaw might prove dangerous. So, for some weeks after its publication, Voltaire in his letters positively denied any connection with *Candide*. The name *Ralph* is obviously not German, but English. A minor English author, James Ralph, was satirized by Pope in his *Dunciad* (1728) during the very time Voltaire was in England. (See Morize, p. 1.)

1. avec les additions qu'on a trouvées dans la poche du docteur, lorsqu'il mourut à Minden, l'an de grâce 1759: this phrase was added to the sub-title in the new edition published by Cramer at Geneva in 1761, thus ostensibly justifying the additions which Voltaire introduced at that time, particularly the long passage added to Chapter XXII. Minden is a small German town in Westphalia on the river Weser, doubtless suggested to Voltaire by the battle which the

French lost there on August 1, 1759, a little over five months after the publication of the original edition of *Candide*.

3. d'icelui: this archaic form (from the Latin, *ecce*, behold, and *ille* [from the analogical dative, *illui*], that one) is used intentionally by Voltaire to give an effect of quaintness. Translate: *thence*, which is similarly archaic in English.

3. The general tone of the chapter headings of *Candide* suggests the popular novels of adventure which Voltaire aimed to take off. Many of these headings begin: *Comment*, etc. Others have: *Histoire de*, etc. Still others: *Ce qu'ils virent, Ce qui leur arriva, Ce qui advint*. Some have a long enumeration of the chief events of the chapter. The chapter headings of *Don Quijote* and of the Spanish romances of roguery offer a general similarity. Compare Scarron's *Roman comique* (1651–1657). Readers of the adventure novels of the modern Jeffrey Farnol, *The Broad Highway, The Amateur Gentleman*, etc., will note the same device, often with an undertone of whimsical irony.

3, 1. Westphalie: on his way to Berlin in 1750, Voltaire had driven across Westphalia, a province in western Germany, and had been most unfavorably impressed by the country, commenting in his correspondence: " J'ai traversé les vastes, et tristes, et stériles, et détestables campagnes de la Westphalie " (Moland, XXXVII, 144), and again: " Quel chien de pays que la Westphalie ! " (*ibid.*, 146) (cited by Morize, pp. 2–3.) Derogatory references to Westphalia would not displease Voltaire's host at Schwetzingen, Charles-Theodore, Elector of the Palatinate, who was enamored with French, rather than with the rising German, culture.

3, 9. ne voulut jamais épouser: *never did make up her mind to marry.*

3, 10–11. quartiers: *quarters* or *quarterings*, divisions in heraldry indicating on a coat of arms degrees of relationship among nobility. Sixty-four quarterings was the maximum required, while admission to knighthood was granted on a basis of sixteen. " Seventy-one quarterings " is then an obvious impossibility. Since the quarterings went by 4, 8, 16, 32, and 64, Voltaire no doubt chose this odd number, 71, for humorous effect. The German petty princes of the time pushed their pride of birth to more than usually ridiculous extremes.

3, 14–15. des fenêtres: it is said that taxes were formerly laid on the number of doors and windows in a house. Thus the possession of a door and windows might be considered an indication of comparative wealth, especially in contrast to what Voltaire, in speaking of Westphalia, calls " de grandes huttes qu'on appelle maisons " (Moland, XXXVII, 144). Of course the passage, in addition to having some basis in fact, is strongly ironical.

3, 24. **Cunégonde:** the details in *Candide* frequently have a concrete basis in Voltaire's own experience or reading. Thus there are no less than three different women, historical figures, named Cunégonde, who are mentioned by Voltaire in his *Annales de l'empire* (1753): Cunégonde de Bavière, wife of the Emperor Conrad I during the 10th century (Moland, XIII, 197), Cunégonde, daughter of Frederick of Austria, emperor during the 15th century (Moland, XIII, 203, 462), and Cunégonde, daughter of the first count of Luxembourg and wife of Henry II of Bavaria during the 11th century (Moland, XIII, 284, 286; XI, 386). The latter, who was canonized as a saint for having, as was claimed, successfully proved her chastity by walking unharmed over red-hot ploughshares, is probably the one chiefly in Voltaire's mind in connection with his novel. His choice of the name of a saint who appears in the Martyrology of the Church adds piquancy to Voltaire's very unchurchly heroine. The initial and final alliteration of Cunégonde with Candide and the (to French ears) somewhat vulgar connotations of the sounds themselves may also have played a part in the selection of this name.

3, 27. **Pangloss:** this name is composed from the Greek, *pan*, all, and *glossa*, tongue. The philosopher Pangloss is *all tongue* in Voltaire's opinion. The name might be freely rendered " Wind Bag." See the illustration (p. 4) of the statue of Pangloss expounding the *Theodicy* of Leibnitz. In composing the character of Pangloss it is probable, however, that Voltaire was thinking more especially of Leibnitz's disciple, Wolff, and perhaps also of the German philosopher, Kœnig, who taught Leibnitz at Cirey to Mme du Châtelet for nearly two years around 1738 and 1740. Jean-Jacques Rousseau may also have furnished partial inspiration for Pangloss. (See the Introduction, pp. xlviii–xlix; also, pp. 28, 47, 108, 109.) Thus Pangloss was probably a composite of the influence of several personalities on Voltaire's mind, all having, however, a common connection with the Leibnitzian philosophy.

4, 5–6. **ce meilleur des mondes possibles:** this constantly recurring expression emphasizes Voltaire's satire of the philosophy of Optimism, which held that God must have chosen to make this world, with all its defects, because it was the best possible that could be made. The so-called Optimists did not, however, as Voltaire often implies, deny the existence of evil in this world. They merely held with Pope in his *Essay on Man* (1733–1734) that " all partial evil " is " universal good."

4, 12. **les nez ont été faits pour porter des lunettes:** this humorous absurdity was not invented by Voltaire but had been picked up in his reading and was henceforth used several times, in other works as well as *Candide*, with ironic intent. (See Morize, p. 5, n. 2.)

4, 12. **aussi:** at the head of a clause, often followed by inverted word order of subject and verb, *aussi* means regularly *so, hence.* The use of *car, aussi, et, par conséquent,* in this paragraph stresses the idea of purpose (teleology) and logical sequence which were characteristic tenets of Optimism. By causing Pangloss to posit a logical connection between absurdities, Voltaire makes the whole doctrine seem absurd.

5, 4. **toute particulière:** when *tout* is used as an adverb, it is normally invariable, but when followed by a feminine adjective beginning with a consonant or aspirate *h* it agrees like an adjective as in this instance in spite of its adverbial meaning.

5, 7. **cette cause et cet effet:** these terms were frequently used in the philosophical discussions of Optimism. They are here applied ironically to the awakening love of Candide and Cunégonde.

6, 10. **Deux hommes habillés de bleu:** " Recruteurs prussiens." (note in Moland.)

6, 19. **ma taille:** in referring to the forcible recruiting of soldiers of a specified height, Voltaire recalls the practice of the King of Prussia, Frederick the Great. From the windows of his room in the King's palace of Sans-Souci at Potsdam during the years 1750-1753, Voltaire had seen many martial sights and heard the sounds of drilling troups. " J'écris tout cela," he writes in a letter of December, 1750, " au son du tambour et des trompettes, et de mille coups de fusil qui assourdissent mes pacifiques oreilles." (Moland, XXXVII, 213.)

7, 6. **C'en est assez:** *en* is often untranslated in such expressions as this.

7, 18. **s'aller promener:** this is older usage for the preferred modern word order, *aller se promener.*

7, 29. **liberté:** *Free Will.* Voltaire in the unpublished *Traité de métaphysique* (1734), the *Discours sur l'Homme* (1738-39), and other earlier works, tends to accept Free Will in somewhat restricted form. Later in life he leans more and more toward the contrary doctrine of Determinism. (See the *Philosophe ignorant* (1766), chap. XIII.)

8, 6-7. **dans tous les journaux et dans tous les siècles:** this coupling of ephemeral *newspapers* with the idea of relative permanency in the historical records of the *centuries* has an irresistible ironic effect.

8, 10. **Bulgares — Abares:** besides the literal meanings of Bulgarians and Abarians listed in the Vocabulary these two names, according to Moland, represent respectively the Prussians and the French. *Candide* was written in the midst of the Seven Years' War (1756-1763), in which Prussia and England were aligned against France, Austria, and Russia.

9, 4–8. **Les canons — la mousqueterie — la baïonnette:** M. Morize points out that Voltaire's imagination in regard to the different phases of the conflict was guided by his account of the battle of Fontenoy in 1745. (See Morize, 14, n. 2.) During the years 1758–1759 while Voltaire is occupied with *Candide* his correspondence abounds with references to the Seven Years' War. One of his letters written in English offers a particularly interesting example:

This present war is the most hellish that was ever fought. Your Lordship saw formerly one battle a year at the most; but nowadays the earth is covered with blood and mangled carcasses almost every month. Let the happy madmen who say that all that is, is well, be confounded! T'is not so indeed with twenty provinces exhausted and with three hundred thousand men murdered. I wish Your Lordship the peace of mind necessary in this lasting hurricane of horror. (To George Keith, Oct. 4, 1759. Moland, XL, 185.)

9, 8. **raison suffisante:** this term, " sufficient reason," is used as a synonym of *cause* with the intent of burlesquing the Leibnitzian philosophy from which it was taken.

9, 10–11. **qui tremblait comme un philosophe:** the Marquis D'Argenson, Minister of Foreign Affairs from 1744 to 1746, wrote to Voltaire of his horror at the Battle of Fontenoy in 1745: " Je tremblais de tous les coups que j'entendais tirer." (Moland, XXXVI, 363.)

9, 13–14. **Te Deum:** the Marquis d'Argenson reported after the Battle of Fontenoy: " Aujourd'hui nous aurons un *Te Deum* sous une tente, avec une salve générale de l'armée." (Moland, XXXVI, 363.) As M. Morize indicates, Voltaire frequently protests at the custom, on the part of warring nations, equally on both sides, of invoking the blessing of God or of rendering thanks to Him for victory. (See Morize, p. 15, n. 1.)

9, 15–16. **il passa par-dessus des tas de morts et de mourants:** in his *Poème de Fontenoy* (1745), Voltaire had already written:

Sur des morts entassés c'est marcher trop longtemps.

See also again the Marquis d'Argenson's description of the horrors of the same battlefield:

J'ai remarqué une habitude trop tôt acquise de voir tranquillement sur le champ de bataille des morts nus, des ennemis agonisants, des plaies fumantes. Pour moi, j'avouerai que le cœur me manqua, et que j'eus besoin d'un flacon. (Moland, XXXVI, 362.)

10, 4–5. **tout le monde était riche dans ce pays-là:** Voltaire formed his opinion of the prosperity of Holland in two visits made

early in his career, one in 1713 and one in 1722. The latter, which came at a period of greater maturity shortly before the English journey, was doubtless the more important in its influence upon him.

10, 6. **ne le traîtât:** after negative expressions of doubt or denial an untranslated *ne* is often used with the subjunctive verb.

10, 17–18. **pour la bonne cause:** *for the sake of the Church.*

10, 19. **enchaîné:** this refers to the idea of the chain of being and of circumstance of which life in the universe, according to the Pope-Leibnitzian doctrine, is composed. See the Introduction, pp. xxxv–xxxvii.

10, 28–29. **ne m'approche de ta vie:** the phrase *de ta vie* is equivalent to *jamais* and hence takes the place of *pas* or some other negative word.

10, 31. **un plein . . . :** presumably " un seau plein d'ordures," the slops at that period being regularly thrown into the street.

10, 35–36. **un être à deux pieds, sans plumes, qui avait une âme:** this piquant expression goes back perhaps to Plato's *Definitions*, where Man is called: " An animal, wingless, biped, with wide nails." (*Plato's Works*, Bohn Library, London, 1868, VI, 139.) In any case Voltaire, with facetious intent, has improved upon his predecessor. He has followed his frequent and effective method of substituting concrete terms for a general word, which like *homme* has become conventional and more or less bare of meaning. The phrase has been often quoted since.

12, 26–**13,** 1. **il n'est pas resté pierre sur pierre:** cf. Mark, XIII, 2: " There shall not be left one stone upon another "; also Luke, XIX, 44; XXI, 6.

13, 31. **en:** equivalent here to *de lui*. While commonly referring to things, *en* is also often used for persons.

13, 35–**14,** 1. **Il faut bien . . . que les hommes aient un peu corrompu la nature:** Voltaire here probably has in mind satire of Jean-Jacques Rousseau and his doctrine that man has degenerated from his original state of natural goodness. At the same time, in spite of Voltaire's hostility to primitivism, it should not be forgotten that he added to his *Dictionnaire philosophique* in 1771 an interesting passage which begins significantly: " Ne paraît-il pas démontré que l'homme n'est point né pervers et enfant du diable ? " (Moland, XIX, 381.) As a matter of fact, Voltaire, no less than Rousseau, opposed the doctrine of *original sin* to which the idea of *natural goodness* was a reaction.

14, 5–6. **les banqueroutes . . . pour en frustrer les créanciers:** Voltaire lost 8000 francs income from the bankruptcy of the son of Samuel Bernard and in his correspondence during 1757–1759

complained bitterly in consequence of the delays of justice in making good his losses. (See Morize, p. 27, n. 1.)

15, 7. **Travaillait qui pouvait:** (the subject is omitted) *He worked who could.*

15, 22. *a priori:* see Vocabulary. Arguments from theory rather than from experience appeared to Voltaire characteristic of the Leibnitzian philosophy.

15, 24. **ce brutal de matelot:** do not translate the *de.* Cf. the phrase *une drôle de chose.*

16, 6–7. **ils sentent la terre trembler sous leurs pas:** see the Introduction, pp. xlii–xliv. The earthquake at Lisbon aroused so much philosophical and theological discussion that it quite naturally occupies an important place in *Candide.*

16, 23–24. **j'ai marché quatre fois sur le crucifix dans quatre voyages au Japon:** it was reported that Europeans trading in the Orient were compelled by the Japanese to trample on the crucifix in repudiation of Christianity. (See Morize, p. 33, n. 1.)

16, 29. **je me meurs:** I am dying.

16, 30. **Lima:** a great earthquake had taken place at Lima in 1746, with lesser shocks in other years.

16, 32–33. **une traînée de soufre:** one of the explanations of the cause of earthquakes, which was in vogue at this period, notably on the part of the naturalist Buffon and of Voltaire's pastor friend, Elie Bertrand. (See Morize, p. 34, n. 1.)

17, 13. **un volcan:** another current explanation of earthquakes. On the 23d of November, 1755, immediately after the arrival at Geneva of the news of the earthquake at Lisbon on November 1, a certain Du Pan wrote to a friend: " On ne sait s'il s'y est ouvert un volcan." (Unpublished Du Pan Mss. V, 32, Bibliothèque publique de Genève.) Thus again Voltaire is faithfully reëchoing the discussion of his time.

17, 21–22. **la chute de l'homme et la malédiction:** cf. Genesis, III.

17, 24. **liberté:** See above, Note to p. 7, l. 29.

18, 4. **auto-da-fé:** see Vocabulary. An *auto-da-fé* was in fact held June 20, 1756.

18, 11. **en avaient arraché le lard:** by thus avoiding the fat, the victims announced themselves as Jewish heretics. (See Morize, p. 40, n. 3.)

18, 19–22. **flammes renversées ... flammes droites:** the crime of Pangloss, who has *spoken*, is greater than that of Candide, who has merely *listened* " avec un air d'approbation." Hence the flames painted on the costume of the former point upward, those of the latter downward. (See Morize, p. 41, n. 2.)

18, 24. **faux-bourdon:** (In medieval music this term referred to a single voice part based on a *plain song*. Later the expression was applied to any simple note-to-note counterpoint and is considered the first step towards true harmony.) Loosely, the words are applied to the monotoning of the Psalms or even, as here, to a monotonous droning chant, which contrasts sharply with Voltaire's ironical " une belle musique."

18, 27–**19,** 1. **quoique ce ne soit pas la coutume:** later in the story Voltaire will find good use for the protection of this qualifying phrase. (See p. 18, l. 27–p. 19, l. 1, p. 103, ll. 1–2.)

20, 6. **Notre Dame d'Atocha:** a shrine in Madrid, so called after the tough *atocha* grass in the surrounding field. In Moland, XXVIII, 277 (1769), Voltaire says: " Cette Notre Dame est de bois." Dangeau's *Mémoires*, upon which Voltaire was here commenting, had noted that this shrine was of such importance as to be visited by queens of Spain.

20, 6–7. **Saint Antoine de Padoue:** Saint Anthony of Padua (1195–1231) was celebrated as an eloquent preacher, the most famous of the followers of Saint Francis of Assisi. Born at Lisbon, Saint Anthony became the patron saint of Portugal and of Padua. Mention of him here by the " vieille " is therefore especially appropriate. He is commonly appealed to by devout Catholics for finding lost objects.

20, 7. **Saint Jacques de Compostelle:** *Saint James of Compostela.* There is a tradition that Saint James the Apostle preached in Spain. In consequence, his shrine at Santiago de Compostela in the extreme northwestern province of Galicia became one of the most frequented places of pilgrimage during the Middle Ages.

20, 23. **ne dites mot:** *mot* here takes the place of *pas* or *point* and completes the negation.

23, 21. **ne fût:** cf. Note to p. 10, l. 6.

23, 26. **Don Issachar:** a proper name found in Genesis XXX, 18, and XXXV, 23, as one of the sons of Jacob, and given also to the tribe descended from Issachar. Note especially that it is found in Ezekiel, XLVIII, 33, a book which Voltaire reveled in reading.

25, 1. **prête de mourir:** the modern usage in this sense is *près de.*

26, 2. **la captivité en Babylone:** Jerusalem was captured in 596 B.C. by Nebuchadnezzar, King of Babylon. The Jewish king, Jehoiachin or Jeconiah, with his court and some of his people, were taken away in captivity to Babylon. In 586 B.C., after rebellion, Jerusalem was again besieged, captured, and this time destroyed, a large part of the remaining population being led away into captivity. Cyrus allowed some to return in 538 B.C., but the end of the captivity is usually placed in 516 B.C. with the rebuilding of the Temple

at Jerusalem and the expiration of the " seventy years " from the
destruction of the city.

26, 16. **commençait:** note the special importance of bringing
out the full force of the imperfect here: *was beginning.*

28, 21. **On y équipait une flotte:** Voltaire himself had invested
extensively in trading ventures sent out from the port of Cadiz, but
toward the end of 1756 received from that quarter news of serious
financial setbacks. One of the ships fitted out against the Jesuits
in South America was called after their Jansenist enemy, the *Pascal.*
Voltaire had money invested in this vessel and enjoyed to the full
the piquancy of the situation. " Candide et les deux femmes s'em-
barquent sur un vaisseau qui appartient presque à Voltaire." (Mo-
rize, p. 55, n. 2.)

29, 29–30. **soixante et douze quartiers:** on the impossibility
of having seventy-two quarterings, see above, Note to p. 3, ll.
10–11.

30, 4. **du pape Urbain X et de la princesse de Palestrine:** Vol-
taire inserted the following ironical note which has been reproduced
in Moland, XXI, 157: " Voyez l'extrême discrétion de l'auteur; il n'y
eut jusqu'à présent aucun pape nommé Urbain X; il craint de donner
une bâtarde à un pape connu. Quelle circonspection ! quelle délica-
tesse de conscience ! "

30, 19–20. **des fêtes, des carrousels, des opéra-buffa continuels:**
at Schwetzingen in 1753, says Colini, Voltaire's secretary at that
time: " Les fêtes se succédaient, et le bon goût leur donnait un
agrément toujours nouveau. La chasse, l'opéra bouffon, les comédies
françaises, les concerts exécutés par les premiers virtuoses de l'Europe,
faisaient du palais électoral un séjour délicieux." (Colini, *Mon séjour
auprès de Voltaire*, Paris, 1807, p. 106.) Of his second visit to Schwet-
zingen in July, 1758, during the time of the composition of *Candide*,
Voltaire writes to his former secretary: " On se réjouit comme on
faisait quand nous y séjournâmes en 1753." (Moland, XXXIX,
478.) A direct reminiscence is therefore quite possible.

31, 3–4. **comme des soldats du pape:** that is to say, these soldiers
made no military defense at all.

32, 9–11. **sans qu'on manquât aux cinq prières par jour ordonnées
par Mahomet:** Voltaire's criticism falls upon the fact that punc-
tilious observance of religious ceremonies may be often completely
divorced from good conduct.

33, 12. **vous seriez cette jeune princesse:** conditional of possi-
bility. Translate: *Can you be ?*

33, 19–22. **une puissance chrétienne . . . pour l'aider à exterminer
le commerce des autres chrétiens:** the emphasis is upon the very
un-Christ-like practice of so-called Christians using powder and guns

to kill other Christians, and all for mercenary motives of trade!
Thus the economic basis of modern warfare is hit by Voltaire.

35, 30. **qui n'ait souvent maudit sa vie:** *ne* is used alone in a
negative sense in a dependent clause after an implied negation.

36, 7. **contre la coutume:** compare the use of this protective
phrase above, p. 18, l. 27-p. 19, l. 1, and p. 103, ll. **1-2.**

36, 10-11. **assez de force pour oser lui faire respectueusement
quelques objections:** at length even the naïve Candide begins
respectfully to question the philosophy of Pangloss. From this point
on, Voltaire's satire of Optimism goes *crescendo* while Candide's
unsophisticated confidence may be said to go *diminuendo*, though
there continue to be ups and downs in the narrative for the sake of
contrast and interest.

36, 15-16. **don Fernando d'Ibaraa, y Figueroa, y Mascarenes, y
Lampourdos, y Souza:** this name exaggerates and satirizes long
Spanish names joined together by *y* (and). M. Morize has shown
how the various elements of which this name is composed could
have been picked up by Voltaire in his reading. (Morize, pp. 73-74,
n.) In addition, one of the books in Voltaire's library was by a
certain D. Juan Antonio de Vera y *Figueroa*.

37, 1-2. **quoique ce mensonge officieux eût été autrefois très
à la mode chez les anciens:** an ironical reference to the Bible and to
Abraham's saying to the Egyptians that Sarah was not his wife, but
his sister. (Genesis, XII, 12-13.)

38, 2. **sans perdre de temps:** the partitive article is omitted
because of the negative idea contained in *sans*.

39, 5-6. **Cacambo:** again the alliteration, both with Candide
and Cunégonde, must have appealed to Voltaire in his choice of this
name. There is also the suggestion of America in the analogy in
sound with *cacao* and *cacahuète*, not to mention other connotations.

40, 26. **trois heures:** in the *Essai sur les mœurs* (1756), Voltaire
had written: " Ces officiers ne pouvaient demeurer que trois jours
dans le pays." (Moland, XII, 426.) Following a common practice
in *Candide* of intentional exaggeration to heighten the effect, Voltaire
changed his *trois jours* to *trois heures*. (Morize, p. 83, n. 2.) The
purpose of this order of limited sojourn was to prevent the Spaniards
from influencing the natives against the Jesuits.

40, 29. **baiser ses éperons:** the expression is probably modeled
on the Spanish expression of courtesy, *besar los pies*. Note the ironic
contrast between the military connotation of *parade* and *éperons* with
the Jesuit's position as *révérend père provincial* and with the Christian
ceremony of the *messe*.

41, 4-5. **des perroquets, des colibris, des oiseaux-mouches, des
pintades:** note here the names of exotic birds which Voltaire has

picked up in his reading. In using them as a slight contribution to local color, he forecasts, though but dimly, Bernardin de Saint-Pierre, whose *Paul et Virginie* (1787), written in a very different manner and intention, makes vivid use of exotic plants, trees, birds, colors, etc., and leads the way on toward Romanticism.

41, 7. **maïs:** Indian corn or sweet corn, as a table dish, is still comparatively strange to Europe, though in the southern parts, where the climate permits, field corn is cultivated for the feeding of stock and is occasionally served on the table.

41, 24–25. **De la sale province de Westphalie:** note that Candide's travels have made him feel that Westphalia is no longer " belle " as he first thought, but " sale."

41, 28. **Serait-ce vous ?** Compare above, p. 33, l. 12.

42, 14–15. **ils tinrent table longtemps:** probably a reminiscence of impressions of German appetite received during Voltaire's stay in Germany between 1750–1753.

43, 6. **pour nous aller enterrer:** compare above, p. 7, l. 18.

43, 8. **elle était horriblement salée:** for the mingling of salt with Holy Water, cf. Voltaire's *Lettres philosophiques* (1734): " Nous ne pensons pas que le Christianisme consiste à jeter de l'eau froide sur la tête, avec un peu de sel." (Lanson ed., 2nd ed., 1915–17, I, 3, or Moland, XXII, 83.)

43, 14. **Croust:** originally in 1759 Voltaire had used here an apparently fictitious name, Didrie, but in revising his text for the edition of 1761 he changed this name to Croust in order to satisfy his personal enmity against a Jesuit priest, Father Antoine Kroust, rector at Colmar from 1753 to 1763, whom he regarded as a leader in stirring up hostility against himself and the philosophic ideas of the 18th century.

43, 17. **Le père général:** Ignatius de Loyola founded the Jesuit order in 1534 on military principles with military discipline and military titles. The residence of the general was at Rome.

43, 22. **cette vigne:** as a result of its use in New Testament parables (Cf. Matthew, XX, 1; XXI, 33; Mark, XII, 1; Luke, XX, 9.), the word *vineyard* came to be employed in the language of the Church to indicate a field of religious labor.

43, 24. **sous-diaconat:** the duties of the sub-deacon in the Catholic church are " to prepare the vessels and the bread and wine for Mass, to pour the water into the chalice at the offertory, and to sing the epistle." (Webster.) Holding this office indicates that the incumbent has definitely taken his final vows and can no longer withdraw from the order.

43, 24–25. **lieutenance . . . colonel et prêtre:** on the use of military terms, see above, Note to p. 43, l. 17. The ironic contrast be-

tween the same man being *colonel* and *priest* has been mentioned in the Introduction, p. lix.

44, 17–18. **que les hommes sont égaux:** probably a thrust at Jean-Jacques Rousseau, whose *Discours sur l'inégalité* in favor of equality among men had appeared in 1755 and had evoked Voltaire's irony. See the Introduction, pp. xliv–xlv.

44, 35. **le bonnet carré:** previously, p. 40, the Jesuit colonel's hat had been described as a "bonnet à trois cornes." According to R. Pomeau (RHL, 61:86), there is no inconsistency here. The Jesuits wore a "barrette carrée, surmontée de trois cornes semi-circulaires."

46, 13. **à ne revoir . . . de ma vie:** cf. above, Note to p. 10, ll. 28–29.

46, 16. **et que dira le Journal de Trévoux?** The *Journal de Trévoux*, published from 1701 to 1775, was an organ of the Jesuits against whom during these years Voltaire was increasingly hostile because of their attacks upon the philosophic party. The phrase is here brought in as an intentional and humorous anticlimax.

46, 19. **ils ne savaient:** the omission of *pas* in negative constructions with *savoir, pouvoir, oser, cesser, avoir garde,* the impersonal *importer,* and occasionally with the imperative, is a well known feature of literary French.

47, 20. **ils ne pouvaient remuer:** cf. the preceding note.

47, 20. **la raison en était:** *en* here means *for this.*

47, 21–22. **Les Oreillons . . . les avaient garrottés:** cf. the way in which Gulliver is bound to the ground in Lilliput. Voltaire read *Gulliver's Travels* (1726) while he was in England, and was influenced by Swift in *Micromégas* (1752).

47, 28–29. **mangeons du jésuite:** coming at a time of rising hostility to the Jesuits, culminating in their expulsion from France in 1764, this phrase of Voltaire caught the popular fancy. It was eminently quotable. On September 23, 1759, about seven months after the publication of *Candide,* Voltaire wrote to pastor Vernes: "Tout le monde crie dans les rues à Paris: *Mangeons du jésuite, mangeons du jésuite!*" (Moland, XL, 177.) (See Introduction, p. lxii).

47, 34–35. **comme la pure nature est faite:** Voltaire had no illusions about the supposed advantages of primitive life, the "state of pure nature," over civilized society. His satire here is almost certainly again directed at Jean-Jacques Rousseau, who in this case can be partly identified with Pangloss. In 1766, Voltaire wrote an attack upon Rousseau called *Lettre au docteur Jean-Jacques Pansophe.* The similarity in names between *Pangloss* and *Pansophe* is noteworthy. The former undoubtedly suggested the latter. See the Introduction for a more detailed discussion of Rousseau's possible relation to *Candide.*

48, 6. **combien cela est peu chrétien:** Candide's abstract argument contrasts sharply with Cacambo's matter-of-fact, realistic discussion which follows. Voltaire suggests thus that men in general are little moved by considerations of humanity or Christianity, but rather by self-interest.

49, 7. **j'étais mangé:** the imperfect auxiliary here is equivalent to a conditional: *I should have been eaten.* The action is regarded as having almost taken place and hence to be looked upon almost in the light of something already past. The choice of this tense adds to the vividness of the narrative.

51, 2–3. **des choses agréables . . . des choses nouvelles:** the article is retained in these partitives because the negation is not general, the nouns being qualified by adjectives.

51, 17. **l'utile était agréable:** the eighteenth century liked the juxtaposition of these two adjectives, *utile* and *agréable*, emphasizing the union of the practical and the artistic, as in the case of Julie's garden in Rousseau's *Nouvelle Héloïse.* (Book IV, Letter XI.)

51, 20–21. **de gros moutons rouges:** Voltaire is doubtless influenced here by stories of South American *llamas.*

51, 21–23. **les plus beaux chevaux d'Andalousie, de Tétuan et de Méquinez:** Spanish and Moroccan horses were famous.

51, 25. **la Westphalie:** cf. the opening sentences of *Candide.* After his bitter experiences in Germany, Voltaire enjoys repeating his ironic thrusts at this German province.

52, 23. **Tucuman:** cf. the second sentence of Chapter XIV, which had explained the origin of Cacambo.

52, 32–33. **des ragoûts exquis, des pâtisseries délicieuses:** note this whole ironically exaggerated and ecstatic description of the mythical land of El Dorado, which points the contrast between utopia and actuality, but which is not to be taken as more than a whimsical flight of Voltaire's fancy. Luxury, not simplicity (except in religion), is the keynote. (Cf. my article on the *Nature Doctrine of Voltaire,* PMLA., XL [1925], pp. 856–57.)

53, 14. **les cailloux de nos grands chemins:** in thus reducing Candide's gold pieces to their original base origin, Voltaire shows that the attaching of value to money is after all a convention for the convenience of trade, and not a quality inherent in the gold or in the precious stones. Several similar phrases occur in the following pages dealing with El Dorado. Already in *Scarmentado* (1756) Voltaire had referred to " une espèce de terre jaune qui par elle-même n'est bonne à rien." (Moland, XXI, 131.)

53, 15. **de la monnaie du pays:** the partitive article is used in spite of the negation because of the limiting phrase *du pays* which indicates a definite type of money and not money in general.

54, 20. **du Pérou:** the article is used thus before the names of masculine countries outside of Europe.

55, 2–3. **le chevalier Raleigh en a même approché il y a environ cent années:** toward the end of the sixteenth century (1595), Sir Walter Raleigh did in fact go on an expedition to the coast of South America in search of El Dorado. His book, *The Discoverie of Guiana*, is one of the sources of Voltaire's details on this mythical country, " où tout va bien " (See Morize, pp. 103, n. 1, ff.)

55, 7. **les cailloux et la fange de notre terre:** satire of European thirst for precious stones and for gold. Cf. above, p. 53, l. 15 and Note.

55, 11–12. **toujours:** *still.*

55, 17–56, 4. **religion ... Dieu ... prêtres ... moines:** Voltaire thus expresses his taste for a simplified religion of adoration without dogma or Inquisition or political jurisdiction of the Church.

56, 34–35. **comment il fallait s'y prendre pour saluer sa majesté:** already in *Scarmentado* (1756) Voltaire had referred to a dispute in China " sur la manière de faire la révérence." Probably with this quarrel in mind and also with the intention of making fun of complicated court ceremonial in general, this and the next following sentences of *Candide* were written.

57, 7–8. **les édifices publics élevés jusqu'aux nues:** thus Voltaire unconsciously forecasts modern skyscrapers. In a little essay on *Des Embellissements de Paris* (1750), Voltaire had already taken his stand in favor of modern improvements, impressive public buildings, broad streets and public squares, beautiful statues, public markets, etc. (See Moland, XXIII, 297–304.)

57, 18–19. **une galerie ... toute pleine d'instruments de mathématiques et de physique:** in Cirey in 1738, Voltaire himself had had " une galerie de physique," as Mme de Graffigny has told us. In El Dorado, prisons, lawyers, and courts of justice have become unnecessary and science reigns supreme.

57, 26. **des bons mots:** since *bon mot* is really a compound word with a specialized meaning, the article in the partitive is not omitted in spite of the adjective preceding its noun.

57, 29–30. **ne cessait de dire:** see above, Note to p. 46, l. 19.

58, 9–10. **quand on est passablement quelque part, il faut y rester:** Voltaire speaks here from personal experience. Following his unhappy years in Germany and the uncertain months of wandering afterward, Voltaire has had his fill of traveling and is content at length to dwell pleasantly at Les Délices near Geneva. (See Note to p. 111, l. 23.)

60, 4. **n'en pouvaient rassembler:** the untranslated *ne* is used often in a clause giving the second member of a comparison of inequality. The *en* refers to *trésors.*

60, 4–5. **Candide ... écrivit le nom de Cunégonde sur les arbres:** in Honoré d'Urfé's novel *Astrée* (1607–1627), the popular pastoral romance of the early seventeenth century, the hero Céladon similarly expresses his love for the heroine. Voltaire is making mock of all such exaggerated expression of the feelings, which was a common characteristic of the *précieux* novels of that time and later.

60, 16–17. **que n'en aura jamais:** cf. the next to the last note above. *Jamais* has therefore here the affirmative meaning, *ever*.

60, 27. **M. Vanderdendur:** in choosing this name, Voltaire was motivated by an old quarrel with a Dutch publisher, Van Düren. (See Morize, p. 127, n. 3.) Is it possible too that the sound with its suggestion of Van-der-Dent-dure might have been an element in the actual form chosen for the name?

61, 8. **C'est à ce prix que vous mangez du sucre en Europe:** already in 1748 Montesquieu had written in his *Esprit des lois:* " Le sucre seroit trop cher, si l'on ne faisoit travailler la plante qui le produit par des esclaves." (Livre XV, chap. V.) Thus both authors attack the putting of economic, above human, values.

61, 22. **on ne peut pas en user sans ses parents d'une manière plus horrible:** Voltaire attacks negro slavery as contrary to the brotherhood of man. Even the orthodox must admit this, if they are fair-minded, since the argument is founded upon supposed common descent from Adam and thus rests upon a strictly scriptural basis.

61, 24–25. **c'en est fait ... Qu'est-ce que l'optimisme?** here we reach a sort of climax in Voltaire's attack upon Optimism. Candide, relatively patient amid all his previous trials and disillusionment, feels at length that he can no longer hesitate; he must give up Optimism. As for Cacambo, primitive man of nature, he has not even heard of so strange a doctrine !

61, 31. **qu'on pût:** subjunctive in an adjective clause of characteristic, expressing purpose regarding the antecedent.

61, 35. **le fidèle Cacambo:** cf. the *fidus Achates* of Virgil's *Æneid*. Voltaire perhaps makes mock of the repetition of such adjectives as stock tags to characterize the persons of a story. Elsewhere he refers to " le prudent Cacambo," " le vigilant Cacamb⌐ etc.

62, 1. **qui avait le cœur sur les lèvres:** *who was very fr*

62, 3. **Je me garderai bien de:** note carefully the ne⌐ ing. See Vocabulary.

62, 9. **pour cinq ou six millions de diamants:** ⸗ *or six millions*.

62, 15. **c'est un pays libre:** until Napoleo⸍ Austria in 1797, the Venetian Republic remain⸍ pendent state.

62, 25. **qu'un autre patron voulût:** *until another captain was willing.*

62, 28. **M. Vanderdendur:** cf. above, Note to p. 60, l. 27.

63, 19. **un tour digne de l'Ancien Monde:** the New World, after all, is only too like the Old. Cf. above, p. 29, ll. 6–10, 12–16.

63, 24–25. **qu'il ne convenait:** cf., for the untranslated *ne*, above, p. 60, l. 4.

63, 33–34. **une noire mélancolie:** while adjectives of color regularly follow their noun, they tend to precede as here if the quality they indicate is inherent in the object named. Melancholy is naturally *black;* hence the adjective precedes. Contrast, however, p. 83, l. 16.

64, 21. **gageure:** note the irregular pronunciation. See Vocabulary.

64, 22. **à qui il ne fût arrivé:** the subjunctive is regularly used in an adjective clause after a general negation and is generally accompanied by an untranslated *ne*.

64, 29–30. **Il jugea qu'il n'y avait point de métier au monde dont on dût être plus dégoûté:** thus Voltaire vents his spleen against the publishers of Amsterdam. In the eighteenth century, owing to the lack of copyright laws and to the pressure of the censorship, publishers often printed pirated editions or published forbidden books surreptitiously. Thus the author was frequently cheated of his royalties. Many of the greatest French books of the century were thus printed abroad, or were printed in France with false title pages attributing them to London, Amsterdam, Geneva, or some other place of publication. The freedom of the press in Holland made it one of the countries where large numbers of books, forbidden in France, were printed and thence circulated over Europe. Voltaire had long borne a particular grudge against these Amsterdam publishers.

64, 36. **un socinien:** *a Socinian.* This name was given to a sect of early religious rationalists, followers of an Italian theologian, Faustus Socinus (1539–1604), who denied the Trinity of the godhead, the divinity of Christ, the personality of the devil, and other tenets of orthodox Christianity of the time. Hence the Socinians were regarded as arrant heretics by Catholics and Protestants alike.

65, 3. **tous ses autres rivaux:** *autres* seems entirely out of place here, unless it is to be explained as somewhat analogous to such expressions as " nous autres Américains," " nous autres Français," etc. Perhaps it is merely a slip due to the preceding use of *autres* two lines above.

66, 6. **du mal moral et du mal physique:** questions always to the in philosophical discussion, but particularly *à la mode* at the time e composition of *Candide* on account of the impression produced

by the Lisbon earthquake of November 1, 1755. Rousseau had discussed the causes of physical and moral evil in his long letter to Voltaire written after reading the latter's *Poème sur le Désastre de Lisbonne* (1756). " Je ne vois pas," says Rousseau, " qu'on puisse chercher la source du mal moral ailleurs que dans l'homme libre, perfectionné, partant corrompu; et quant aux maux physiques, si la matière sensible et impassible est une contradiction, comme il me le semble, ils sont inévitables dans tout système dont l'homme fait partie; et alors la question n'est point pourquoi l'homme n'est pas parfaitement heureux, mais pourquoi il existe." (Letter to Voltaire of August 18, 1756.) In the rest of the passage, Rousseau goes on to minimize physical evil as largely due to the artificialities of civilization and to the herding together of humanity in cities, as for example in the recent unfortunate case of Lisbon. See also the Introduction for further discussion of Rousseau in relation to *Candide*.

66, 14–15. **surtout sur la fin du repas:** thus Voltaire shows how human optimism or pessimism may vary from moment to moment with passing moods and may be much more affected by the pleasures of a good meal than by philosophical considerations.

66, 20. **manichéen:** *Manichean*, originally a follower of Mani or Manicheus (215?–274?), a Persian who believed in the working of two opposing principles in the world, one of good and one of evil. The term has since been extended to include any one of similar belief.

66, 23–24. **Il faut que vous ayez le diable au corps:** this popular expression, which ordinarily means merely to be full of life, energy, and verve, is here used by Voltaire as a point of departure from which Martin can draw a literal interpretation for his own very evident ends.

66, 27–28. **sur ce globe, ou plutôt sur ce globule:** M. Morize has pointed out that a phrase almost identical with this had been used by Voltaire in a letter to Diderot of June 26, 1758, thus suggesting that this part of *Candide* was probably written not long after when the expression was still fresh in the author's mind. (Morize, pp. 138–139, n.)

67, 1. **j'en excepte toujours Eldorado:** *I except of course Eldorado.*

67, 2–3. **qui ne désirât ... qui ne voulût:** see above, p. 64, l. 22.

67, 6–7. **un million d'assassins enrégimentés:** mercenary soldiers were currently employed by different nations during the eighteenth century. Voltaire never misses an opportunity to attack war as merely organized murder.

67, 13. **n'éprouve:** cf. above, p. 60, l. 4.

67, 22–23. **qu'on eut le plaisir de voir le combat tout à son aise:** thus Voltaire ironically compares with a spectacle this life-and-death combat at sea. Cf. the scene of the punishment of Candide and

Pangloss when the ladies were served " des rafraîchissements entre la messe et l'exécution." See above, p. 24, ll. 16–17.

67, 36–**68,** 1. **eut plus de joie de retrouver ce mouton** qu'il **n'avait été affligé d'en perdre cent:** cf. Matthew, XVIII, 12–13: " If a man have an hundred sheep, and one of them be gone astray . . . And if so be that he find it, verily I say unto you, he rejoiceth more over that sheep, than of the ninety and nine which went not astray." The similarity may, however, be purely fortuitous. For the *ne* in *n'avait été,* cf. above, p. 60, l. 4.

68, 16–17. **au bout de quinze jours, ils étaient aussi avancés que le premier:** here, as frequently elsewhere in his works, appears Voltaire's skepticism regarding metaphysical discussion.

69, 14–15. **la foire Saint-Germain:** a popular annual fair under the auspices of the monks of the oldest church in Paris, that of Saint-Germain-des-Prés, a few blocks from the left bank of the Seine. Such fairs with their crowds were of course attractive places for the operations of pick-pockets.

69, 19. **la canaille convulsionnaire:** many of the eighteenth-century Jansenists (see Vocabulary) were given to emotional religious fits, somewhat analogous to those attributed to such sects as the Shakers, the Holy Rollers, even originally, as the name shows, to the Quakers. These emotional seizures were called *convulsions* and their victims, *convulsionnaires.* Voltaire's elder brother, Armand Arouet, was a Jansenist, and Voltaire frequently expresses his contempt for the eccentricities and the fanaticism of this sect.

70, 3–4. **que la terre ait été originairement une mer, comme on l'assure dans ce gros livre:** *ce gros livre* is the Bible. The celebrated scientist Buffon (1707–1788), in his *Théorie de la Terre* (1749), had expressed the belief that the earth had been originally a sea. This theory was especially repugnant to Voltaire as seeming to confirm the story of the Flood given in *Genesis.* Voltaire therefore took issue publicly with Buffon and for a long period there was hostility between them, a hostility which is reëchoed in this passage of *Candide.* The question was one on which many others than Voltaire and Buffon took sides. It divided public opinion of the time sharply into opposing camps. Thus this passage in *Candide,* like so many others, was well calculated to be understood and appreciated by contemporary readers. (See Morize, pp. 143–44, n.)

70, 24–25. **pourquoi voulez-vous que les hommes aient changé le leur ?** Voltaire is attacking the idea (connected with the Church doctrine of the Fall of man, with the ancient conception of an early Golden Age of humanity, and particularly in the eighteenth century with Jean-Jacques Rousseau) that man was primitively good and had since degenerated to the evil state in which he now appears to be.

Voltaire insists that the essential character of humanity has remained unchanged with all the numerous vices enumerated in the part of the text immediately preceding.

71, 10–11. **que le mouton devait être rouge, et mourir de la clavelée:** the editors of the Kehl edition of Voltaire's Works (1784–1790), the basis of all later editions, inserted here a note indicating Voltaire's satire of " les savants du Nord," that is of Germany in particular, and of the ridiculous subjects sometimes proposed by provincial Academies for their prize contests. As M. Morize has pointed out, Voltaire had in mind also the French scientist Maupertuis, previously attacked in the *Diatribe du Docteur Akakia* (1753), and said by Voltaire to have endeavored to prove the existence of God by " Z égal à B C divisé par A plus B," a satire of the use of mathematical methods in philosophy. (See Morize, pp. 146–147, n.)

71, 17. **le faubourg Saint-Marceau:** originally a suburb, this is now a quarter in the southern part of Paris, through which a traveler from the south might naturally enter. It is interesting to note that Jean-Jacques Rousseau, when he first arrived at Paris on foot in 1732, entered also by the Saint-Marceau quarter and found it as disagreeable as Candide did, but left us fortunately a more detailed description: " En entrant par le faubourg Saint-Marceau, je ne vis que de petites rues sales et puantes, de vilaines maisons noires, l'air de la malpropreté, de la pauvreté, des mendiants, des charretiers, des ravaudeuses, des crieuses de tisane et de vieux chapeaux. Tout cela me frappa d'abord à un tel point, que tout ce que j'ai vu depuis à Paris de magnificence réelle n'a pu détruire cette première impression, et qu'il m'en est resté toujours un secret dégoût pour l'habitation de cette capitale." (Rousseau, *Confessions*, Hachette ed., VIII, 113.) According to Moland, Voltaire had already referred to this unattractive quarter of the city in *Le Monde comme il va* of 1746. (Moland, XXI, 3, and n. 1.)

72, 1–2. **à force de médecines et de saignées, la maladie de Candide devint sérieuse:** Voltaire was always and with reason skeptical of the bleedings and purgings of eighteenth-century doctors, though he had confidence in the able Doctor Tronchin of Geneva, whose practice in many ways foreshadowed modern tendencies toward greater emphasis upon hygiene and the removal of the causes of illness rather than the over-use of drugs.

72, 3–4. **un billet ... pour l'autre monde:** this is a reference to the " billets de confession " required beginning with 1746 on pain of refusal of absolution and the sacraments of the Church and intended to compel the acceptance of the papal Bull Unigenitus (1713). This Bull had been obtained by the Jesuits and was directed against the Jansenists and others who upheld individualism against the doctrine

of the infallibility of the Church. The " billets de confession " roused much opposition and contributed to the suppression of the Jesuits in France a few years later.

72, 8. **n'enterrerait point:** he would not be buried in consecrated ground if he did not accept the ministrations of the Church. Cf. the similar treatment accorded the celebrated actress Mlle Lecouvreur after her death March 20, 1730, a treatment often attacked by Voltaire, as for example in the 23rd of his *Lettres philosophiques* (1734).

72, 23. **à la comédie:** *to the theater*, La Comédie-Française, situated in Voltaire's time on the Left Bank on the Rue des Fossés-Saint-Germain now known as the Rue de l'Ancienne Comédie, a little street which continues the Rue Mazarine into the north side of the Boulevard Saint-Germain. The present home of the Comédie-Française since 1799 is on the Right Bank a short distance north of the Louvre.

72, 32. **qui ne croit pas aux idées innées:** i.e., who prefers the English philosopher Locke with his belief that the mind at birth is a blank slate (*tabula rasa*), upon which experience develops ideas through sense impressions, in contrast to Descartes, who had held that certain ideas were *innate* in mankind and hence not due to outside influences. Voltaire, a strong partisan of Locke, here recalls some of the criticisms directed against himself.

72, 33. **Monsieur:** at this point begins the long addition of 1761, which continues through the next several pages as far as p. 78, l. 5. (See Morize, pp. 150, 165.)

73, 4. **une assez plate tragédie:** " C'est probablement *le Comte d'Essex*, tragédie de Thomas Corneille." (Note de M. Decroix, Moland, XXI, 189, n. 3.) Thomas Corneille (1625-1709), whose dramatic works in a five volume edition, Amsterdam, 1701, are found in Voltaire's private library now preserved at Leningrad, was a brother of the more famous Pierre Corneille. *Le Comte d'Essex* is of 1678.

73, 12. **on les jette à la voirie:** a reference to the refusal to bury Mlle Lecouvreur in consecrated ground. Cf. above, Note to p. 72, l. 8.

73, 15. **Mlle Monime:** it was in the rôle of Monime, queen and heroine of Racine's *Mithridate* (1673), that Mlle Lecouvreur (1690–1730) made her début at the Comédie-Française on May 14, 1717. Hence Monime is used here as a synonym for Mlle Lecouvreur. Voltaire had great admiration for this celebrated actress who broke away from the over-declamatory style of the period in the direction of greater naturalness of diction.

73, 19. **au coin de la rue de Bourgogne:** this is a short street in Paris, on the Left Bank, running north and south, one block east of

the Hôtel des Invalides. It intersects the Rue de Grenelle and it was at the corner of these two streets that Mlle Lecouvreur was buried by stealth at night after the Church had refused burial in consecrated ground.

73, 31. **la pièce où j'ai tant pleuré:** the " tragédie nouvelle " mentioned above, p. 72, l. 23 ff., whose scene is " en Arabie," may perhaps be *Mahomet* (1741), as suggested by M. Morize (p. 150, n. 1.). That part of *Candide* had been written in 1758. When Voltaire came, however, to write the addition published in 1761, he was probably thinking of his play *Tancrède* just produced at Paris beginning with September 3, 1760. In it Mlle Clairon, as the heroine, had had a great success and the play had been well received. The journalist Fréron, however, had criticized the play and aroused Voltaire's ire as expressed in this paragraph. (Cf. Morize, pp. 153–54.) There is some confusion in the references because the two passages, written at different times, are not completely harmonized.

74, 2. **Fréron:** Elie-Catherine Fréron (1719–1776) was a critic and journalist, not without ability, the editor of a periodical called *L'Année littéraire*, which Voltaire satirically referred to as *L'Ane littéraire*. The hostility of Voltaire, indicated by numerous epigrams, attacks, and references to Fréron as " frelon " or Wasp, was partly personal and partly due to Fréron's attacks upon the *Encyclopédie*, the organ of the philosophic party.

74, 7. **Mlle Clairon** (1723–1803): a celebrated actress who played in Voltaire's *Oreste* (1750), *Rome sauvée* (1752), *l'Orphelin de la Chine* (1755), *Tancrède* (1760), and other later plays of less importance. Mlle Clairon took notable strides in the direction of more realistic costume and more natural speaking of the lines. This passage was added to *Candide* in 1761 in honor of her striking success in *Tancrède*. (See Morize, p. 154, n.)

74, 15. **un pharaon:** this card game, the English faro (named from Pharaoh, a picture of the Egyptian king appearing on a card of the old French pack), is played by an unlimited number of *punters* (*pontes*) against the banker. Two complete packs of fifty-two cards are used. The *tailleur*, or banker, sits at one end of the table, and deals, while his assistant, the *croupier*, receives and pays bets, guards against errors or cheating, and shuffles another deck of cards. The banker deals a card from his pack, alternately to the right for the bank, and to the left for the punters. The banker wins when a card, equal in points to that on which the punter's stake is set, turns up on his right hand, but loses when such a card is dealt to the left. If the two cards drawn by the banker are of the same value, he wins all that is bet on the card *similar* to the card on his right and half of what was staked on the card *similar* to that on his left. A reckoning

may be kept by the punters of the number of times each card is dealt, by properly placing a *livret* (*petit livre de cartes*, a suit of thirteen cards) and bending the corners of similar cards one way for the punter, another way for the dealer. This is the " registre cornu de leurs infortunes " in Voltaire's language. A *paroli* is a double bet, made when a punter risks both his stake and his previous gain. It is indicated by the punter's bending a corner of his card upwards. *Sept-et-le-va* signifies that a punter, who by just gaining a *paroli* has won three times his original stake, chooses to risk the whole again and tries to win seven-fold. The punter making this bet indicates it by bending his card a second time. Similarly, *quinze-et-le-va*, *trente-et-le-va*, and *soixante-et-le-va*, signify respectively a third successive *paroli* for fifteen times the punter's original stake, a fourth for thirty-one, and a fifth for sixty-three. A *paroli de campagne* is a dishonest *paroli* made by the player before the deal as though he had already won. Mme du Châtelet reveled in the excitement of the gaming table. Perhaps this passage in *Candide* may be in part a reminiscence of an unpleasant experience at Fontainebleau in 1748, when Voltaire observed aloud to Mme du Châtelet in English that other players were cheating. He was overheard and understood, and both found it convenient to disappear hastily. In 1761 Voltaire wrote scornfully of card playing: " De bonne foi, vaut-il mieux mêler des cartes, ou ponter un pharaon ? C'est l'occupation de ceux qui n'ont point d'âme; ceux qui en ont doivent se donner des plaisirs dignes d'eux." (Moland, XLI, 573.)

75, 4–5. **quelque milord anglais :** mentioned probably because the English nobility had the reputation in France of being both rich and impassive.

75, 12. **Gauchat,** Gabriel (1709–1774 *or* 1779), author of *Lettres sur quelques écrits de ce temps*, enemy of Voltaire and of the Encyclopedists.

75, 19. **Trublet,** Nicolas-Charles-Joseph (1697–1770), a French Churchman, author of four volumes of *Essais de littérature*, contributor also to the *Journal des savants* and to the *Journal ecclésiastique* or *Journal chrétien*. He had attacked Voltaire by applying to Voltaire's epic poem, *La Henriade*, the verse which Boileau had used against Chapelain's tiresome epic on Jeanne d'Arc, *La Pucelle:* " Et je ne sais pourquoi je bâille en la lisant." He also was in the party aligned against the Encyclopedists. He was elected to the French Academy in 1761.

78, 5. **à tout ce qu'il voulait faire :** end of the 1761 addition.

78, 26. **J'ai su :** *I have learned of.*

79, 31. **eussiez-vous commis:** *had you committed,* or *even if you had committed.*

80, 5. **Atrébatie:** Latin *Atrebatia*, the country of the Atrebates, a people in Gallia Belgica. This is the ancient French province of Artois, where Damiens, who had attempted to assassinate Louis XV on January 5, 1757, was born, in its capital city of Arras (*pron.* s).

80, 5–6. **a entendu dire des sottises:** Voltaire stated elsewhere that Damiens had been moved by religious fanaticism. (Moland, XV, 389–90.)

80, 7. **celui de 1610:** the assassination of Henri IV by Ravaillac, May 14, 1610.

80, 7–8. **celui de 1594:** the unsuccessful attempt upon the life of Henri IV, December 27, 1594, by Jean Châtel. These attacks upon Henri IV were both inspired, according to Voltaire, by the feeling that it was right to kill a king who had been excommunicated by the Pope. (Moland, XII, 556, 559.)

80, 14. **où des singes agacent des tigres:** the " singes " are priests, the " tigres," assassins like Châtel, Ravaillac, and Damiens.

81, 7–8. **pour quelques arpents de neige vers le Canada:** this phrase has become famous and is often quoted to illustrate Voltaire's failure to appreciate the potential value and fertility of Canada. *Candide*, it will be recalled, was written in the midst of the Seven Years' War (1756–1763), known in America as the French and Indian War. Both Montcalm and Wolfe fell in the siege of Quebec in September, 1759, some six months after the publication of *Candide*. In view of the little that was known of Canada at that time, Voltaire's attitude is not surprising. He but shared the general French indifference toward colonies characteristic of the eighteenth century, an indifference which was to disappear during the nineteenth.

81, 16. **un assez gros homme qui était à genoux:** Admiral Byng, English admiral, executed March 14, 1757, by verdict of a court martial for having lost a naval battle against the French in the Mediterranean on the 20th of May preceding. Voltaire had tried in vain, after securing the testimony of his friend, the Marshal de Richelieu, commander of the French forces, to exonerate Byng of blame and to save his life.

82, 2–3. **il est bon de tuer de temps en temps un amiral pour encourager les autres:** this is an oft-quoted phrase of Voltaire, very characteristic in its effective irony.

82, 7. **dût-il:** cf. p. 79, l. 31.

83, 16. **une mélancolie noire:** for the order of the adjectives, contrast p. 63, ll. 33–34.

84, 15. **des macaroni:** modeled on the Italian plural *maccheroni*. The modern French plural, used in those editions of *Candide* which do not follow the original text of 1759, is *macaronis*.

84, 35. **j'étais morte:** cf. above, p. 49, l. 7.

85, 12. **si je n'avais été:** *pas* is often omitted in literary style in conditions introduced by *si*.

85, 22. **gageure:** cf. above, p. 64, l. 21.

86, 7–8 **pour laisser plus de fortune à un maudit frère aîné:** the authority of parents in the eighteenth century was very complete and arbitrary. Recalcitrant sons could be put into the Bastille or other prisons by means of *lettres de cachet;* daughters were sometimes made against their will to enter convents and become nuns. Younger sons were often assigned to make their career in the Church in order, as in this case, to leave the fortune intact for the eldest born. This is one cause, among others, for the decay and corruption of the higher clergy during this period.

86, 23–24. **on retrouve souvent les gens qu'on ne croyait jamais retrouver:** thus Voltaire makes a sly dig at the habit of reuniting long-separated characters in so many of the popular novels of the time and himself prepares the way for the mock-serious recognition scenes soon to come in his own novel.

86, 36. **Pococurante:** name formed from the Italian, *poco-curante* (caring little, i.e., indifferent). On March 10, 1759, Voltaire wrote to his friend Thieriot: " Moi, j'ai assez l'air de ressembler ici au signor Pococurante " (Moland, XL, 58), but this whimsical comparison should not be interpreted too literally, for Voltaire is less severe in his criticisms than this *blasé* Venitian noble, whom he has portrayed. It is true that, in age, in comparative indifference to music, in hostility to Homer, in his preference for Tasso and Ariosto to Virgil, in his criticisms of Horace and Cicero, in his admiration for English freedom of speech mingled with blame for the violence of their party spirit, in his severe criticism of Milton, there is much in Pococurante to remind us of one side of Voltaire's own opinions, but the attenuations which he has given elsewhere under his own name do not appear here except in Candide's timid: " il respectait Homère, il aimait un peu Milton." It should be noted that Pococurante at the end does not escape Voltaire's irony: " Oh ! quel homme supérieur ! disait Candide entre ses dents; quel grand génie que ce Pococurante ! Rien ne peut lui plaire." (Cf. also the final remark of Martin below, p. 92, ll. 34–35). We should not therefore take Pococurante's opinions as identical with Voltaire's own. They are rather his own opinions exaggerated and expressed without the qualifications necessary if they had been published under his own name with due responsibility for strict accuracy. May not Pococurante be also in part a reminiscence of Charles-Theodore, whom Voltaire visited in July, 1758, at Schwetzingen in the Palatinate ? Charles-Theodore had an extensive library, a large gallery of valuable paintings, was constantly entertained by Italian opera and *opéra-buffe,* and had just the union of

intelligence and weakness of character likely to produce something of the disillusioned dilettante portrayed in Pococurante.

88, 21. Raphaël: Charles-Theodore had 644 paintings in his Gallery at Mannheim, many of them masterpieces. The Dutch school was most completely represented, but there were also works by Titian, Rubens, and Raphael. (Ludwig Häuffer, *Geschichte der Rheinischen Pfalz*, 1845, reprinted, Heidelberg, 1924, II, 954.) It is quite likely that Voltaire's impressions of this gallery played some part in this scene with Pococurante. He himself in the preceding year, 1757, had been buying copies of paintings by the characteristic eighteenth-century French artists, Natoire and Boucher, to decorate his house at Lausanne. (Moland, XXXIX, 221.) One of his visitors later at Ferney was shocked at the relegation of an original Correggio to the poor light of an anteroom. (Moland, I, 397.) Voltaire had never been in Italy, and it is probable that the greatest painting, like the greatest poetry, escaped him. M. Morize has pointed out also the possible influence upon him of an unfavorable estimate of Raphael by Cochin in his *Voyage en Italie* (1758). (Morize, 184, n.)

89, 7. la musique aujourd'hui: Voltaire was not a musician and had little understanding or appreciation of music. In 1750, he wrote to Mme Denis: "Pour la musique, on dit qu'elle est bonne. Je ne m'y connais guère; je n'ai jamais trop senti l'extrême mérite des doubles croches." (Moland, XXXVII, 158.)

89, 11. l'opéra ... un monstre qui me révolte: in addition to the quarrel over the merits of opera then being waged by French journalists and writers (see Morize, pp. 185–86), it may be noted that the court of Charles-Theodore at Schwetzingen generally preferred comic opera, opéra-buffe, to serious opera, "de mauvaises tragédies en musique," as Voltaire calls them here. (See Friedrich Walter, *Geschichte des Theaters und der Musik am kurpfälzischen Hofe*, Leipzig, 1898, p. 107.)

89, 24. Homère: in depreciating Homer, Voltaire was consistent with contemporary opinion. It is narrated that Thomas Jefferson praised the supposedly primitive Scotch poet, Ossian, while Napoleon definitely preferred Ossian to Homer, whom he found dull and tiresome.

90, 12. Arioste: Voltaire's enjoyment of Ariosto became greater as time went on, until in his article *Epopée* in the *Dictionnaire philosophique*, added in 1771, he not only prefers him to Homer, but speaks of the pleasure he has had in reading and rereading his *Orlando furioso*. (Moland, XVIII, 573.)

90, 14. Horace: Voltaire admired Horace, as other passages in his works show (Moland, IV, 500; XX, 146; XLVIII, 75–76), but by no means blindly and without criticism of what seemed to him

defects. (Moland, III, 375; VI, 183; XVII, 430.) Here, under the guise of Pococurante, he amuses himself by emphasizing the unfavorable side.

90, 33. **Cicéron:** as in the case of Horace, Voltaire really had great admiration for Cicero, particularly for his philosophical writings. (Moland, VI, 210; XIX, 142; XXXIV, 29.) The inconclusive character of his philosophy accords, however, so fully with Voltaire's later views (cf. for example *Le Philosophe ignorant* of 1766), that he is led to put into the mouth of Pococurante the phrase: " Je n'avais besoin de personne pour être ignorant." Voltaire's scorn for Cicero as an orator is understandable enough, for much of his argument was special pleading, hollow, and insincere, and hardly deserving of the attention still given it in the schools.

91, 9–10. **l'art de faire des épingles:** in Voltaire's great attempt at a cultural history of humanity, *L'Essai sur les mœurs* (1753–56), he emphasizes the importance of purely practical and seemingly commonplace discoveries: spectacles, window glass, mirrors, the compass, the manufacture of paper. " C'est ainsi que les arts utiles se sont peu à peu établis, et la plupart par des inventeurs ignorés." (Moland, XII, 54.)

91, 10–11. **de vains systèmes:** Voltaire's scorn for philosophical systems contrasts with his admiration for the practical just expressed. Typical is the remark made in *L'A, B, C,* of 1762: " Il est vrai qu'en fait de systèmes il faut toujours se réserver le droit de rire le lendemain de ses idées de la veille." (Moland, XXVII, 399.)

91, 30. **Milton:** from the time when Voltaire in England wrote an *Essay on Epic Poetry* (1727), his attitude toward Milton and his *Paradise Lost*, like his attitude toward Shakespeare, was moderate admiration tempered with criticisms which, as he grew older, tended to become more and more severe. In *Candide* Pococurante characteristically goes farther than Voltaire will go when writing seriously under his own name. We should not therefore accept Pococurante's opinions here any more than elsewhere as being absolutely Voltaire's own. They are in the character of this disillusioned Italian senator. Voltaire undoubtedly agreed with these severe criticisms, but elsewhere he still finds some things to praise. See also below Martin's final comment upon Pococurante.

91, 33–34. **en dix livres de vers durs:** *Paradise Lost* appeared originally in ten books instead of the present twelve.

92, 17. **Candide était affligé de ces discours:** the passage from here to the end of the paragraph was added in 1761, perhaps to balance the harshness of the other comments upon Milton, including some inserted during the same year.

92, 20. **nos poètes allemands:** German literature was still

comparatively unknown, although it was just upon the eve of the great period to which Gœthe and Schiller were to give particular luster. Voltaire's indifference to German literature was matched by the nearly equal indifference of Frederick the Great, who aspired to distinguish himself as a writer of French verse.

92, 34–35. les meilleurs estomacs ne sont pas ceux qui rebutent tous les aliments: Martin appears often to be the spokesman for Voltaire. In this comment upon Pococurante, and in the one immediately following, he seems to suggest clearly that the opinions of Pococurante should not be attributed completely to Voltaire himself. (Cf. Note to p. 86, l. 36.)

94, 12. fût-elle à la Chine: *even if she were in China.* In modern French, the construction would be *en Chine.*

95, 17. coffrés: the use of this familiar word derived from *coffre* (trunk) is an interesting bit of realism and intentional contrast with the *sire* and *votre majesté* just above. See Vocabulary.

96, 16. je suis aussi roi des Polaques: Stanislas Leczinski (1677–1766), whose daughter, Maria Leczinska, married Louis XV and became Queen of France. After several troubled periods alternately as King of Poland and an exile, Stanislas abdicated the Polish throne in 1736 for the last time and was made Duke of Lorraine. At Lunéville, where he was a neighbor and friend of Voltaire and Mme du Châtelet during their sojourn at Cirey, he reigned peacefully over his little kingdom and gained a reputation as a " prince bienfaisant." This explains the phrase: " dans lequel j'ai fait plus de bien," etc. His works were published in 1763 under the significant title, *Œuvres du philosophe bienfaisant.*

96, 36–97, 3. cet homme qui est en état ... et n'en ai nulle envie: this passage, briefer in the 1759 edition as established by M. Morize, has been made more pointed by the addition of the last two sentences directed against royalty. The original reading " ce simple particulier " had in consequence to be changed into " cet homme." The authenticity of this alteration is established by the testimony of Voltaire's secretary, Wagnière, as reproduced by Norman L. Torrey in *Mod. Lang. Notes*, Nov., 1929, p. 446.

98, 19–20. une chose qui ... pourvu qu'on fasse bonne chère ? In 1759 this passage read *une bagatelle* instead of *une chose* and the last sentence was lacking. See Norman L. Torrey cited in the note above.

99, 10–11. don Fernando d'Ibaraa y Figueora, y Mascarenes, y Lampourdos, y Souza: see above, Note to p. 36, ll. 15–16.

99, 24–25. qui soit le plus à plaindre, *de* l'empereur Achmet, *de* l'empereur Ivan, *du* roi Charles-Edouard, ou *de* moi ? such a use of *de* occurs when an uncertainty of choice is indicated between two or more

persons or things, the objects named being separated by *ou* (or) expressed or understood. The *de* is considered as dependent upon the interrogative pronoun *qui* in the sense of *which* one *of* the group named. Omit this *de* in translation. For the proper names, see the Vocabulary.

99, 28–31. **Je ne sais … avec quelles balances votre Pangloss aurait pu peser les infortunes des hommes, et apprécier leurs douleurs:** the satire falls upon the Pope-Leibnitz philosophy and its tendency to minimize the importance of individual human suffering. It is possible also that Voltaire may be thinking of a concrete case: that of Rousseau's *Lettre sur la Providence* (see Introduction, p. xlviii–xlix.) in which among other things the author discounts the severity of physical woes. (See above, p. 109.)

100, 31. **un des premiers barons de l'empire:** i.e., the Holy Roman Empire, a somewhat loose and theoretical confederation of the German states, which lasted from 962 to 1806, and was thought of as a continuation of the ancient empire of Rome.

101, 5–6. **plus vite qu'un oiseau *ne* fend les airs:** cf. above, Note to p. 60, l. 4.

101, 12–13. **Je revois donc mon cher Candide:** in this recognition scene in which all the principal characters are reunited, Voltaire intentionally ignores all probabilities and makes mock of similarly unrealistic scenes in many of the novels popular in the seventeenth and eighteenth centuries. The irony may be applied to any similar lack of realism in later novels. What Voltaire wrote ironically, other novelists before and since have often written seriously.

103, 1–2. **je fus pendu, parce qu'on ne put mieux faire:** this explanation of the reason Pangloss was hanged instead of burned should be linked with the phrase of Chapter VI: " Pangloss fut pendu, *quoique ce ne soit pas la coutume.*"

104. 11–12. **l'enchaînement des événements de cet univers:** ironical reference to one of the principles of the Optimism of Pope and Leibnitz: the chain of being and of events. See Introduction: Pope, pp. xxxiv–xxxviii.

104, 18–19. **car enfin je suis philosophe; il ne me convient pas de me dédire:** thus Voltaire insinuates that it is only the desire to be consistent which prevents Pangloss from at length giving up Optimism.

L'harmonie préétablie, le plein, and *la matière subtile* are all terms of the Leibnitzian philosophy. (See Introduction.) The *plenum* and this *subtile matter* were also theories of Leibnitz's predecessor, Descartes, to explain that matter was everywhere, that there was no vacuum, and that light rays could nevertheless pass through this *subtile matter* without interruption. Voltaire made fun of these

theories in favor of the more modern views of Newton. (See Moland, XXII, 425, 434, 445, 512, 533. Cf. Morize, p. 213, n.)

105, 2. **qu'ils raisonnaient:** the *qu'* stands here for *pendant que*, understood and not repeated from the first clause.

105, 3. **les événements contingents ou non contingents:** these terms were used commonly in the philosophical discussion of the day to indicate happenings regarded as *fortuitous* or *non-fortuitous* in character. The satire again falls particularly upon Leibnitz and his followers whose writings were weighted down with these and similar terms to the point of becoming quite unintelligible.

106, 7. **je te retuerais:** note the humorous force of the *re*. He has killed (?) him once, but having been unsuccessful would do it over again ! The same effect is obtained by the " Tu peux me tuer encore " of the next line. Cf. the Introduction, p. lxii.

107, 5. **le fidèle Cacambo:** cf. Note to p. 61, l. 35.

107, 22–23. **tant friponné par les juifs:** here Voltaire is paying an old score of his own. On his arrival in England in 1726 he was unable to collect a draft on a Jewish banker, Acosta, who had gone bankrupt. In Germany he had incurred the ire of Frederick the Great in part through a noisy financial dispute with a Jew, Hirsch or Hirschel.

108, 24–27. **Pangloss avouait qu'il avait toujours horriblement souffert; mais ayant soutenu une fois que tout allait à merveille, il le soutenait toujours, et n'en croyait rien:** here Pangloss goes a step farther than in the " Il ne me convient pas de me dédire " at the end of Chapter XXVIII. He abandons Optimism in fact, while continuing to maintain it in speech. Should we perhaps here see also a thrust at Jean-Jacques Rousseau who, in his *Lettre sur la Providence*, had drawn at the end an effective contrast between the prosperous Voltaire preaching pessimism in his *Poème sur le Désastre de Lisbonne* (1756) and Rousseau, poor, " obscure," and sick, defending Optimism? Rousseau says: " Et moi, homme obscur, pauvre et tourmenté d'un mal sans remède, je médite avec plaisir dans ma retraite et trouve que tout est bien." (*Corr. générale*, Colin, Vol. II, 323, 1924.) Here are just the elements which would require only a little twist on the part of Voltaire to produce the Pangloss who admits his sufferings, but continues to profess Optimism for the sake of consistency. (Cf. Introduction, pp. xliv–xlix.)

109, 21–25. " **Je me flattais, dit Pangloss, de raisonner un peu avec vous des effets et des causes, du meilleur des mondes possibles, de l'origine du mal, de la nature de l'âme et de l'harmonie préétablie.**" **Le derviche, à ces mots, leur ferma la porte au nez:** on these subjects, Rousseau in his *Lettre sur la Providence* had hoped to draw Voltaire into discussion. May we not perhaps see in the Voltaire

who courteously, but firmly, refused to argue with Rousseau under the plea of his own and his niece's illness, the prototype of the dervish who less politely slammed the door in the face of Pangloss and Company?

110, 17–18. **le travail éloigne de nous trois grands maux, l'ennui, le vice et le besoin:** no one with more right could pronounce this dictum than the ever industrious Voltaire, who had learned by his own long experience that few things are more permanently satisfying than work that is worth while, interesting, and well done.

110, 21–23. **Ce bon vieillard me paraît s'être fait un sort bien préférable à celui des six rois avec qui nous avons eu l'honneur de souper:** this settling down at the end far from courts and kings, far from Constantinople (Paris), free and independent on their own little property, suggests clearly the Voltaire of Les Délices, who in the very autumn of 1758 before the publication of *Candide* will purchase also Ferney and Tournay across the French border and thus have for safety's sake, one foot in France and one in Switzerland. There he will be more independent than any kings, throned or dethroned. (Cf. p. 58, ll. 9–10.)

110, 25. **Eglon,** king of Moab, was killed by Ehud (Aod). See Judges, III, 15–22.

110, 25–26. **Absalon:** Absalom, one of David's sons, was killed in a rebellion against his father, when his head caught in an oak and jerked him from the mule on which he was riding. Joab found him thus hanging and killed him with three darts. See II. Samuel, XVIII, 9, 14–15.

110, 27. **Nadab,** son of Jeroboam, king of Israel, was slain by Baasha (Baasa). See I. Kings, XV, 25–28.

110, 27. **Ela:** Elah, son of Baasha, was king of Israel for two years, when he was killed by Zimri (Zambri). See I. Kings, XVI, 8–10. Zimri reigned one week. See I. Kings, XVI, 15.

110, 28. **Ochosias:** Ahaziah, king of Judah, slain by Jehu. See II. Kings, IX, 27.

110, 28. **Athalie:** Athaliah, mother of Ahaziah, king of Judah, was killed by order of Jehoida (Joïada), the priest. See II. Kings, XI, 15–16. Cf. also Racine's tragedy, *Athalie* (1691).

110, 29. **Joachim:** Jehoiakim, king of Judah, was made tributary by Nebuchadnezzar, king of Babylon. See II. Kings, XXIV, 1.

110, 29. **Jéchonias:** Jeconiah or Jehoiachin, son of Jehoiakim, king of Judah, was led away captive to Babylon by Nebuchadnezzar. See II. Kings, XXIV, 6–15; I. Chronicles, III, 16. See above, p. 26, l. 2.

110, 29. **Sédécias:** Zedekiah, made king of Jerusalem by Nebuchadnezzar in place of his father, Jeconiah or Jehoiachin, attempted

to revolt, whereupon he was blinded and led away captive. See II. Kings, XXIV, 17 — XXV, 7. Thus Voltaire sums up the bloody character of Old Testament history. With the next list of names, he turns to secular history.

110, 30. **Crésus:** Crœsus was the proverbially wealthy king of Lydia, who was defeated and made prisoner in 548 B.C. by Cyrus, king of Persia. The latter is said to have unexpectedly spared his life. The manner of his death is in any case not certainly known. However, his later life contrasted sharply with the prosperity and happiness of his earlier years.

110, 30. **Astyage:** Astyages, the last of the Medean kings, was dethroned by Crœsus and was killed about 550 B.C.

110, 30. **Darius:** this is probably Darius III, king of Persia, who, after being defeated by Alexander the Great, was assassinated by Bessus in 330 B.C.

110, 31. **Denis (or Denys) de Syracuse:** Dionysius, tyrant of Syracuse, notorious for his suspicions, perished in a debauch, or, according to another tradition, was murdered by his physicians at the instigation of his son about 368 B.C.

110, 31. **Pyrrhus,** king of Epirus, after victories over the Romans, was ingloriously killed at the siege of Argos in 272 B.C. by an old woman who threw a tile on his head.

110, 31. **Persée:** Perseus, king of Macedonia, died a captive in Italy in 166 B.C.

110, 31. **Annibal:** Hannibal, the great Carthaginian general, killed himself by poison at the court of Prusias, king of Bithynia, in 183 B.C., when he heard that the latter was going to give him up to his enemies, the Romans.

110, 31. **Jugurtha,** king of Numidia, was strangled or starved to death while a captive at Rome in 104 B.C.

110, 32. **Arioviste:** Ariovistus, German chieftain whose defeat in 58 B.C. at the hands of Julius Cæsar is narrated in the latter's celebrated *Commentaries.* He is said to have died of a broken heart as a result of this reverse.

110, 32. **César:** Julius Cæsar, the great Roman general, was assassinated on the Ides of March in 44 B.C.

110, 32. **Pompée:** Pompey, a great rival of Julius Cæsar, was defeated at Pharsalia and was assassinated in 48 B.C. on his arrival in Egypt to which he had fled for refuge.

110, 32. **Néron:** Nero, Roman emperor, notorious for his cruelty, killed himself in 68 A.D. after being dethroned and sentenced to death by the Senate.

110, 32. **Othon:** Otho, Roman emperor for three months in 69 A.D., who committed suicide after his defeat by Vitellius.

110, 32. **Vitellius,** after a brief period as Roman emperor, was killed by the soldiers of Vespasian, who succeeded him in 69 A.D.

110, 33. **Domitien:** Domitian, Roman emperor from 81–96 A.D., was killed in his bedroom by conspirators during this latter year.

110, 33. **Richard II d'Angleterre:** Richard II (1367–1400), king of England, successor of Edward III, was deposed after a short reign and died in prison.

110, 33. **Edouard II:** Edward II (1284–1327), king of England, was killed in prison and succeeded by his eldest son, Edward III.

110, 33–34. **Henri VI:** Henry VI (1421–1471), king of England, was defeated in battle and killed, probably in the Tower of London. He was succeeded by Richard III, next mentioned by Voltaire.

110, 34. **Richard III** (1452–1485), king of England, successor of Henry VI. He was killed in the battle of Bosworth.

110, 34. **Marie Stuart:** Mary Stuart (1542–1587), known as Mary Queen of Scots, was beheaded by order of Queen Elizabeth.

110, 34. **Charles Ier:** Charles I (1600–1649), king of England, was beheaded by order of the Parliament and Oliver Cromwell.

110, 34–35. **les trois Henri de France:** Henry II (1519–1559), king of France, was killed with a lance thrust while tilting in a tournament. Henry III (1551–1589), king of France, was assassinated by Jacques Clément, a Dominican friar. Henry IV (1553–1610), king of France, the hero of Voltaire's *Henriade*, was assassinated by Ravaillac.

110, 35. **l'empereur Henri IV:** Emperor Henry IV (1050–1106) was emperor of the Holy Roman Empire. After a stormy reign, he was excommunicated, made to abdicate, and died soon after in exile.

Thus, in this long series of allusions to sacred and profane history, Voltaire may be said to point a moral similar to that expressed by Gray in his celebrated line: " The paths of glory lead but to the grave."

111, 2–3. **ut operaretur eum:** *in order that he might work (cultivate) it*, and not, as Pangloss translates, with the object pronoun *eum* (it) omitted. The phrase is slightly modified by Voltaire from the Vulgate Bible, which reads: "ut operaretur et custodiret *illum*." (Italics mine.) Genesis, II, 15.

111, 23. **il faut cultiver notre jardin:** this final phrase of *Candide* has become proverbial. From the time when Voltaire settled at Les Délices in 1755, he showed an increasing delight in landscaping his grounds, and, when he had acquired the larger property of Ferney in 1758, he gave his attention enthusiastically to the development of agriculture also. Thus the concluding sentence of *Candide* expresses literally a personal experience of Voltaire. " J'aime mieux gronder

mes jardiniers que de faire ma cour aux rois." (Aug. 9, 1756. Mo-
land, XXXIX, 85.) M. Morize has pointed out in Voltaire's cor-
respondence from 1756 to 1759 the frequent use of similar phrases
and an increasing approach to the actual form of expression used in
Candide. (See Morize, pp. 223–224.) In addition, however, to this
echoing of Voltaire's own delight in the country and epicurean re-
tirement from the troubles of the world, we must see a broader
application. On the one hand, there is the note of resignation and
the abandonment of hope of solving life's mysteries by philosophical
and metaphysical speculation. " Travaillons sans raisonner, dit
Martin, c'est le seul moyen de rendre la vie supportable." Flaubert
commented upon the conclusion of *Candide:* " La fin de *Candide* est
ainsi pour moi la preuve criante d'un génie de premier ordre. La
griffe du lion est marquée dans cette conclusion tranquille, bête
comme la vie." (Flaubert, *Correspondance*, Conard, 2ᵉ série, p.
128.) Thus there is in the end of *Candide* an element of let-down, of
anticlimax, after all the extraordinary and intentionally heightened
adventures of Candide and his companions. Such a *terre-à-terre*
conclusion was calculated to please the disillusioned realist, Flaubert.
On the other hand, however, there is also in this conclusion an ener-
getic counsel of work as the healthiest occupation for the human
mind and the ultimate solution of the world's practical problems. On
the preceding page, the Turk had already said: " Le travail éloigne
de nous trois grands maux, l'ennui, le vice et le besoin." Thus
Candide, after having flayed the too facile Optimism of Pangloss
and piled up in bitter satire a huge array of human woes and wicked-
ness, nevertheless ends on a note of courage, not of despair. (See
the Introduction, p. lv.) The Voltaire of the final period speaks
here, the Voltaire of the campaigns in favor of Calas, Sirven, La Barre,
Lally, the serfs of Mont Jura, the Voltaire of a host of practical re-
forms, who could not tranquilly remain silent in the face of abuses.
It was not against a real Optimism that Voltaire protested, but rather
against a fatalistic Optimism, which tended toward acceptance as
inevitable of things as they are. Voltaire did not so accept them.
" Il faut cultiver notre jardin."

WORDS TO PRONOUNCE

(referring to the Vocabulary for the pronunciation, if necessary)

abject
absolu
anabaptiste
antéchrist
apparemment
appartement
as
Atlas
baïonnette
banc
baptiser
blanc
bœufs
bouillonner
Cadix
calme
chef-d'œuvre
chœur
citoyen
clerc
compte
compter
condamner
corps
désennuyer
donc
écueil
Eden
effendi
emmener
enfer
s'enivrer
ennui
Européen

événement
exempt
faisant
femme
fier
fils
flanc
franc
fusil
gageure
gai
galiléen
gentilhomme
gouvernement
les haches
il les hait
un grand hasard
trop haut
des héros
hélas
ignominieux
ignorer
imprudemment
innocemment
joailler
Leipsick
Leyde
magister
maïs
manichéen
maravédis
métis
mille
mœurs

nerfs
net
œufs
orgueil
ours
Pangloss
Paraguai
patiemment
patient
pays
pharaon
porc
recueil
recueillir
respect
second
seconder
sens
solennellement
sourcil
sterling
suspect
temps
tous *(as a pronoun)*
Tunis
Utrecht
vers *(prep. before a vowel)*
village
ville
volontiers
vraisemblable

SOME DECEPTIVE COGNATES

(Look up in the Vocabulary for shades of meanings different from the English words which they resemble. Review frequently.)

abuser (de)
s'accommoder (de)
admiration
adresse
amusant
apprécier
avertir
aviser
balancer
charge
charger
davantage
se défier
demander
désolé
se douter
envie
équipage

excédé
exempt
extravagance
fantaisie
figure
honnêteté
hôtel
ignorer
injure
intenter
lard
large
lecture
librairie
officieux
opérer
parti
particulier

patron
physicien
plaisant
pratique
prétendant
prétendre
procès
proférer
propre
rapport
sauvage (*adj.*)
sensibilité
sensible
signifier
stupéfait
trouble
vilain
visiter

SOME IDIOMATIC EXPRESSIONS

Both elementary and more advanced students may benefit by using the following list of expressions for frequent and rapid review. For convenience in use the order of arrangement is that of first occurrence in the text. Many students accustomed to rapid reading do not realize their ignorance of the exact meaning of such expressions as the following. Consequently, they do not even think of looking them up. Many do not know that they are dealing with expressions more or less idiomatic in character. Only by isolating the expressions momentarily from the text can the attention be focussed upon them sufficiently for mastery. Hence this list should aid the student in his reading and aid the teacher in testing quickly the student's thoroughness and accuracy.

ne . . . que
aussi (*at the beginning of a clause*)
se trouver
avoir raison
sur-le-champ
coucher en joue
tout droit devant lui
se servir de
aimer (le) mieux
avoir beau (*before an infinitive*)
passer par les baguettes
n'en pouvoir plus
vouloir bien
à peu près
se monter à
prendre le (un) parti
apprendre à vivre à quelqu'un
venir de (*before an infinitive*)
sauter à son cou
revenir à soi
mettre en ligne de compte
à peine
brûler à petit feu
de nouveau
passe encore si
s'en aller
si fait
se mettre à
n'en vouloir rien faire
tomber en faiblesse
il se peut faire

à son défaut
se passer
être en train de
percer d'outre en outre
en voici bien d'une autre
on ne se connaît plus
prendre la parole
bon marché
mettre à la raison
l'emporter sur
servir de
valoir mieux
toucher à
valoir la peine
tenir de
le rendre bien à quelqu'un
mettre à feu et à sang
échoir en partage
se souvenir (de)
tenir à
être d'usage
c'est dommage
se piquer de
avoir son compte
donner part de la nouvelle à
rendre compte de
en plein champ
il n'y paraissait pas
avoir besoin
tous les quartiers du monde n'y
 font rien

en avoir bien vu d'autres
comment veux-tu que
à quoi me servira de
faire bonne (mauvaise) chère
je vous l'avais bien dit
soit
faire grâce à
prendre envie à
s'en trouver bien
vouloir dire
s'y prendre
en attendant
(se) faire valoir
grand bien vous fasse
être mis à prix
en user avec
c'en est fait
avoir le cœur sur les lèvres
se garder bien de
se défier de
tout d'un coup
dire tout bas
achever de désespérer
se moquer de
ne savoir qu'y faire
avoir le diable au corps

faire le bel esprit
je le veux croire
se passer de
à force de
jouer gros jeu
avoir (grand) tort
faire la reine
avoir un faux air de
que voulez-vous?
se plaindre de
se connaître en (à)
se porter
reprendre son sang-froid
laissez-moi faire
s'agir de
qui m'ont valu un peu d'argent
il en sera ce qui pourra
à tout prendre
à la longue
il se peut
prendre garde à
se rendre
chemin faisant
pousser un cri
pleuvoir à verse
porter la parole

VOCABULARY

FOREWORD

This Vocabulary covers the French citations and foreign phrases in the Introduction as well as the text of *Candide*, but not those in the Notes, as these latter citations are likely to interest only those students advanced enough to read them easily. All proper names are briefly identified in the Vocabulary. Occasionally, however, if a fuller explanation is required, they are also treated in the Notes. The numerous proper names grouped together in the final chapter near the end of *Candide* are explained in the Notes in order that the student may be able to locate them readily in the shortest possible time.

Idioms are given under the key word; for example, *avoir beau* under *beau*.

The following abbreviations are used:

adj.	adjective	*m.*	masculine
adv.	adverb	*milit.*	military
conj.	conjunction	*mod.*	modern
f.	feminine	*p. part.*	past participle
fam.	familiar	*philos.*	philosophical
fig.	figuratively	*pl.*	plural
Fr.	French	*pron.*	pronounce
infin.	infinitive	*Span.*	Spanish
Ital.	Italian	*theol.*	theological
Lat.	Latin		

Irregularities of pronunciation are pointed out. Nouns are indicated by *m.* (masculine) or *f.* (feminine), verbs by the preposition *to* before the translation. The feminine of adjectives is given only when irregular; for example, *beau, belle*. The principal parts of irregular verbs are given in the Vocabulary. The sign — means a repetition of the key word at the head of the paragraph; thus, *s'en* — under *aller* means *s'en aller*.

Omitted from this Vocabulary are: articles, numerals, adverbs (if the corresponding adjective has been given), the commonest pronouns, adverbs, and prepositions, and all words identical or nearly identical in form and of *exactly the same meaning* in French and English, unless they are exceptional in pronunciation or are used in a special phrase which requires explanation. The student is warned, however, to be especially on his guard in connection with words of similar form in the two languages, for they are often essentially different in meaning: for example,

the French word *admiration* which, in *Candide*, means "amazement". In doubtful cases the editor has inclined toward inclusion of the words in question. (See the special list of Deceptive Cognates placed in this edition after the Notes.)

A

Abare *m.* Abar *or* Abarian, *a nation descended from the Scythians and inhabiting part of Austria. Used in "Candide" figuratively for the French*

abattre (abattant, abattu, j'abats, j'abattis) to knock down, knock off

abîmer to ingulf, swallow up, bury

abject [*pron.* ct] abject

(d')abord at first, first

aborder to board; accost, arrive at; — dans, land at

Abraham *m.* Abraham. *See Genesis, XI–XXV*

abri *m.* shelter; à l'— de, sheltered from, protected from

Absalon *m.* Absalom, *one of the sons of David. See II. Samuel, XVIII, 9, 14–15*

absolu [apsɔly] absolute, positive

absous absolved, granted absolution

abuser (de) to impose upon

acariâtre shrewish, bad tempered

accabler to overwhelm, overpower, vanquish; ply with

accommodant complaisant, adaptable

s'accommoder (de) to buy, acquire; provide one's self with; be pleased with

accorder to grant; s'— à, to agree on

accoucher (de) to give birth to

accourir (accourant, accouru, j'accours, j'accourus) to run up, hasten; — sur eux, to run up to them

accoutumé accustomed

accroché (à) hung up (on)

accroire: faire — (à), to make one believe (an untruth)

accumuler to pile up, accumulate

Achates *m.* Achates, *the faithful friend of Æneas in Virgil's "Æneid"*

acheter to buy

achever to finish; — de désespérer Candide, to bring Candide's despair to a climax; — de confirmer, to confirm finally

Achmet III (*or* **Ahmed III**) (*1673–1736*), *Turkish sultan from 1703 to 1730*

acteur *m.* actor

actrice *f.* actress

Adam *m.* Adam. *See Genesis II–V*

adieu good-bye

adjuger to award

admirable admirable, wonderful, remarkable, astonishing

admiration *f.* astonishment, wonder, amazement

admirer to wonder at, admire

adorer to worship, adore

adresse *f.* skill, dexterity, address

s'adresser to apply, appeal

advenir (de) (advenant, advenu,

il advient, il advint) to occur, happen, befall; **ce qui en advint,** what came of it

adverse adverse, opposite

affaibli weakened, enfeebled

affaire *f.* affair, matter, case, business; **nous faire quelque méchante —,** to get us into some trouble

affecter to feign, affect

affliger to afflict, grieve, distress

affreux (*f.* **–se**) frightful

affronter to brave, risk

Afrique *f.* Africa

aga *m.* aga *or* agha (*Turkish higher officer, civil or military*)

agacer to provoke, incite

âge *m.* age

âgé aged, old

agir to act; **c'est ainsi qu'on en agit,** that's how people act in such circumstances; **s'— de,** to be a question of, mean

agiter to agitate, move, excite; heave about; **s'—,** move, stir

agrément *m.* charm

aide *f.* help, aid; **crier à l'—,** to shout for help; **à l'— de,** with the help of

aider to help, aid

ailleurs elsewhere, somewhere else, anywhere else, else; **d'—,** besides, moreover, in other respects, elsewhere

aimable amiable, lovable, attractive

aimer love, like; **— le mieux, — mieux,** to prefer

aîné elder

ainsi thus, so, in this way; **— que,** as, according as, as well as; **c'est — que,** thus

air *m.* air, appearance, manner; **avoir l'—,** to appear; **avoir l'— de,** to resemble; **avoir un faux — de,** to resemble somewhat; **— de tête,** attitude of the head, nod

aise *f.* ease; **être à leur —,** to be comfortable; **tout à son —,** entirely at one's ease, most conveniently

aise happy, glad

aisément easily

ajouter to add

alcade *m.* (*Span.*) alcade (*municipal judge or officer*)

Alexandrie *f.* Alexandria (*Egyptian port*)

alguazil *m.* (*Span.*) alguazil (*police officer*)

Alger *m.* Algiers

aliment *m.* food

alla moda (*Ital.*) à la mode, in fashion, in vogue

allégresse *f.* joy

Allemagne *f.* Germany

allemand German

aller (**allant, allé, je vais, j'allai**) to go; **s'en —,** to go away, depart; **tout va bien,** all is well; **— par tout le monde,** go all over the world; **ira voir qui voudra,** let who will go to see

allumer to light, kindle; stir up

alors then

altesse *f.* highness (*title*)

altier haughty, arrogant

amant *m.* lover

Amata *f.* Amata (*wife of King Latinus in Virgil's " Æneid "*)

ambitieux (*f.* **–se**) ambitious

âme *f.* soul, spirit, mind, character; person

amener to lead, conduct, take, bring, introduce

amèrement bitterly

Amérique *f.* America

ami *m.* friend

amiral *m.* admiral

amitié *f.* friendship

amour *m.* love

amoureux (*f.* –**se**) in love

ampoulé bombastic

Amsterdam Amsterdam. (*This Dutch city was one of the centers in the 18th century for the publishing of books too bold to pass the French censorship, as also for many books pirated through the lack of an international copyright law.*)

amusant entertaining

amuser to divert, amuse

an *m.* year

anabaptiste [**p** *silent*] anabaptist (*sect opposed to infant baptism*)

ananas *m.* pineapple

ancien (*f.* –**ne**) old, ancient; (*before its noun, usually*) former

ancre *f.* anchor; **à l'—,** at anchor

andalous Andalusian (*from Andalusia, a province in southern Spain*)

Andalousie *f.* Andalusia (*a province in the extreme south of Spain*)

anémone *f.* anemone (*flower*)

Anglais *m.* Englishman

Angleterre *f.* England

angoisse *f.* pang, suffering, anguish

année *f.* year

Annibal *m.* Hannibal (*247–183 B.C.*) *Carthaginian general*

annoncer to proclaim, show forth, announce, reveal

antéchrist [*pron.* **st**] *m.* antichrist (*see I. Epistle of John, II, 18; Revelations, XI*)

anthropophage *m.* cannibal

antichambre *f.* antechamber

Antoine *m.* Anthony

Antonin *m.* Antoninus (*name given to seven Roman emperors: Nerva, Trajan, Hadrian, Antoninus, Marcus-Aurelius, Verus, and Commodus*)

Aod *m.* Ehud, *slayer of Eglon, King of Moab.* (*See Judges, III, 15–22.*)

apaiser to appease

apercevoir (**apercevant, aperçu, j'aperçois, j'aperçus**) to perceive; **s'—,** to perceive

apostrophe *f.* apostrophe, address

apothicaire *m.* druggist, pharmacist

apparemment [aparamã] apparently; **— que,** apparently, it appears that

apparent important

appartement [apartamã] *m.* apartment

appartenir (**appartenant, appartenu, j'appartiens, j'appartins**) to belong

appeler to call, name; **— du secours,** call for help; **s'—,** to be named, be called; **se faire —,** call one's self

appétissant appetizing, attractive

appliquer to apply

apporter to bring; **— à déjeuner** (**dîner, souper**) bring some breakfast (dinner, supper)

apprécier to estimate

apprendre (**apprenant, appris, j'apprends, j'appris**) to learn;

teach, tell; — **à vivre,** to
teach how to behave

apprivoiser, to tame, win the
favor of

approbation *f.* approval

approuver to approve

appui *m.* support

appuyer to support

après after, next to; afterwards;
— **que,** after

après-dinée *f.* afternoon

arabe Arabian

Arabie *f.* Arabia

arbitre *m.* will; **le libre** —, Free
Will

arbre *m.* tree

archidiacre *m.* archdeacon

ardeur *f.* heat, ardor

argent *m.* silver, money

aride barren, arid

Arioste Ariosto (*1474–1533*), *Ital-
ian poet, author of " Orlando
furioso "*

Arioviste Ariovistus, *chief of a
German tribe, defeated by Julius
Cæsar in Gaul*

arme *f.* weapon, arm; — **à feu,**
firearm

armée *f.* army

armoire *f.* cupboard

arpent *m.* acre (= 1½ *acres in
English measure*)

arracher to tear out, tear away;
s'— **à,** tear one's self away
from

arrêter to stop; arrest; **s'**—,
to stop

arriver to arrive, happen

arrondi rounded; **figures ... pas
assez arrondies,** figures ...
not in sufficient relief

arroser to water, wet, mois-
ten

(in) articulo mortis (*Latin*) at

the point of death; **absolution**
—, final absolution

as [*pron.* s] *m.* ace

Ascanius *m.* Ascanius, *son of
Æneas in Virgil's " Æneid "*

Asie *f.* Asia

asile *m.* refuge, retreat

assaillir (assaillant, assailli, j'as-
saille, j'assaillis) to attack

s'asseoir (asseyant, assis, je
m'assieds, je m'assis) to sit
down

assez enough, sufficiently, well
enough; rather, fairly; **on
voit** —, one can see well
enough; **ce n'est pas** — **de
monsieur l'inquisiteur,** it is not
enough to have the Inquisitor
here

assiéger to besiege

Assomption *f.* Assumption (*a
religious festival on the 15th
of August in honor of the ascent
of the Virgin to Heaven); also
Asunción, the capital of
Paraguay*

assurer to assure, assert, af-
firm

astre *m.* star

Astyage *m.* Astyages, *last of the
Medean kings, dethroned by
Cyrus in 550 B.C. and later
slain*

Athalie *f.* Athaliah, *mother of
Ahaziah, king of Judah. She
was killed by Jehoida, the
priest. (See II. Kings, XI,
15–16)*

Atlas [*pron.* s] Atlas Mountains
(*in Morocco*)

Atocha *f.* Atocha, *name of a
shrine in Madrid, so called
after the tough atocha grass
in the surrounding field*

atrabilaire gloomy, morose, melancholy

Atrébatie *f.* Atrebatia, *the modern Artois in northern France. In its capital, Arras (pron.* s), *Damiens, who tried to assassinate Louis XV in 1757, was born*

s'attacher (à) to become attached to, attach one's self to

attaquer to attack

atteindre (atteignant, atteint, j'atteins, j'atteignis) to overtake

atteler to harness

(en) attendant meanwhile, in the meantime; **en — que,** until

attendre to wait, wait for; **s'— à,** expect

attendrir to move with emotion

attendrissement *m.* emotion

attirer to attract, draw; **s'—,** to gain, inspire

attraper to catch, trap

attrister to sadden

auberge *f.* inn

au-dessous (de) beneath, below

au-dessus (de) above, superior to; worse than

audience *f.* (court) hearing

augmenter to increase

Auguste III *m.* August III (*1733–1763*), *Elector of Saxony and rival of Stanislas Leczinski as King of Poland*

aumône *f.* alms; **faire l'—,** to give alms

aumônier *m.* chaplain

auparavant before, first, previously

auprès de near, beside, by; to; with; **d'—,** from the side of

aussi also, too; anyhow; so, as; (*at beginning of a phrase*) so, hence; **— ... que,** as ... as, as far ... as

aussitôt at once; **— que,** as soon as

autant so much, as much; the same

autel *m.* altar

auteur *m.* author

auto-da-fé *m.* (*Portuguese*), (*lit.*) act of faith, *a church ceremony consisting of a procession, a mass, and a burning at the stake of heretics condemned by the Inquisition*

autrefois formerly

Avacéna *probably for* Aracena, *a small city in southern Spain in the Sierra Morena mountains about 125 miles north of Cadiz*

(d')avance in advance

avancer to advance, advance an opinion; **s'—,** to advance

avanie *f.* affront, outrage

avare *m.* miser

aventure *f.* adventure, chance, accident, experience; story

avertir to warn, notify, tell

avis *m.* opinion, advice

aviser to perceive, espy; **s'—,** to take into one's head; **de quoi vous avisez-vous?** what are you thinking of?

avoine *f.* oats

avoir (ayant, eu, j'ai, j'eus) to have; get, receive; **— à parler à,** to have something to talk about with; **je n'ai plus qu'à mourir,** there's nothing left for me except to die

avouer to avow, confess, admit

Azof Azov, *city at the mouth of*

the River Don on the Sea of Azov in south Russia

B

Baasa *m.* Baasha, *who slew Nadab, son of Jeroboam, and reigned over Israel.* (*See I. Kings, XV, 27–28*)

bacha (*or* **pacha**) *m.* pasha (*Turkish title for a military chief or governor of a province*)

Badajos *m.* Badajoz, *city in southern Spain on the Guadiana river, about 175 miles north of Cadiz*

badinage *m.* jesting, badinage

bagatelle *f.* trifle

baguette *f.* rod, ramrod; **passer par les —s**, to run the gauntlet

baigner to bathe

bain *m.* bath

baïonnette [bajɔnɛt] *f.* bayonet

baiser to kiss; **— des deux côtés**, to kiss on both cheeks

balance *f.* balance, scales

balancer to hesitate; **il n'y a pas à —**, there is not time to hesitate

balle *f.* bullet

banc [c *silent*] *m.* bench; **vizirs du —**, viziers of the divan (*high ranking judicial officers, advisors of the grand vizier*)

bande *f.* company

bander to bandage; **les yeux bandés**, blindfolded

banqueroute *f.* bankruptcy

banqueroutier *m.* a bankrupt person

banquier *m.* banker

baptiser [p *silent*] to baptize

barbare *m.* barbarian

barbare barbarous

barbe *f.* beard

barbier *m.* barber, barber-surgeon (*barbers being originally surgeons also*)

barigel *m.* police-officer

baronne *f.* baroness

baronnette *f.* baroness

barque *f.* boat, craft

barrière *f.* barrier (*outer defences on the frontier*)

bas *m.* lower part, bottom

bas (*f.* **–se**) low; **tout —**, in a whisper, under his breath

basané tawny, swarthy

basse-cour *f.* farmyard

basse-fosse *f.* dungeon

Basse-Normandie *f.* lower Normandy

bassesse *f.* lowering, derogation (*in rank*)

bât *m.* pack-saddle; **mouton de —**, " pack-sheep " (*for carrying baggage*)

bataille *f.* battle

Batavia Batavia, *a seaport on the northwest coast of the Island of Java, a Dutch possession*

bateau *m.* boat

bâtir to build

bâton *m.* stick, rod, baton; **l'homme au —**, the man with the baton (*as the symbol of his office*)

battre (**battant, battu, je bats, je battis**) to beat, thrash

beau, bel (*f.* **belle**) beautiful, fine, handsome; **avoir —** (*before an infinitive*), to be in vain, be useless

beau-frère *m.* brother-in-law

beauté *f.* beauty

belle *f.* beauty

bénédictin *m.* Benedictine monk

bénir to bless; praise
bénit consecrated, holy
berceau *m.* cradle; bower
besoin *m.* need, want, necessity;
avoir — (**de**), to need; **dans
le —,** at a pinch, in case of
need
bête stupid
bête *f.* beast, animal
bibliothèque *f.* library
bien well; good; indeed; very,
very much, a great deal;
clearly; **eh —!** well! **ou —,**
or else; **tout est —,** all is for
the best
bien *m.* welfare; good; **—s,**
property, goods, possessions;
grand — vous fasse, much
good may it do you
bien-aimée *f.* loved one, be-
loved, sweetheart
bienfaiteur *m.* benefactor
bientôt soon
bienveillance *f.* goodwill
bière *f.* beer
bijou *m.* jewel
bile *f.* bile; anger
billet *m.* note; **faire son —,**
give his (promissory) note;
**— payable au porteur pour
l'autre monde, billet de con-
fession,** certificate of having
confessed to a priest
Biscayen *m.* Biscayan, *inhabit-
ant of the northern Spanish
Basque province of Biscay on
the Bay of the same name*
bissac *m.* knapsack
bizarre odd, extravagant
blanc [**c** *silent*] (*f.* **blanche**)
white, fair-complexioned;
blank
blanchir to launder, wash
blesser to wound

blessure *f.* wound
bleu blue
bleu *m.* man in blue uniform
bœuf [**fs** *silent in pl.*] *m.*
bull, ox
boïard (*or* **boyard**) *m.* boyar *or*
boyard (*Russian nobleman of a
rank abolished by Peter the
Great*)
boire (**buvant, bu, je bois, je
bus**) to drink; **servir à —,** to
serve the beverages; **— un
coup,** to take a drink; **verser
à — à,** to pour the wine
for
bois *m.* wood, woods
bon (*f.* **bonne**) good, kind, kind-
hearted; honest; well! **mon
—,** my dear
bonheur *m.* happiness, good for-
tune
bonhomme *m.* good fellow, old
fellow
bonjour *m.* good day, good
morning, good afternoon
Bonne-Espérance *f.* (Cape of)
Good Hope
bonnet *m.* hat
bonté *f.* goodness, kindness
bord *m.* edge, bank, banks;
sur son —, on board
bordée *f.* broadside
border to border, edge, bound
borgne one-eyed
bouche *f.* mouth
boucherie *f.* butchery
boue *f.* mud, dirt, earth
bouillir to boil; **faire —,** to
boil
bouillon *m.* broth
bouillonner [**bujɔne**] to boil,
gush, rush
bouleverser to upset
bourg *m.* town

bourgeois bourgeois, middle-class

bout *m.* end; **au — de,** at the end of, after; **au — du monde,** to the ends of the earth

boutique *f.* shop, store

bras *m.* arm

brave *m.* brave man; (*derogatory*) ruffian

brave (*after its noun*) brave; (*before its noun*) good kind

bravement bravely; skilfully

Brenta *f.* Brenta (*river flowing into the Lagoon behind Venice and joined to Venice by the Brenta canal*

bride *f.* bridle

brider to bridle

brillant *m.* brilliant, diamond

brillant brilliant, gleaming

briller to shine

Brindes Brindisi (*ancient Brundusium*), *city on the heel of the boot of Italy*

briser to break, dash to pieces

brocart *m.* brocade

broche *f.* spit (*for roasting*)

brochure *f.* pamphlet

broder to embroider, work at embroidery

(se) brouiller to quarrel

bruit *m.* noise, roar, report (*of a cannon*); stir; rumor

brûler to burn

brutal *m.* brute

buisson *m.* bush

Bulgare *m.* Bulgar, Bulgarian; *used figuratively in " Candide " for the Prussians*

bulgare Bulgarian; **à la —,** in the Bulgarian manner

butin *m.* booty

C

ça (*interjection*) now

cabaler to cabal, intrigue

cabaret *m.* tavern, inn

cabinet *m.* small room, boudoir

cacher to hide

cachet *m.* seal; **lettre de —,** a letter under the King's signet; *hence, an arbitrary order of arrest and imprisonment without the necessity of showing cause or of bringing to trial*

cachot *m.* prison, cell

cadavre *m.* corpse

cadence *f.* cadence, time (*in music*)

cadi *m.* cadi (*Mohammedan judge of a lower court*)

Cadix [*pron.* **x**] *f.* Cadiz, *a seaport in southern Spain*

café *m.* coffee; coffee-house, café

caillou *m.* flint; pebble

caleçon *m.* trunks, pair of trunks

calme [*pron.* l] calm

calomniateur *m.* slanderer

camarade *m.* comrade

campagne *f.* country; campaign; **paroli . . . de —,** bet made by cheating

canaille *f.* rabble

canal *m.* canal; **le — de la Mer-Noire,** the Bosphorus

canapé *m.* sofa, couch

canard *m.* duck

candide candid, frank

canne *f.* cane; **— de sucre** (*mod. Fr.* **— à sucre**), sugar cane

cannelle *f.* cinnamon

canon *m.* cannon, gun, artillery·

— **de vingt-quatre,** twenty-four pounder

canot *m.* boat, canoe

cantique *m.* song, hymn

cap (*pron.* **p**) *m.* cape

capitaine *m.* captain

car (*conj.*) for, since, because

caractère *m.* character

caressant fawning

caresser to caress, fondle, stroke

carnaval *m.* carnival

carré square

carreau *m.* paved floor

carrosse *m.* carriage

carrousel *m.* tournament

carte *f.* card; chart, map

cas *m.* case, situation

Cassel Cassel (*German city in west Prussia*)

casser to break

cassette *f.* chest, box

Caton (**d'Utique**) Cato (*95–46* B.C.), *great grandson of Cato the Elder and enemy of Julius Cæsar*

cause *f.* cause; **la bonne —,** the cause of the Church

causer to cause

causer to chat, talk

Cayenne *f.* Cayenne, *port and capital of French Guiana on the northern coast of South America*

céder to yield, give up, resign

cédrat *m.* citron

célébrer to celebrate

célérité *f.* rapidity, speed

cendres *f. pl.* ashes

centaine *f.* hundred, about a hundred

cependant however

certes certainly

cervelle *f.* brains, head

César *m.* Julius Cæsar (*101–44* B.C.)

cesse *f.* ceasing; **sans —,** constantly

cesser to cease, stop (**pas** *may be omitted in negative before infinitive*)

Ceuta Ceuta, *town in north Africa opposite Gibraltar*

chacun each, each one

chagrin *m.* grief, sorrow

chair *f.* flesh

chaise *f.* chair; chaise

chaloupe *f.* ship's boat

chambre *f.* room; — **du vaisseau,** cabin on the vessel

champ *m.* field; **sur-le—,** on the spot, at once, immediately; **en plein —,** in the open field

chanson *f.* song

chanter to sing

chapelle *f.* chapel

chapitre *m.* chapter; knightly assembly

chaque each

charge *f.* load, pack, burden; function, office

charger (**de**) to load with, fill with

Charles-Édouard Charles Edward (*1720–1788*), *the "Young Pretender," son of James Stuart and claimant to the English throne*

Charles Ier Charles the First (*1600–1649*), *King of England, beheaded by order of the Parliament and of Oliver Cromwell*

charmer to charm, delight

charrette *f.* cart

chasser to chase (out) (from), drive out

château *m.* castle

chaud hot; **faire —**, be hot
(*weather*)

chaudière *f.* caldron

chauffer to heat, warm

chausser to wear breeches

chausses *f. pl.* breeches

chef *m.* (*archaic in sense of*)
head; chief

chef-d'œuvre [ʃɛdœːvr] *m.* mas-
terpiece

chemin *m.* way, road; **grand —**,
highway, highroad; **— faisant**,
on the way

chemise *f.* shirt

cher (*f.* **chère**) dear; **acheter**
(**racheter**) (**vendre**) —, buy
(buy back) (sell) at a high
price

chercher to seek, look for;
faire —, send to look for;
aller —, seek out, go to look
for

chère *f.* cheer, fare; meal

cheval *m.* horse; **à —**, on horse-
back

chevalier *m.* knight, chevalier,
Sir

cheveux *m. pl.* hair

chez to (at) the house of, home,
with, among

chien *m.* dog

chienne *f.* dog

Chillas (or **Chellas**) *a town in
Portugal near Lisbon* (*note by
Morize*)

Chine *f.* China; **à la —**, (*mod.
Fr.* **en —**) in China

chiourme *f.* convict-gang, slave
gang

chirurgien *m.* surgeon

chirurgienne *f.* surgeon's wife

chœur [ch = k] *m.* choir; **en-
fant de —**, choir boy

choisir to choose

choix *m.* choice

choquer (**de**) to shock, be
shocked at

chose *f.* thing, matter, affair;
quelque —, *m.* something;
une — d'usage a customary
thing; **peu de —**, of small
consequence

chrétien (*f.* **-ne**) Christian

chute *f.* fall, fall of Adam

Chypre *f.* Cyprus, Cyprus wine

Cicéron Cicero (*106-43* B.C.),
Roman senator and orator

ciel *m.* heaven, sky; (*exclam.*)
heavens !

cimeterre *m.* scimitar

cimetière *m.* cemetery

cinquantaine *f.* fifty odd, some
fifty, fifty (*in round numbers*)

circonspect [ct *silent*] careful,
prudent

circonstance *f.* circumstance;
pièce de —, piece composed
for a particular occasion

Cité *f.* (the ancient part of the)
city. *See* **Ile**

citoyen [sitwajɛ̃] *m.* citizen

citron *m.* lemon

civilité *f.* courtesy; **faire des —**,
to offer courtesies

Clairon, Mlle (*1723-1803*) *cele-
brated French actress who
starred in many of Voltaire's
plays*

clameur *f.* clamor, outcry, cry,
shout

clavelée *f.* sheep-pox, sheep-
rot

clavicule *f.* collar-bone

clémence *f.* clemency, mercy

clerc [*final* c *silent*] *m.* cleric

climat *m.* climate

clin *m.* wink; twinkling

Cloanthe *m.* Cloanthus,

Trojan leader in Virgil's " Æneid "

Cluentius *m.* Cluentius, *a Roman defended by Cicero*

cochon *m.* pig, hog

coco *m.* cocoa-nut

cocotier *m.* cocoa-nut tree

cœur *m.* heart; **avoir le — sur les lèvres**, be openhearted; **avoir sur le —**, have on one's mind

coffrer (*fam.*) to lock up, put in the lock-up, imprison

Coïmbre Coimbra, *Portuguese city about 100 miles north of Lisbon and seat of a famous university*

coin *m.* corner

colère *f.* anger, passion; **se mettre en —**, fly into a passion; become angry; **en croire ma —**, give in to my anger

colérique choleric, irascible

colibri *m.* humming bird

colifichet *m.* trifle

collège *m.* college, organization of priests

colonne *f.* column

combattre (**combattant, combattu, je combats, je combattis**) to fight

combien how much, how many, how

comble *m.* height, climax

comédie *f.* comedy; theater

commander to command, order

comme how, as, as well as, like

commencement *m.* beginning

commencer to begin

comment how, what! what do you mean! **— donc!** what!

commentaire *m.* commentary

commerçant *m.* merchant, business man

commerce *m.* business, commerce; **être de —**, be used in commerce, be in circulation

commère *f.* godmother

commettre (**commettant, commis, je commets, je commis**) to commit

commodément conveniently, comfortably

commodité *f.* convenience

commun common, usual

communément ordinarily

compagnie *f.* company

compagnon *m.* companion

compas *m.* compass

complet (*f.* **complète**) complete

compliment *m.* compliment(s); **faire son —**, present one's compliments

composer to compose, make

Compostelle (**Saint-Jacques de**) Saint James of Compostella, Santiago, *city in Galicia in northwestern Spain, seat of a famous cathedral and goal of numerous pilgrims*

comprendre (**comprenant, compris, je comprends, je compris**) to understand

compte [**p** *silent*] *m.* account; **mettre en ligne de —**, to reckon in, count in, take into account; **avoir son —**, have one's due, receive one's deserts; **rendre —**, give an account of, report

compter [**p** *silent*] count, reckon; expect, plan, rely on, count on; **— bien**, count on

concerto *m.* concerto (*a musical composition for two or more solo instruments, or for one or more instruments with orchestral accompaniment*)

concevoir (concevant, conçu, je conçois, je conçus) to conceive, understand; couch in

Concile *m.* Council

conclure (concluant, conclu, je conclus, je conclus) to conclude

condamner [m *silent*] to condemn

condition *f.* condition, rank; position; à — que, on condition that

conduire (conduisant, conduit, je conduis, je conduisis) to conduct, lead, convey

confesser to confess, receive the confession of

confiance *f.* confidence

confins *m. pl.* borders

confit pickled, preserved

confondre to confound

confrère *m.* brother (*in an order*)

confus confused

congé *m.* leave, leave to depart

connaissance *f.* knowledge, acquaintance, consciousness; faire — avec, to become acquainted with

connaître (connaissant, connus, je connais, je connus) to know, be acquainted with; learn to know; il ne se connaît plus, he is out of his senses; je connus, I learned to know; se — en, be an authority on, understand thoroughly

conseil *m.* advice, piece of advice, counsel

conseiller to counsel, advise

consentement *m.* consent; du — de, with the consent of

conséquent: par —, consequently, in consequence

conservateur *m.* preserver

conserver to preserve

considération *f.* esteem

considérer to consider, look at

consolant consoling

consolateur *m.* consoler

constant constant, steady

consterner to be in consternation

conte *m.* story, tale; faire des —s, tell stories; —s à dormir debout, tales to put one to sleep

contemporain *m.* contemporary

contenir (contenant, contenu, je contiens, je contins) to contain, hold

content pleased, satisfied, happy

conter to relate, narrate, tell

contingent contingent, accidental, fortuitous

continu continuous, continued

contour (*mod.* condor) *m.* condor

contraindre (contraignant, contraint, je contrains, je contraignis) to constrain, force

contraire contrary

contre against, contrary to

contrée *f.* country, region

convenable suitable, befitting

convenir (convenant, convenu, je conviens, je convins) to be fitting; agree, grant

convive *m. or f.* guest

convulsionnaire convulsionary (*religious fanatics given to emotional fits*)

coquin *m.* rascal, scoundrel

corbeau *m.* raven, crow

corde *f.* rope

cordelier *m.* Cordelier, Franciscan priest (*so named from the knotted cord worn as a girdle*)

Corfu *f.* Corfu (*island off the west coast of Greece*)

corne *f.* horn; **bonnet à trois —s,** three cornered hat, cocked hat

corneille *f.* crow, rook

corner to dog's ear, turn down the edges of cards

cornu foolish, absurd

corps [ps *silent*] *m.* body

correcteur *m.* corrector; **— d'imprimerie,** proof-reader

correction *f.* correction; **maison de —,** penal institution

corrompre to corrupt

Corse *f.* Corsica

côte *f.* coast

côté *m.* side; **à — de,** beside, at the side of; **à ses —s,** at his side; **du — de,** toward; **de quel —,** in what direction; **se tenir les —s,** to hold one's sides; *see* **baiser**

côtoyer to coast along

cou *m.* neck; **couper le — à,** to behead; *see* **sauter**

coucher to lie down, sleep; **se —,** to lie down, go to bed; set (*of the sun*); *see* **joue**

couler to flow, run; sink; **— à fond,** to sink

couleur *f.* color, complexion; **haute en —,** of a ruddy complexion

couleuvre *f.* snake, adder

coup *m.* blow; **— de bâton,** blow with a rod; **— de couteau,** knife thrust; **— d'épée,** sword thrust; **— de fouet,** lash; **— de pied,** kick; *see* **boire, coudre, fusil, rouer; tout d'un —,** all at once, without hesitation

couper to cut; **— en quatre,** to cut into four parts; *see* **cou**

cour *f.* court

courant *m.* current; **aller au —,** drift with the current

courir (**courant, couru, je cours, je courus**) to run, run about; travel about

couronne *f.* crown

court short

courtisan *m.* courtier

couteau *m.* knife

coûter to cost; **ne rien — à,** to mean nothing to; **sans que jamais la rime coûte rien au sens,** without the rhyme ever warping the sense

coutume *f.* custom

couvent *m.* monastery, convent

couvrir (**couvrant, couvert, je couvre, je couvris**) to cover

cracher to spit

craindre (**craignant, craint, je crains, je craignis**) to fear

crainte *f.* fear; **— de surprise,** for fear of surprise

crâne *m.* brain, head

crapaud *m.* toad

créancier *m.* creditor

crédit *m.* credit, influence; **faire — à,** extend credit to

Crésus *m.* Crœsus, *proverbially wealthy King of Lydia, defeated and captured by Cyrus. His later life contrasts sharply with the happiness and prosperity of his earlier years*

cri *m.* cry, shout, scream

criblé riddled

crier to cry, cry out, shout

cristal *m.* crystal; **— de roche,** rock crystal

critiquer to criticise

crocheteur *m.* porter, rough fellow; **querelle de —s,** low quarrel

croire (croyant, cru, je crois, je crus) to believe, think; — à, believe in; **je n'en crois rien du tout**, I don't believe a word of it; — être (rêver) (voir), to believe one is (was) (dreaming) (seeing); *see* **colère**

(se) croiser to cross one another, interrupt one another

croître (croissant, crû, je croîs, je crûs) to grow, increase

croupe *f.* croup, crupper (*of a horse*); **monter en** —, ride behind another rider on the same horse

Croust Father Anthony Kroust, *a priest who had disturbed Voltaire's tranquillity at Colmar on his return from the court of Frederick (see Morize, pp. 87–89.)*

cruauté *f.* cruelty

crucial crucial, cross-shaped

cuire (cuisant, cuit, je cuis, je cuisis) to cook

cuisine *f.* cooking; kitchen

cuisinière *f.* cook

cuistre *m.* college fag, servant in a college

cul [1 *silent*] *m.* bottom; — de basse-fosse, deep dungeon

cultiver to cultivate

cure *f.* cure, treatment

curieux *m.* sight-seer

curieux (*f.* –se) curious, inquisitive; **ce que le pays a de plus** —, the most interesting souvenirs of the country

D

d'abord *see* **abord**

daigner to deign

dame *f.* lady; **Notre Dame**, Our Lady, the Virgin, the Madonna

Damiens, Robert-François (*1714–1757*), *a native of Arras, who attacked Louis XV in 1757 and wounded him slightly with a penknife. He was tortured and then put to death by being torn apart by wild horses*

dans in, into; — **ces six rois**, among these six kings

danser to dance

dard *m.* dart

Dardenelles Dardenelles (*strait between Europe and Asia, the ancient Hellespont*)

Darius Darius III, *King of Persia, defeated by Alexander the Great and assassinated by Bessus in 330 B.C.*

davantage more

débarquer to disembark

(se) débarrasser (**de**) to rid one's self (of), get rid (of)

(se) débattre (débattant, débattu, je me débats, je me débattis) to struggle

débauché *m.* debauchee, rake

débiter to give out

debout upright, standing

débris *m.* debris, ruins

déchirer to tear, tear to pieces; **tout déchiré,** tattered

déclarer to declare; **se** —, to break out

décombres *m. pl.* rubbish, ruins

déconcerter to disconcert

décorner to turn back the corners of cards to their original position; remove the " dog's ears "

découverte *f.* discovery; **en-**

voyer à la —, send to investigate

découvrir (découvrant, découvert, je découvre, je découvris) to discover, lay bare

dédain *m.* disdain, contempt

dédier to dedicate

(se) dédire (dédisant, dédit, je me dédis, je me dédis) to retract, go back on one's word

défaut *m.* defect, default, fault; à son —, for lack of him (her), lacking him (her)

défendre to defend

défenseur *m.* defender

(se) défier (de), to be suspicious (of), suspect

défigurer to disfigure

défiler to pass, go out

défrayer to defray, pay the expenses of

dégoût *m.* disgust

dégoûter to disgust

degré *m.* degree

déguiser to disguise

déjà already

déjeuner to breakfast, lunch; *see* apporter

delà beyond; au — de, beyond

délai *m.* delay

délicat delicate, refined

délices *f. pl.* delight; faire les — de, be the delight of

délicieux (*f.* -se) delicious, delightful

délier to untie, release

délivrance *f.* deliverance

délivrer to deliver

demande *f.* question

demander to ask, ask for, question, beg; faire — à, to send word to ask; faire — par, to have (someone) ask: — à, ask of

démarche *f.* gait, bearing

démarrer to slip one's moorings

démêler to figure out, understand

demeurer to remain, stay

demoiselle *f.* young lady, girl

démolir to demolish

démontrer to demonstrate, prove

denier *m.* (*freely*) farthing, cent (*really* $\frac{1}{12}$ *of a cent*)

Denis de Syracuse Dionysius, tyrant of Syracuse, *who perished in a debauch or was murdered by his physicians about 368* B.C.

dénoncer to denounce

dent *f.* tooth; dire entre ses —s, to say under one's breath

départ *m.* departure

dépens *m.* expense

dépenser to spend

déplaire to displease

dépouille *f.* spoil, clothes

dépouiller to strip, despoil

depuis since; from; for

député *m.* deputy, envoy

députer to depute, send

(se) déranger to disturb one's self; move

dernier last; tuer jusqu'au —, to kill to the last man

dérobé hidden, secret

derviche *m.* dervish (*Mohammedan priest*)

dès from, since, as early as, beginning with; — le jour même, that very day; — que, as soon as; *see* savoir

désagréable disagreeable

désarmer to disarm

désastre *m.* disaster

descendre to descend, go down

descente *f.* descent; à la — du

carrosse, as they alighted from
their carriage

désennuyer [dezănŋje] to en-
tertain; **se —,** to kill time

désert *m.* wilderness, desert

désespérer (de) to despair (at)
(of); *see* **achever**

désespoir *m.* despair; **au —,** in
despair

désolé disconsolate

dessein *m.* design

dessin *m.* arrangement, plan

destinée *f.* fate, destiny; **ca-**
reer

détacher to unfasten, cast off;
lower

déterminé determined, predeter-
mined (*philos.*)

déterminer to decide, deter-
mine; **se —,** to decide

détestable abominable, detest-
able

détourner to avert; **ce n'était
pas beaucoup se — du che-
min de Venise,** it was not a
long detour from the route to
Venice

détresse *f.* distress

détroit *m.* strait

détromper to undeceive

détrôner to dethrone

**détruire (détruisant, détruit, je
détruis, je détruisis)** to de-
stroy

deux two; **tous —,** both

devant before, in front of; **tout
droit — lui,** right straight
ahead

**devenir (devenant, devenu, je
deviens, je devins)** to be-
come, become of; **ce que de-
vint Candide,** what became of
Candide

deviner to guess, guess at;

imagine; **vous devinez aisé-
ment,** you may easily imagine

devoir *m.* duty

**devoir (devant, dû, je dois, je
dus)** ought, should, must,
to owe; be (destined to);
have to, be obliged to

dévorant ravenous

dévorer to devour

dévot *m.* religious devotee,
worshipper, pious person

dey *m.* dey (*ruler of Algiers*)

diable *m.* devil; **avoir le — au
corps,** to be full of life; be
possessed of the devil

diamant *m.* diamond

Dieppe Dieppe, *sea-coast town
north of Rouen on the English
Channel*

Dieu *m.* God; **pour —,** for
God's sake; **mon —,** my
gracious! for goodness' sake!

différemment [diferamă] dif-
ferently

difficile difficult

digne worthy

diligence *f.* diligence, speed;
en diligence, with speed,
speedily

dîner to dine; *see* **apporter**

dîner *m.* dinner

Dioscoride Dioscorides, *Greek
doctor of the first century,*
A.D.

dire (disant, dit, je dis, je dis)
to say, tell; **— en lui-même,**
to say to himself; **je vous
l'avais bien dit,** it's just as I
told you, I told you so; **lui
— que non,** tell him no;
c'est-à-dire, that is to say

discipline *f.* discipline, whip-
ping

discoureur *m.* speaker

discours *m.* discourse, account, speech, remarks

discuter to discuss

disparaître (disparaissant, disparu, je disparais, je disparais, je disparus) to disappear

(se) dispenser (de) be excused; avoid

(se) disperser to be scattered, be strewn about

disputer to dispute, argue; **se —,** to dispute with one another for, struggle for

disséquer to dissect

dissertation *f.* discussion

dissiper to dissipate

distinguer to single out, distinguish, make a distinction

divertissement *m.* amusement, game

divin divine

diviser to divide

docteur *m.* doctor; **— en théologie,** doctor of theology

doigt *m.* finger; **au —,** on his (her) finger

domestique *m.* servant

Domitien Domitian, *Roman emperor from 81–96* A.D., *killed in his bedroom by conspirators*

dommage *m.* harm, injury; **c'est bien —,** it is a great pity

don *m.* gift

don *m.* (*Spanish title*) don

donc [c *regularly silent*] then, consequently, hence; *see* **comment**

donner to give; **— des larmes,** to shed tears

Dorado *m. see* **Eldorado**

doré gilded, decorated in gilt

dormir to sleep; *see* **conte**

dortoir *m.* dormitory

dos *m.* back

doubler to double; **— le pas** (*milit.*), to go at double-quick

douceur *f.* kindness, meekness

douleur *f.* grief, pain

douloureux (*f.* **–se**) painful

doute *m.* doubt

douter (de) to doubt; **en —,** to doubt it; **c'est de quoi je doute fort,** it is something which I very much doubt; **se —,** to suspect

douzaine *f.* dozen

doux (*f.* **–ce**) sweet, gentle, soft

doyen *m.* dean

drap *m.* cloth

draperie *f.* drapery

droit *m.* law; right; **— public,** international law; **donner des —s,** to confer privileges

droit straight, right, upright; steep; sound (of judgment); right side up; **tout —,** straight ahead; **à —e,** to the right (hand)

droiture *f.* uprightness; **en —,** directly, straight

drôle funny, curious, queer; **cette — de nation,** this curious nation

drôlesse *f.* wench

dur hard, harsh, hard-hearted

durer to last

dureté *f.* harshness

duvet *m.* down (feathers)

E

eau *f.* water; *see* **spiritueux**

écaillé scaly, rough

écarlate *f.* scarlet; **les yeux bordés d'—,** with red eyelids

échapper (à) to escape (from)

s'échauffer to grow warm

échine f. spine, back

échoir (échéant, échu, il échoit, il échut) to fall to; — en partage, to fall to one's lot, fall to the share of

éclair m. lightning

éclairer to enlighten

éclat m. splinter, fragment; luster, brightness; — de rire, burst of laughter

éclatant bright

éclater to burst out; — de rire, to burst out laughing

éclore (—, éclos, j'éclos, —) to hatch, hatch out

école f. school

écorce f. bark; peel

écot m. share, bill

(s')écouler to slip past, pass

écouter to listen (to)

écraser to crush

(s')écrier to cry out, exclaim

écrire (écrivant, écrit, j'écris, j'écrivis) to write, scribble; — sur les arbres, to carve on trees

écrit m. writing

écrivain m. writer

(s')écrouler to fall in, collapse

écu m. crown (old coin estimated to be worth about 60 cents)

écueil [ekœːj] m. rocks

écuelle f. bowl; dish

écurer to scour; — la vaisselle, to scour dishes

écurie f. stable

écuyer m. squire, master of horse

Eden [edɛn] m. Eden

édifice m. building

effacer to obliterate, eclipse, surpass

Édouard II Edward II (1284-1327), king of England, killed in prison

effaré terrified, frightened

effaroucher to frighten

effendi [efɛ̃di] m. effendi (Turkish title of respect, applied especially to civil officers, priests, and scholars)

effet m. effect; en —, in fact, in reality, indeed

efficace effective, efficacious

effort m. exertion, effort

effrayer to frighten

effroi m. fear, fright

effronté shameless, bold, forward

effroyable frightful

égal equal

égard m. regard; à l'— de, regarding, in regard to, as for

égaré m. wanderer

égarement m. bewilderment

église f. church

Églon Eglon, king of Moab, killed by Ehud (Aod); see Judges, III, 15-23

égorger to butcher, murder

égratigner to scratch

eh ah! oh! — bien! well! — quoi! what!

Éla Elah, son of Baasha, king of Israel for two years, killed by Zimri; see I. Kings, XVI, 8-10

élargir to release; s'—, to broaden out, widen; — toujours, to keep growing wider

Eldorado (or El Dorado) (Span.) the "Golden Country", El Dorado, an imaginary country which the Spanish leader Orellana, Pizarro's lieutenant, claimed to have discovered between the Amazon and the

Orinoco, and which was sup-posed to be filled with gold

élever to raise, bring up; **s'—**, to rise, reach

élire (**élisant, élu, j'élis, j'élus**) to elect, choose

Élizabeth Elizabeth (*1533–1603*), *Queen of England*

éloigner to remove, keep away; **s'—**, to go further away

(s')embarrasser to trouble one's self about; **— d'elles**, be uncertain what to do about themselves; be at a loss

embarquement *m.* embarkation

embrasser to embrace, kiss

embrouiller to obscure

émeraude *f.* emerald

emmener [āmne] to take away, lead away, conduct

émollient *m.* emollient, ointment, salve

émouvoir (**émouvant, ému, j'é-meus, j'émus**) to move, agitate

empaillé stuffed

empaler to impale

(s')emparer (**de**) to take possession of, seize

empêcher to prevent, keep from

emploi *m.* job

emplir to fill

emportement [āpɔrtəmā] *m.* transport, passion

emporter to carry away; **l'— sur**, to have the advantage over, surpass, prevail over

empressé eager

empressement *m.* eagerness, enthusiasm; promptness

(s')empresser to flock, press about

en in, on, at; while; as, like; **— vainqueurs**, as conquerors;

de rocher — rocher, from rock to rock

en of him, of her, of it, from it, its, with it, of them, from them; some, any (*often it is untranslated*); **c'— est fait**, it is all over, that's the limit

enceinte *f.* boundaries

enchaînement *m.* concatenation, chain

enchaîner to chain up, enchain, link together, connect

encore yet, still, besides; again, more

endormir (**endormant, endormi, j'endors, j'endormis**) to put to sleep; **s'—**, to fall asleep, go to sleep

endosser to put on, don

endroit *m.* place, point

Énée *m.* Æneas, *hero of Virgil's "Æneid"*

Énéïde *Æneid, epic poem by the Roman poet, Virgil*

énergique energetic, vigorous

énergumène *m.* fanatic, enthusiast

enfant *m. or f.* child

enfer [*pron.* **r**] *m.* hell, infernal regions

enfermer to imprison, shut up

enfin at last, at length; in short, after all

(s')enflammer to kindle, inflame

enfoncer to sink, plunge; **s'—**, to sink, plunge

(s')enfuir to flee

engager to induce, engage

engloutir to swallow up

(s')enhardir to grow bolder

(s')enivrer [ānivre] to get drunk

enlaidir to grow ugly

enlever to carry off, kidnap; **se faire — par**, to elope with

ennemi *m.* enemy

ennemi *adj.* hostile

ennui [ãnɥi] *m.* boredom, weariness

ennuyer [ãnɥije] to bore, weary; **s'—**, to be bored

ennuyeux [ãnɥijø] (*f.* **–se**), tiresome

énorme enormous

(s')enquérir (enquérant, enquis, je m'enquiers, je m'enquis) to inquire, ask

enrager to be mad, fume, rage; **faire —**, madden; **en enrageant**, angrily

enrégimenté regimented

enseigner to teach

ensemble together

ensevelir to bury

ensuite then, next

entasser to heap up, pile up

entendre to hear, understand; **— dire**, to hear it said, hear

entendu arranged, laid out

enterrer to bury

entier entire, whole

entourer to surround

entr'acte *m.* intermission

entre between, among, in; **d'—**, from among; **— eux**, to one another

entrecoupé broken (*of voice*); intersected

entrée *f.* entrance

entrer (dans) to enter; **— dans sa peine**, to sympathize with his grief; **faire —**, to invite in, introduce

(s')entretenir to discuss with one another

entr'ouvert gaping, yawning, torn half open

(s')entr'ouvrir (entr'ouvrant, entr'ouvert, j'entr'ouvre, j'entr'ouvris) to break open

envie *f.* desire; envy; **il prit — aux voyageurs**, the travelers took a fancy to; **avoir — de**, to desire, wish, have a desire to

envier to envy

envieux (*f.* **–se**) envious

environ around, about

envoyer (envoyant, envoyé, j'envoie, j'envoyai) to send; *see* **découverte**

épaule *f.* shoulder

épée *f.* sword; **coup d'—**, sword thrust

éperdu aghast, frantic

éperdument madly, desperately

éperon *m.* spur

épervier *m.* hawk

épingle *f.* pin

épître *f.* epistle

épouse *f.* wife

épouser to marry; *see* **gauche**

épouvantable frightful, terrible

épouvanter to terrify, appall

épreuve *f.* trial; **à toute —**, invincible

éprouver to experience

équipage *m.* baggage

équiper to equip, fit out

éraillé bloodshot

Erzeroum Erzerum (*city and province in the Armenian part of Asiatic Turkey*)

escalier *m.* stairway, staircase, stairs

escarpé rugged

esclavage *m.* slavery

esclave *m. or f.* slave

escouade *f.* squad

espace *m.* space

Espagne *f.* Spain

Espagnol *m.* Spaniard

espèce *f.* kind, species, sort

espérance *f.* hope, expectation

espérer to hope, hope for; **c'est toujours bien fait d'—,** it is always well to hope

esponton *m.* spontoon, half-pike

esprit *m.* mind, spirit, wit, intelligence; **l'— le plus simple,** the most guileless nature; **faire le bel —,** play the wit; **bel —** (*pl.* **beaux —s**), fashionable wit (person)

essai *m.* essay

essuyer to undergo, endure

estafier *m.* footman, armed attendant

estime *f.* esteem

estimer to esteem; **un auteur estimé,** an author of reputation

estomac (**c** *silent*) *m.* stomach

esturgeon *m.* sturgeon

étable *f.* stable

établir to establish

état *m.* state, circumstances; **être en — de,** to be in a position to

étendre to stretch out; to hang out (to dry)

étendue *f.* extent, expanse

éternel eternal

étincelant sparkling

étoffe *f.* cloth; **manufacture aux —s de Perse,** chintz factory

étoile *f.* star

étonnant astonishing

étonner (**de**) to astonish (at); **s'—,** to be astonished; **s'en —,** to be astonished at it

étourdi astounded

étrange strange

étranger *m.* stranger, foreigner

étrangler to strangle

être *m.* being, creature, existence

être (**étant, été, je suis, je fus**) to be; **qu'il le soit ou qu'il ne le soit pas,** whether he is or not; **ne serait-ce point de,** must it not be from; **serait-ce vous?** can it be you? **vous seriez cette jeune princesse?** can you be that young princess? **est-ce à vous?** is it your place? **il en sera ce qui pourra,** be that as it may; **c'est-à-dire,** that is to say; **soit,** so be it, very well

Européen [œrɔpeɛ̃] *m.* European

(s')évanouir to faint

évanouissement *m.* swoon, fainting fit

événement [evɛnmɑ̃] *m.* event

éventré disembowelled

excédé worn out, tired out

exécuteur *m.* executioner; **— de hautes œuvres,** executioner

excellence *f.* excellence, excellency

excepté except for

excès *m.* excess

exemplaire *m.* copy

exemple *m.* example; **lui en donner l'—,** to set him the example

exempt [**pt** *silent*] *m.* police-officer

exercer to practice, exercise, exert

exercice *m.* exercise; (*milit.*) drill

exorciser to exorcise, cast out

expirant expiring, exhausted

expliquer to explain

exposer to expose, set forth, state

exprès *m.* dispatch (*carried by a special messenger*), express

exprès expressly, on purpose

exprimer to express

expulsé *m.* exile, banished mar. *or* woman

expulser to banish, exile

exquis exquisite

extase *f.* ecstasy

extorquer to extort

extravagance *f.* foolishness, extravagance

F

fabriquer to make, manufacture

face *f.* face; **à la — de,** in the presence of, before

fâché angry; sorry

(se) fâcher to get angry

facile easy

façon *f.* manner, way

facteur *m.* merchant's representative, factor

faible *m.* weakling

faible feeble, weak

faiblesse *f.* weakness, faintness; **tomber en —,** to faint; **retomber en —,** to faint again

faim *f.* hunger

faire (**faisant** [fəzã], **fait, je fais, je fis**) to make, do, cause, have (*cause*), get; perform, play the rôle of; manage; **n'en vouloir rien —,** not want to do it, not be willing to hear of it; **je ne sais qu'y —,** I don't know what to do about it; **comme vous voilà faite!** how badly you look! **se —,** be done; become; become accustomed to; **fait à,** accustomed to; **bien fait,** well built; **comme la pure na-**

ture est faite, what pure nature is like; **c'en est fait,** it is all over, that's the limit; *for further combinations with —, see the other elements in the idioms; see also* **fait**

faiseur *m.* maker; composer

fait *m.* fact; matter

fait: bien —, well-built (*of people*), handsome; **ces gens-ci sont ainsi —s,** that's the way these people are

falloir (**—, fallu, il faut, il fallut**) to be necessary, must, need, have to; **il vous faudra peu de temps,** you won't need much time

fameux (*f.* **–se**) famous

familier *m.* familiar, *officer of the Inquisition employed to make arrests*

famille *f.* family

fange *f.* mud; filth

fantaisie *f.* fancy; **il me prit —,** I took a fancy

fantôme *m.* phantom, specter

fardeau *m.* burden

fatiguer to weary

fatras *m.* rubbish, trash

faubourg *m.* suburb, quarter (of a city)

faute *f.* fault

fauteuil *m.* arm-chair

faux (*f.* **–sse**) false; *see* **air**

faux-bourdon *m.* sort of a monotonous, droning chant; *see* **Notes**

faveur *f.* favor

favori (*f.* **–ite**) favorite

favoriser to favor

femme [fam] *f.* woman, wife; **— de chambre,** chamber-maid

fendre to cleave, cut

fenêtre *f.* window

fer *m.* iron; —s, irons, chains, fetters

fermement firmly

fermer to close, shut

fesser to whip, flog

fête *f.* festival

fétiche *m.* fetish

feu *m.* fire; **à petit** —, in a slow fire; **mettre à** — **et à sang,** to put to fire and sword; **mettre le** — **à,** to set fire to; *see* **arme**

feu late, deceased; — **mon père,** my late father

feuille *f.* leaf; newspaper

feuillée *f.* bower, arbor

fiancer to engage, betroth

ficelle *f.* line, cord

fidèle faithful

fier [*pron.* **r**] proud, haughty

fierté *f.* pride

fifre *m.* fife

figure *f.* face, figure

(se) figurer to imagine, picture to one's self

fil *m.* thread

file *f.* file, rank, row

fille *f.* daughter, girl, maid

filou *m.* pickpocket

fils [**l** *silent; pron.* **s**] *m.* son

fin *f.* end, purpose; **mettre** — **à,** to put an end to; **à la** —, at last; *see* **sur**

finir to end, finish; — **par être,** to end by being, to become finally

fixement fixedly

flamme *f.* flame, fire

flanc [**c** *silent*] *m.* flank, side

fléau *m.* scourge, calamity

flèche *f.* arrow

fleur *f.* flower, bloom

fleurir to flourish, flower, be covered with vegetation

fleuve *m.* river

flocon *m.* flake

florin *m.* florin (*Dutch coin worth about 40 cents*)

flot *m.* water, current

flotte *f.* fleet

foi *f.* faith; **la bonne** —, good faith, sincerity

foire *f.* fair, street-fair

fois *f.* time; **à la** —, at the same time; **deux** —, twice; **encore une** —, once more

folie *f.* madness, folly

folliculaire *m.* pamphleteer (*a new word in the 18th century, not admitted to the " Dictionnaire de l'Académie " until 1835*)

fonction *f.* function, office, position; **entrer en** —, enter upon one's duties

fond *m.* bottom, end

fondement *m.* foundation

fondre to melt; pounce upon; — **en larmes,** to burst into tears

fontaine *f.* fountain

forçat *m.* galley-slave, convict

force *f.* force, strength; —s, strength; **à** — **de,** by dint of; *see* **sentir**

forcer to force

forme *f.* shape, form

former to form

fort *m.* fort

fort strong

fort *adv.* very, very much, much

fossoyeur *m.* grave-digger

fou *m.* fool; *see* **maître**

fou (*f.* **folle**) mad, crazy, foolish

foudre *m.* thunder; **coup de** —, thunderclap, bolt from the blue

fouet *m.* whip; *see* **coup**

fouetter to whip, beat

foule *f.* crowd, mass; *see* **monde**

fourbe *m.* cheat

fourmi *f.* ant (*used figuratively for human beings*)

fourmilière *f.* ant-hill

fournir to furnish

fracas *m.* noise, crash

(se) **fracasser** to be dashed to pieces

fraîcheur *f.* coolness, coldness, dampness, chill

frais (*f.* fraîche) fresh, ruddy, youthful; cool; **prendre le —,** to enjoy the fresh air

frais *m. pl.* expenses, cost

franc [c *silent*] *m.* franc (*French coin, formerly worth about 20 cents, now about 6 cents*)

Français *m.* French, Frenchman

franchement frankly

franchir to clear, get over

frapper to strike, knock, hit; to coin

fredonner to hum; (*music*) trill (out), " warble out "

frémir to shudder

frère *m.* brother; friar

Fréron (*1719–1776*) *critic and journalist, editor of " L'Année littéraire," and an enemy of Voltaire*

fripon *m.* (*f.* –ne) scoundrel, knave, swindler

friponner to cheat

friponnerie *f.* knavery, cheating

froid cold; lifeless, dull; **faire froid,** to be cold (weather)

front *m.* forehead

frontière *f.* frontier, border

frotter to rub

fruit *m.* fruit, product

frustrer to defraud

fuir (fuyant, fui, je fuis, je fuis) to flee

fuite *f.* flight

fumer to smoke; reek (with blood)

fumier *m.* manure heap; (*fig.*) extreme poverty, a pauper's death

funeste baneful, fatal

fureur *f.* fury, rage, passion, malignancy

furie *f.* fury

furieux (*f.* –se) furious, mad, enraged, angry

fusil [1 *silent*] *m.* gun; **— à deux coups,** double-barreled gun

fustiger to flog, whip

G

gager to wager; *see* **non**

gageure [gaʒyːr] *f.* wager

gagner to gain, win, earn, reach; *see* **vie**

gai [ge] gay, merry

Gaïète *or* Gaète *f.* Gaeta, *Italian port about 50 miles N.W. of Naples on the west coast of Italy*

galoper to gallop

galère *f.* galley

galerie *f.* gallery; **— de deux mille pas,** gallery two thousand yards long

galérien *m.* galley-slave

galiléen [galileɛ̃] *m.* Galilean, follower of the Galilean (*Christ*), Christian

garçon *m.* boy; waiter

garde *f.* guard, hilt (of a sword); **— avancée,** outpost; **la grande —,** the main guard, headquarters of the guard:

prendre — à, to pay attention
to

garder to guard, keep (from);
se — bien de, to take good
care not to

garni garnished

garrotter to tie down

gâter to spoil

Gauchat, Gabriel (*1709–1779*),
*French churchman, enemy of
Voltaire*

gauche left (hand); awkward;
épouser de la main —, marry
in a morganatic marriage
(*in which, the parties being of
unequal rank, the higher does
not transmit his or her rank to
the other or to the children*)

gémir to groan

Genèse f. Genesis

Génevois m. Genevan, inhabi-
tant of Geneva

génie m. genius

genou m. knee; se mettre à —x,
to kneel; à —x, kneeling

genre m. kind, sort; race

gens m. pl. people, men, serv-
ants; — d'esprit, men of
intelligence, shrewd men; —
d'église, the church party;
jeunes —, young men; *see* lier

gentilhomme [ʒɑ̃tijɔm] m.
nobleman

germain m. own brother *or*
sister; cousins issus de —,
second cousins

germe m. germ, seed

girofle m. clove

Giroflée m. Giroflée (*proper
name*). *As a common noun,
the word means " wallflower "
or, popularly, a " slap leaving
its mark on the face." It was
quite possibly chosen with this*

*latter humorous connotation in
mind*

glisser to slip; se —, to slip,
glide, creep

gloire f. glory

gobelet m. goblet, glass

gondole f. gondola

gorge f. throat; parler de la —,
speak huskily

gosier m. throat

gourmand m. glutton

goût m. taste, flavor

goûter to taste

goutte f. drop

gouvernement [guvɛrnəmɑ̃] m.
government

gouverner to govern

gouverneur m. governor

grâce f. grace, charm, favor,
pardon; —s, thanks; bonne
—, grace; en —, as a favor;
actions de —s, thanksgiving;
faire —, to pardon, spare

gracieux (f. –se) gracious

grand big, tall; great, grand

grand-aumônier m. Grand Al-
moner, chief Court Chaplain

grandeur f. grandeur, rank; les
—s, high rank

grand-père m. grandfather

grand-sultan m. Grand Sultan

grand-turc m. Grand Turk
(*Turkish Sultan*)

grange f. barn

gras (f. –se) fat, plump

gratification f. present, reward

(se) graver to impress them-
selves, be impressed

Grec m. Greek

griffe f. claw

gros (f. –se) big, great, large,
fat, huge; *see* jeu

grossier gross, coarse

guère: ne . . . —, scarcely

guérir to cure, heal; to get well

guerre *f.* war, warfare; **faire la — à,** make war against; **en —,** at war

guetter to lie in wait for, watch for

gueux *m.* beggar; ragamuffin

guinder to hoist

Guinée *f.* Guinea (*central part of the west coast of Africa*)

H

'h = *Aspirate h*

habeas corpus (*Latin*) writ of " *habeas corpus* ", a legal term connected especially with English history and requiring that an imprisoned person be given a prompt hearing and released unless due cause for his detention can be shown

habile clever

habillé dressed

habit *m.* garment, coat, clothes, costume; **— complet,** suit of clothes

habitant *m.* inhabitant

habiter to inhabit, live in, dwell

habitué *m.* frequenter, *habitué;* priest (*with a parish but no church*)

'hache *f.* hatchet, ax

'haïr (**haïssant, haï, je hais, je haïs**) to hate

'hardiesse *f.* boldness; **prendre la —,** to have the boldness

'hasard *m.* chance

'hâte *f.* haste

'hausser to raise; draw out

'haut high, tall; loud; **— en couleur,** of a ruddy complexion; *see* **exécuteur;** *see* **mine**

'haut *m.* height, top; **de —,** in height

'hautbois *m.* oboe

'hautesse *f.* Highness (*title*)

'hauteur *f.* height

Hébreu *m.* Hebrew

hélas [*pron.* s] alas

Hélène *f.* Helen of Troy, *heroine of Homer's " Iliad "*

Henri (**les trois Henri de France**) Henri II (*1519–59*), *killed with a lance while tilting;* Henri III (*1551–89*), *assassinated by Jacques Clément, a Dominican friar;* Henri IV (*1553–1610*), *assassinated by Ravaillac*

Henri IV (**l'empereur**) (*1050–1106*), *emperor of the Holy Roman Empire. After a stormy reign, he was excommunicated, made to abdicate, and died soon after in exile*

Henri VI (*1421–71*), *king of England, son of Henry V, defeated in battle, and killed, probably in the Tower of London. He was succeeded by Richard III*

héréditaire hereditary

hermandad (*Span.*) *f.* brotherhood; **Sainte H—,** *an Association formed in Spain in 1486, with a police force to act against criminals*

héroïque [*not aspirate* h] heroic

'héros *m.* hero

hésiter to hesitate

heure *f.* hour; o'clock; *see* **suite**

heureux (*f.* **–se**) happy, successful; **il n'y a donc d'— que moi,** I am then the only happy person

'hisser to hoist

histoire *f.* story, history; *see* scandaleux

Homère Homer

'hollandais Dutch

'Hollande *f.* Holland

homme *m.* man, mankind; *see* mode

honnête honest, honorable, respectable

honnêteté *f.* politeness, courtesy, kindness; faire des —s, to offer courtesies

honneur *m.* honor; fille d'—, maid of honor (*attendant upon a person of rank*)

hôpital *m.* hospital, asylum

Horace Horace, (*64–8* B.C.) *Latin poet*

'horde *f.* horde, band

horreur *f.* horror

horriblement horribly; — de mal, a horrible amount of evil

'hors de out of, outside of, beyond, from; — moi-même, beside myself, crazed, excited

hospice *m.* hospitable place, asylum

hôte *m.* host, landlord

hôtel *m.* mansion

hôtellerie *f.* hostelry, inn, hotel

hôtesse *f.* hostess, landlady

huile *f.* oil

'huit eight; — jours, a week; il y a — jours que je suis malade, I have been sick for a week; il n'y avait pas — jours que j'étais en fonction, I had not been a week in this position

humain human

humblement humbly

humeur *f.* humor; de bonne (mauvaise) —, in good (bad) humor

I

icelui (*f.* icelle) (*from Latin, ecce, ille*) (*archaic*), this one, that one; he, she, it, him, her; *pl.* them; d'—, thence

icoglan *m.* Ichoglan (*page of the Sultan*)

idée *f.* idea

idylle *f.* idyl

Ignace Ignatius de Loyola (*1491–1556*), *founder of the order of Jesuits*

ignominieux [iɲɔminjø] (*f.* -se) ignominious

ignorer [iɲɔre] to be ignorant of

île *f.* island; les —s, the West Indies; — de la Cité, name of a small island in the Seine in the heart of Paris

illustre illustrious

illustrissime *m.* illustrissimo (*Ital.*), nobleman

iman *m.* Imam (*Mohammedan priest*)

imbécile foolish

immensité *f.* immense number

impertinent offensive, impertinent

impitoyable merciless

impoli impolite, rude

importer to be important, matter; que m'importe que, what does it matter to me whether; qu'importe (que), what difference does it make (whether)

importuner to importune, pester

imposant imposing

imprimerie *f.* printing-office, press; *see* correcteur

imprudemment [ɛ̃prydamɑ̃] imprudently

inabordable inaccessible

in articulo mortis *see* articulo

incommoder to bother, inconvenience

inconcevable inconceivable

inconnu unknown

incontestable indisputable

incontinent *adv.* at once, forthwith, immediately

incruster to incrust, inlay

indiquer to indicate, name

indispensable indispensable, inevitable

inespéré unhoped for, unexpected

inexprimable inexpressible

infaillible infallible

infailliblement infallibly, without fail

infanterie *f.* infantry

infecter to pollute, infect

infidélité *f.* infidelity; **faire une — à,** to be unfaithful to

infortune *f.* misfortune

infortuné *m.* unfortunate

ingénieur *m.* engineer

ingrat *m.* ingrate

injure *f.* insult, injustice; **par l'— du temps,** by the ravages of time

injustice *f.* injustice; **faire une —,** to commit an injustice

inné innate; *see Notes*

innocemment [inɔsamɑ̃] innocently

inonder to deluge

inouï unheard of

(s')inquiéter (de) to worry (about)

inquiétude *f.* uneasiness, anxiety

Inquisition *f.* Inquisition; **mis**

à l'—, subject to the Inquisition

insensibilité *f.* unconsciousness

instant *m.* instant; **dans l'—,** at once; **dans l'— que,** at the moment when

instituer to institute, originate, form

instruire to inform

insupportable unbearable

intendant (*m.*) **des machines** engineer, director of machinery

intenter (à) to bring (against); **— un procès à,** to bring suit against

interdit dumfounded

intérêt *m.* interest

interprête *m.* interpreter

interrompre to interrupt, break; *see* propos

intime intimate

intimider to intimidate

introduire (introduisant, introduit, j'introduis, j'introduisis) to introduce, usher in

inutile useless

isolé isolated

Israëlite *m.* Israelite, Jew

Issachar Issachar, *a proper name found in Genesis, XXX, 18, and XXXV, 23, as one of the sons of Jacob, and given also to the tribe descended from Issachar. Note especially that it is found in Ezekiel, XLVIII, 33, a book which Voltaire reveled in reading*

issu born, descended; *see* germain

Ivan Ivan VI (*1740–1764*), *dethroned as emperor of Russia in 1741 when he was only a year and four months old, im-*

prisoned in 1742, and finally put to death in 1764 under the reign of Catherine II. According to Voltaire's own statement in Moland XLII, 322, 335 (1764), there is no authority for his being accorded liberty to be at Venice

ivoire *m.* ivory

ivrogne *m.* drunkard

J

jacobin *m.* Dominican friar

Jacques *m.* James

jalousie *f.* jealousy

jaloux (*f.* –se) jealous

jamais ever, never; **ne . . . —** never; **plus que —,** more than ever

jambe *f.* leg

jambon *m.* ham

janissaire *m.* Janizary (*Turkish soldier*)

janséniste *m.* Jansenist, *a member of a 17th and 18th century Catholic sect, who followed Jansen's doctrines limiting Free Will in favor of predestination and divine grace. Their most distinguished spokesman was Pascal. They were condemned as heretical and were opposed by the Jesuits*

Japon *m.* Japan

jardin *m.* garden

jardinière *f.* gardener

jaune yellow

Jéchonias Jeconiah *or* Jehoiachin, *son of Jehoiakim, king of Judah, led away captive to Babylon by Nebuchadnezzar. See II. Kings, XXIV,*

6–15; I. Chronicles, III, 16

Jéhu Jehu, *who slew Joram, king of Israel, and Ahaziah, king of Judah, and reigned over Israel. See II. Kings, IX–X*

Jéroboam Jeroboam, *king of Israel after Solomon's death and after the revolt of the ten tribes, father of Nadab. See I. Kings, XI, 26 ff.; XII, 2 ff., 19–20 ff.; XIII, XIV, XV, 25*

jésuite *m.* Jesuit. *The Jesuit order of the Catholic church was founded by Ignatius de Loyola in 1534. Its military discipline and organization made it a powerful, unified body. In the 17th and 18th centuries, it came into sharp opposition to the Jansenists. The order was expelled from France in 1764, but was permitted to return in the early 19th century*

jeter to throw, cast, cast aside; utter; **— par terre,** to throw on the ground, throw down; **se —,** to throw one's self, cast one's self, jump; *see* **vue**

jeu *m.* game, play; pack (of cards); **jouer gros —,** play for high stakes; **au —,** at the gaming table, gambling

jeune young

Joachim Jehoiakim, *king of Judah, father of Jehoiachin, made tributary by Nebuchadnezzar, king of Babylon. See II. Kings, XXIV, 1*

Joïada Jehoiada, *the priest who*

ordered Athaliah to be slain.
See II. Kings, XI, 15-16

joailler [ʒɔaje] *m.* jeweler

joie *f.* joy

joindre (**joignant, joint, je joins,
je joignis**) to join

joli pretty, handsome

joue *f.* cheek; **coucher en —,** to
aim

jouer to play; act; **— au
(petit) palet,** to play quoits;
see **jeu, tour**

joueur *m.* player, gambler

jouir (de) to enjoy

jour *m.* day, daylight; **tous les
—s,** every day; **mes misé-
rables —s,** my wretched life;
huit—s, a week; **quinze—s,** a
fortnight, two weeks; **cinq
. . . par —,** five . . . a day

journal *m.* newspaper, jour-
nal

journée *f.* day, day's journey

Jugurtha, *king of Numidia, who
was strangled or starved to
death while a prisoner in Rome
in 104* B.C.

jurer to swear

juge *m.* judge

jugement *m.* judgment

juger to judge

juif Jew

juridiquement juridically, ac-
cording to legal forms, judi-
cially

jusqu'à to, up to, as far as, until;
— ce que, until; **il n'y eut pas
— frère Giroflée qui ne
rendît service,** everybody,
even including Brother Giro-
flée, rendered service

jusque-là till then, up to that
time

juste just, accurate, fair; **à**

plus — titre, most justly;
à — prix, at a fair price

justement precisely

justice *f.* justice, court of justice

K

Kaïmak *m.* (*Turkish*) cream
(*not sherbet as in Littré see
Karl Lokotsch, "Etymologisches
Wörterbuch der europäischen
. . . Wörter orientalischen Ur-
sprungs," Heidelberg, 1927*)

L

là there; **par —,** (in) that way,
thereby; **ce fut —,** that was;
est-ce —, is that

lâche *m.* coward

lâcher to loose; to fire, discharge

lacryma-christi *m.* Lachryma
Christi (*a rich, sweet Nea-
politan wine*)

La Haye *f.* The Hague

laid ugly

laideur *f.* ugliness

laine *f.* wool

laisser to let, leave, leave off,
cease, fail, permit; **laissez-
moi faire,** leave it to me; *see*
manger

lait *m.* milk

lambris *m.* paneling, wainscot

langage *m.* language, speech;
— de laquais, servant's
language

langue *f.* tongue, language

laquais *m.* lackey; *see* **lan-
gage**

lard *m.* fat

large broad, large; **de —,** in
breadth

largeur *f.* breadth

larme *f.* tear; *see* **donner, fondre, ruisseau**

las (*f.* **–se**) tired, weary

(se) lasser to tire, weary

lassitude *f.* weariness

Latinus *m. king of Latium, the plain south of the Tiber, in Virgil's " Æneid "*

latte *f.* lath; flat stick (*used for beating a person on the soles of the feet*)

lavement *m.* purging

laver to wash; *see* **écuelle**

Lavinia *f. daughter of King Latinus, married to Æneas in Virgil's " Æneid "*

Lebrixa *f. Lebrija, a town in southern Spain about 30 miles north of Cadiz*

lécher to lick

leçon *f.* lesson

lecture *f.* reading

léger slight, light

légèrement lightly, swiftly

légume *m.* vegetable

Leibnitz (*1646–1716*) *celebrated German mathematician and philosopher of whose philosophic Optimism Voltaire makes mock in " Candide "*

Leipsick [lɛpsik] *m.* Leipsic, Leipzig, Leibzig (*city in the German province of Saxony*)

Lemnos *island in the North Ægean Sea, southeast of European Turkey*

lendemain *m.* next day, following day

leste nimble, quick, active

léthargie *f.* lethargy, sluggishness

lettre *f.* letter; *see* **cachet**

levanti (*now* **levantin**) *m.* Levantine (*native of the eastern part of the Mediterranean coast*); **— patron,** " nom qu'on donne aux soldats des galères turques " (*cited by Morize, p. 206*)

lever to raise; **se —,** to rise, get up

lèvre *f.* lip; *see* **cœur**

Leyde [lɛd] Leyden (*city in Holland*)

liberté *f.* liberty, free will; **en —,** in liberty, alone, by themselves

libraire *m.* bookseller

libre free; *see* **arbitre**

lier to bind, tie up; **gens à —,** people to put in a straitjacket, crazy people

lieu *m.* place; **au — de,** instead of; **au — que,** while; **des —x communs,** common-places

lieue *f.* league (*about three miles*); **faire deux —x,** go two leagues, cover two leagues; **à deux —x de,** two leagues from; **à deux mille cinq cents —x d'ici,** at a distance of 2500 leagues from here

lieutenance *f.* lieutenancy

ligne *f.* line; *see* **compte**

Lima *f. capital of Peru, afflicted with a great earthquake in 1746*

linge *m.* linen

lire (**lisant, lu, je lis, je lus**) to read

Lisbonne *f.* Lisbon

lit *m.* bed; **au —,** in bed

littérature *f.* literature

livre *m.* book; pack (of cards); *see* **teneur**

livre *f.* pound (*weight or money*)

livrer to deliver, give; **se —,** to yield

loger to lodge

logis *m.* house

loi *f.* law

loin far, afar; **de —**, from afar

Lombardie *f.* Lombardy (*province of Northern Italy with Milan as its chief city*)

Londres *m.* London

long (*f.* –**ue**) long; **à la —ue**, in the long run

longtemps a long time, for a long time

lorgner to eye, look out of the corner of one's eye

lors then

lorsque when

los (*Span.*) *m. pl.* the; *see* **padres**

louable laudable, praiseworthy

louer to rent, hire, engage

louer (**sur**) to praise (for)

loup *m.* wolf

Lucéna *f.* Lucena, *town in southern Spain, about 40 miles southeast of Cordova*

Lucifer Lucifer, Satan

lumière *f.* light; intelligence, knowledge; *see* **tuer**

lunette *f.* spy-glass, telescope; **—s**, spectacles

M

M. monsieur

magister [*pron.* **r**] *m.* schoolmaster

magnificence [maɲifisɑ̃:s] *f.* splendor, magnificence

magnifique magnificent

Mahmoud (I) (*1696?–1754*) *Sultan of Turkey from 1730 to 1754*

mahométan Mohammedan

mai *m.* May

main *f.* hand; **à la —**, in one's hand(s); **en —**, in one's hand; **entre les —s de**, in the hands of, in the care of; *see* **tomber, gauche**

mais but

maïs [*pron.* **s**] *m.* Indian corn, sweet corn

maison *f.* house, household; monastery; *see* **correction**

maître *m.* master, teacher; **— fou**, arrant fool, worst of fools

maîtresse *f.* mistress

majestueux (*f.* –**se**) majestic

mal *m.* evil, bad, ill, harm; **faire —**, to hurt

mal badly, ill; badly off

malade sick

malédiction *f.* curse; *see Notes; see Genesis, III, 14–19*

malfaisant malevolent

malgré in spite of

malheur *m.* misfortune

malheureux (*f.* –**se**) unhappy, unfortunate

Malte *f.* Malta; order of Malta, *a religious and military order which originated in connection with the Crusades*

maltraiter to maltreat, mistreat, treat badly

mal-vivant *m.* bad character

mamelle *f.* breast

manche *f.* sleeve; **cordelier à la grande —**, rich cordelier

mander to send for

manger to eat; squander; **lui laisser à — et à boire**, to leave him something to eat and drink; **donner à —**, to give food; **faire —**, to feed; *see* **salle**

manichéen [manikeɛ̃] Mani-

chean (*a believer in two co-equal spirits of Good and Evil struggling together in the Universe*)

manière *f.* manner; **de la —,** in the manner

manœuvre *f.* working of the ship

manquer (de) (à) to lack, fail, disregard, miss

manteau *m.* cloak, mantle

manufacture *f.* factory; *see* **étoffes**

marais *m.* marsh, swamp, morass

maravédis [*pron.* s] *m.* maravedi (*a Spanish copper coin worth about ⅓ of a cent*)

marbre *m.* marble

marchand *m.* merchant

marche *f.* march, tramping

marché *m.* market; bargain; **bon —,** cheap, at a bargain

marcher to walk, march, go

mari *m.* husband

mariage *m.* marriage

Marie Stuart (*1542–1587*), *known as* Mary Queen of Scots, *beheaded by order of Queen Elizabeth*

(se) marier (avec) to marry

Marmora (*or* **Marmara**) Sea of Marmora (*located between Europe and Asia and between the Dardanelles and the Bosphorus*)

marmot *m.* brat, kid; **—s d'enfants,** brats, kids

Maroc *m.* Morocco

marque *f.* mark

marquise *f.* marquise, marchioness

Marseille *f.* Marseilles

Massa-Carrara Massa e Carrara *an Italian province in* N.W. Tuscany, *about 30 miles north of Pisa on the west coast of Italy*

massue *f.* mace, club

masure *f.* hovel, hut, tumble-down house

mât *m.* mast

Matapan *m. cape at the southernmost point of Greece*

matelassé stuffed

matelot *m.* sailor

maternel maternal, mother (*adj.*)

matière *f.* material, matter; **— subtile** *see Notes*

matin *m.* morning; **du soir jusqu'au —,** (*more commonly* **du — au soir**) throughout the day, constantly; **tous les —s,** every morning

maudire (maudissant, maudit, je maudis, je maudis) to curse

mauvais bad

Mécénas (*commonly* **Mécène**) *m.* Mæcenas (*?-8* B.C.), *friend and patron of Horace, Virgil, and others*

méchanceté *f.* wickedness

méchant bad; wicked, naughty; *see* **affaire**

mécontent dissatisfied, displeased

médaille *f.* medal, coin

médecin *m.* doctor

médecine *f.* medicine

médiocre moderate, slight

médire (médisant, médit, je médis, je médis) to slander

médisance *f.* slander, scandal

Méditerranée *f.* Mediterranean

meilleur better, best

mélancolie *f.* melancholy

mélanges *m. pl.* miscellaneous works

mêler to mix; **se — de,** to meddle with

membre *m.* limb (of the body), member

même same, even, very, itself; **de —,** in the same way; **la beauté, la grâce —,** beauty and grace personified; *see* **temps**

mémoire *m.* report, study

mémoire *f.* memory

menacer to threaten, menace

ménage *m.* home, household

mener to lead, conduct, take

mensonge *m.* lie, falsehood; **— officieux,** accommodating lie, " white " lie

menteur *m.* liar

mentir (**mentant, menti, je mens, je mentis**) to lie

menton *m.* chin

menuisier *m.* carpenter

(se) méprendre (**méprenant, mépris, je me méprends, je me mépris**) to make a mistake

mépris *m.* scorn, contempt

méprise *f.* mistake

mépriser to scorn, despise

Méquinez Mekinez *or* Mequinez, *town near Fez in Morocco*

mer *f.* sea; **sur —,** at sea

mère *f.* mother

méridional south, southern

merveille *f.* wonder, marvel; **à —,** admirable, admirably

messe *f.* mass; **à la —,** at mass

messieurs *m. pl. of* **monsieur**

mesure *f.* measure, proportion; **à -- que,** in proportion as, as, while

métairie *f.* farm

métaphysico-théologo-cosmolonigologie *f. coined expression satirizing the metaphysics, theology, and cosmology of Leibnitz's disciple, Wolff (see Morize, pp. 3–4), and suggesting by the final word* **nigologie** (*cf.* **nigaud**) *that it is all foolishness*

métier *m.* business, profession, trade, occupation; **faire ce —,** follow this profession

métis [*pron.* **s**] *m.* half-breed

mettre (**mettant, mis, je mets, je mis**) to place, put; bring; **se —,** to place one's self, sit down; **se — à,** to begin; take to; **— le pied,** to set foot; *see other words in combination with —;* **mis,** dressed

meule *f.* millstone

meurtre *m.* murder

meurtrier *m.* murderer

meute *f.* pack (of hounds)

mieux better, best; **au —,** for the best; **le — du monde,** as well as possible; **ce qu'il y avait de —,** the best; **du — qu'il put,** as best he could; *see other words in combination*

milieu *m.* middle, midst; **au — de,** in the midst of, in the middle of, between

mille [*pron.* **mil**] *m.* mile

mille [*pron.* **mil**] (a) thousand

millième *m.* thousandth

millier *m.* thousand (*in round numbers*)

Milo *m.* Milo *or* Melos, *a small island southeast of Greece*

milord *m.* lord

Milton (*1608–74*), *English poet*

Minden *a small German town in Westphalia on the river Weser;*

where the French were defeated in battle, Aug. 1, 1759

mine *f.* look, mien, appearance; **sa — haute**, his head erect

minuit *m.* midnight

misérable *m.* wretch

misérable miserable, wretched

misère *f.* poverty, misery, distress

miserere [*pron.* **miséréré**] *m.* the Miserere, *the Latin chant of the 51st Psalm, which begins:* " *Miserere mei, Deus,*" " Have mercy upon me, O God "

mitre *f.* miter (*pointed head-dress worn by bishops*)

Moabite *m. people who lived east of the Dead Sea in Old Testament times*

moda *see* **alla moda**

mode *f.* mode, fashion; **à la —,** in fashion; **homme à la —,** man of fashion

mœurs *f. pl.* [s *preferably pronounced*] manners, good manners, morals, customs, character

Mogol *m.* Mogul, the Great Mogul (*ruler of India*)

moindre less; **le —,** the least

moine *m.* monk, priest

moins less, minor, least; **le —,** the least; **à — de,** for less than; **à — que,** unless; **du —,** at least; **— de deux,** less than two; **pour le —,** at least

mois *m.* month

Moïse Moses

moitié *f.* half; **à —,** half, halfway

Moka *f.* Mocha

moliniste *m.* Molinist, *a follower of the Spanish Jesuit Molina*

(1535–1600), who endeavored to reconcile Free Will with divine grace and foreknowledge

monastère *m.* monastery

monde *m.* world; people; **tout le —,** everybody; **une foule de —,** a crowd of people; **qu'est-ce que ce —-ci?** what sort of a world is this? *see* **aller, mieux, billet**

Monime *the Queen in Racine's " Mithridate " (1673) in which the actress, M*ᶦˡᵉ *Lecouvreur (1690–1730), made her début at the Théâtre-Français in 1717. Hence the name in " Candide " stands for her*

monnaie *f.* coin, money, change

monseigneur *m.* Sire, my lord, your Grace, your Highness; his lordship, *etc.*

monsieur *m.* Mr., Sir, gentleman; (*often to be omitted in Eng. translation*); the husband; **apparemment que — ne croit pas,** apparently you do not believe

monstre *m.* monster

mont *m.* mount

montagne *f.* mountain

Montepulciano *a town in central Italy near Siena*

monter to mount, get in; **— à cheval,** to get on horseback, ride horseback; *see* **croupe; se —,** to amount

montrer to show, point out

monture *f.* riding animal, mount

(se) moquer (de), to make fun of, make mock of

moral moral

morale *f.* moral realm; morals

morceau *m.* piece, bit; **par —x,** in pieces, to bits

mordre to bite

mort *f.* death; **donner la —**, to kill

mort *m.* dead (man)

mort dead; colorless; **roide —**, stiff and stark

mortel *m.* mortal

mortel (*f.* **–le**) mortal

mortellement mortally, fatally

Moscou *m.* Moscow

mosquée *f.* mosque

mot *m.* word; **ne dire —**, not to say a word; **bon —**, witticism, joke

mouchoir *m.* handkerchief

mouillé wet

mourant *m.* dying (man)

mourir (**mourant, mort, je meurs, je mourus**) to die; **se —**, to be dying

mousqueterie *f.* musketry

mousse *f.* moss

mousser to foam, froth; prepare with whipped cream

moustache *f.* mustache; **relever sa —**, to twirl his mustache

mouton *m.* sheep; *see* **bât**

mouvement *m.* movement, impulse

moyador *m.* moidore (*Port.* **moeda d'ouro**, *lit.* coin of gold), *an obsolete Portuguese gold coin worth about $6.50*

moyen *m.* means, method

mufti *m.* mufti (*an official expounder of Mohammedan law*)

mulâtre *m.* mulatto

Muley-Ismael Mulaï-Ismaël, *Sultan of Morocco*

mur *m.* wall

muraille *f.* wall

musulman Mussulman, Mohammedan

Mytilene *island near the west coast of Asia-Minor, southeast of the island of Lemnos*

N

Nadab *son of Jeroboam, king of Israel, slain by Baasha; see I. Kings, XV, 25–28*

nager to swim

naïf (*f.* **–ve**) naïve, innocent

naissance *f.* birth; publication

naître (**naissant, né, je nais, je naquis**) to be born; **faire —**, to awaken, produce, arouse

napolitain Neapolitan, inhabitant of Naples

natal native

naturellement naturally, in the natural course of things

naufrage *m.* shipwreck

ne not; **— ... pas**, not; **— ... guère**, scarcely; **— ... jamais**, never; **— ... personne**, no one, nobody; **— ... plus**, no longer, no more; **— ... point**, not, not at all; **— ... que**, only; **— ... rien**, nothing; **— ... ni ... ni**, neither ... nor

né (*p. part. of* **naître**) born

nécessaire necessary

nécessairement necessarily, of necessity

nécessité *f.* necessity, determinism (*phil.*)

négociant *m.* merchant

nègre *m.* negro

neige *f.* snow

nerf [fs *silent in pl.*] *m.* nerve; **nerf** [f *silent*] **de bœuf**, bull's sinew, whip-lash

Néron Nero, *Roman emperor, who killed himself in 68 A.D.*

net [*pron.* t] clear, definite

nettoyer to clean, wash

neuf (*f.* –ve) new, original

neveu *m.* nephew

nez *m.* nose; **leur fermer la porte au** —, to close the door in their faces

ni . . . ni neither . . . nor

Nicarie *f.* Nicaria (*small island between Greece and Asia Minor, near the island of Samos*)

nier to deny

noce *f.* (*used also in pl. with similar meaning*) wedding, marriage ceremony; **faire notre** —, to perform our marriage ceremony

noir black, dark, black-robed

noisette *f.* hazelnut

nom *m.* name

nombre *m.* number, **au** — **de,** numbered among

nombril *m.* navel

nommer to name, call; appoint

non no, not; — **plus,** either, neither; — **plus que,** no more than; — **pas,** not; **je gage que** —, I wager no

nord *m.* north

Normand *m.* Norman (*native of Normandy*)

Normandie *f.* Normandy (*former province in northern France whose chief city is Rouen*)

nouer to knot

nourriture *f.* food, board

(se) nourrir to live on; be filled with

nouveau (*f.* –velle) new; **de** —, anew, again; —**x venus,** newcomers

nouvelle *f.* news

noyer to drown; **se** —, to drown, be drowned

nu naked, bare

nue *f.* cloud

nuit *f.* night; **cette** —, tonight, last night

nul none; **ne . . .** —, no, none

O

obéir (à) to obey

objet *m.* object

obligeant courteous

obole *f.* obolus (*small coin*); (*freely*) cent

obscurcir to obscure, darken; **s'**—, to grow dark

obtenir (obtenant, obtenu, j'obtiens, j'obtins) to obtain; — **de,** to prevail upon

occasion *f.* occasion, opportunity

occuper to occupy, concern with

Ochosias Ahaziah, *king of Judah, slain by Jehu; see II. Kings, IX, 27*

odeur *f.* odor

œil (*pl.* yeux) *m.* eye; **à vos yeux,** before your eyes; **avoir l'**— **sur,** to keep one's eye upon; *see* **bander**

œuf [*pl.* fs *silent*] *m.* egg

œuvre *f.* work; *see* **exécuteur**

offert offered

officier *m.* officer

officieux (*f.* –se) accommodating, obliging; *see* **mensonge**

offre *m.* offer

offrir (offrant, offert, j'offre, j'offris) to offer; **s'**—, to offer

oiseau *m.* bird

oiseau-mouche *m.* hummingbird (*somewhat different from the* **colibri**)

ombre *f.* shadow

opéra-buffa (*Ital.*) opéra bouffe, comic opera

opérer to produce

Oporto *see* **Porto**

opprobre *m.* disgrace, scorn

optimisme *m.* Optimism (*philosophical system of Leibnitz, etc.; see Introduction and Notes*)

or *m.* gold

or (*conj.*) now (*distinguish from the adv.* **maintenant**); — **ça,** well now

orage *m.* storm

oranger *m.* orange tree

ordonner to command, order, arrange

ordre *m.* command, order; **donner** —, to give orders

oreille *f.* ear; **s'approcher de l'**— **de,** to get the ear of, lean toward; — **d'ours,** yellow primrose

Oreillons *m. pl.* (*Span.* Orejones), *a tribe of South American Indians, who distend their ears* (*Span.* **orejas**) *with wooden plugs or heavy ornaments; natives of the country near the Napo river between Ecuador and Colombia*

orgueil [ɔrgœːj] *m.* pride

originairement originally

ornement *m.* ornament

orner to adorn, ornament, hang (*of tapestries*)

oser to dare, venture

ôter to remove, take away

Othon Otho, *Roman emperor for three months in 69 A.D., who committed suicide after his defeat by Vitellius*

ouais whew!

oublier to forget

ouïr (*hardly used except in the infin. or the p. part.,* **ouï**) to hear; — **conter,** to hear tell, hear it told

ours [*pron.* s] *m.* bear; *see* **oreille**

outre: d'— en —, through and through

outrer to anger, incense

ouvrage *m.* work

ouvrir (**ouvrant, ouvert, j'ouvre, j'ouvris**) to open; s'—, to open

P

Padoue *f.* Padua, *Italian city near Venice*

padres *m. pl.* (*Span.*) fathers, (Jesuit) priests

paille *f.* straw

pain *m.* bread; **demander mon** —, to beg my bread

paisiblement peacefully, calmly

paix *f.* peace

palais *m.* palace

palefrenier *m.* groom, stable-boy

Palestrine *f.* Palestrina, *a small city about 20 miles E. of Rome*

palet *m.* quoit; *see* **jouer**

pâleur *f.* pallor

pâlir to pale, grow pale

palpitant quivering, palpitating

palpiter to beat, quiver

Palus Méotides, *old name for the Sea of Azof which opens into the northern part of the Black Sea*

(se) pâmer to faint, be overcome; **se pâmera de plaisir qui voudra,** let him who will be overcome with pleasure

Pangloss [*pron.* ss] *m. proper name formed from the Greek,* **pan,** all, *and* **glossa,** tongue; *therefore,* All Tongue *or* " Wind Bag "

panser to dress (*of wounds*)

pape *m.* pope

papier *m.* paper

par by, through; **— conséquent,** consequently, in consequence; **— là,** (in) that way, thereby; **— les fenêtres,** out of the window

parade *f.* parade; display

paradis *m.* paradise

paraguain Paraguayan

Paraguay (*or* **Paraguai**) [paragwɛ *or* paragɛ] *m.* Paraguay; *in early days a vague extent of territory, much larger than present Paraguay*

paraître (**paraissant, paru, je parais, je parus**) to seem, appear; **il n'y paraissait pas,** there were no more signs of my injury

paravent *m.* screen

parce que because

parcourir (**parcourant, parcouru, je parcours, je parcourus**) to travel over, go over, visit

par-dessus above, over

pardonner (à) to pardon, spare

pareil similar, like

parent *m.* parent, relative

parfaitement perfectly

parfumer to perfume

parlement *m.* (*before the French Revolution*), *one of twelve superior courts, each supreme in its own region*

parler to speak

parmi among

parole *f.* word; **prendre la —,** to begin to speak; **porter la —,** to be the spokesman

paroli *m.* paroli (*double stake of the previous stake plus its winnings*)

Parolignac *proper name with play upon* **paroli,** *a faro term, plus the Gascon* **–ac**

part *f.* part, share; **à —,** aside; **de la — de,** on behalf of; **donner — de** (*obsolete for* **faire — de**), to inform, communicate; **quelque —,** somewhere, anywhere; **à — soi,** to himself; **prendre — à,** to take an interest in

partage *m.* share, lot, portion; *see* **échoir**

partager to divide, share

parti *m.* party; decision; **prendre un —,** to make up one's mind, decide

particulier *m.* individual, private citizen; **ce simple —,** this mere private citizen

particulier particular, peculiar; individual, private

partie *f.* part; party; project; **adverse —,** adversary

partir (**partant, parti, je pars, je partis**) to depart, come from

partisan *m.* adherent

partout everywhere

pas *m.* step; pace; yard; *see* **doubler**

pas not; **ne ... —,** not; **— un,** not one; **non —,** not

passable passable, tolerable; **un seul de —,** a single one acceptable

passablement passably, tolerably, fairly; **être —,** be fairly comfortable

passager *m.* passenger

passer to pass, pass by, go, go on, carry, **se —,** to pass, go on, happen; **se — de,** to do without; **l'année passée,** last year; **passons,** let us pass that by; **passe encore si,** I might still grant it, if, I might pass over this, if; **— par,** pass through, go by way of; *see* **baguette**

patagon *m.* patacón, *an ancient Spanish silver coin worth about 60 cents*

pâté *m.* (meat) pie; **petit —,** small meat pie; (*fig.*) *a literary work " cooked up " for the occasion*

pâtenôtre *f.* paternoster, Lord's prayer; **—s,** prayers, beads; **dire —s,** to tell one's beads

pathétique touching, moving

patiemment [pasjamā] patiently

patience *f.* patience; **prendre en —,** to bear patiently

patient [pasjā] *m.* sufferer, culprit

pâtisserie *f.* pastry

pâtissière *f.* pastry-cook

patrie *f.* native country, mother country, country

patron *m.* captain (*of a ship*); *see* **levanti**

paupière *f.* eyelid, eyelash

pauvre poor

pauvreté *f.* poverty; trifle

pavé paved

payement *m.* payment

payer to pay, pay for, purchase; **se faire —,** to charge, collect

pays [pei] *m.* country, section, district

peau *f.* skin

péché *m.* sin; **— originel,** orig-inal sin (*theol.*), *universal sinfulness consequent upon the Fall of Adam*

peindre (**peignant, peint, je peins, je peignis**) to paint

peine *f.* pain, difficulty, trouble; *see* **entrer, soutenir, valoir**; **à —,** hardly, scarcely

peinture *f.* picture

penchant *m.* inclination, tend-ency

pencher (**pour**) to lean, incline (toward)

pendaison *f.* hanging

pendant during, for; **— que,** while

pendre to hang

pendu *m.* hanged man

penser to think

percer to pierce

perclus powerless

perdre to lose; **— la tête,** to lose one's head (*fig.*); **se —,** to lose itself, disappear

perdrix *f.* partridge

père *m.* father, priest; **mon —,** father

perfide *m.* traitor

périgourdin Perigordian, native of Périgord, *a former province of southeastern France, a little east of Bordeaux. Its chief city is Périgueux*

périr to perish

périssable perishable

perle *f.* pearl

permettre (**permettant, permis, je permets, je permis**) to per-mit

Pérou *m.* Peru

perroquet *m.* parrot

Perse *f.* Persia; *see* **étoffe**

Persée Perseus, *king of Mace-donia, who died a captive in Italy in 166* B.C.

personnage *m.* personage, character, rôle

personne *m.* no one, nobody; **ne ... —,** no one, nobody

personne *f.* person

perspective *f.* prospect, perspective

perte *f.* loss

péruvien Peruvian

pesamment heavily, ponderously

pesant heavy

peser to weigh

peste *f.* plague

pestiféré plague-stricken

petit little, small; few; young; *see* **feu, pâté**

petitesse *f.* pettiness

Petra *town on the ancient Greek Island of Lesbos (Mytilene) in the Ægean Sea*

pétrifié petrified

pétrir to mold, form; fill with

peu little, few; only; a short time; **un —,** a little, a bit, somewhat, rather; **— de,** few, a few; *see* **chose, près**

peuple *m.* people, common people, nation

peur *f.* fear; **de — de,** for fear of; **avoir —,** to be afraid

peut-être perhaps

pharaon [farō] *m.* faro, *a gambling game of cards; see Notes*

phénomène *m.* phenomenon

philosophe *m.* philosopher

philosopher to philosophize

philosophie *f.* philosophy

philosophique philosophical

phrase *f.* sentence

physicien *m.* physicist

physionomie *f.* face, appearance

physique *m.* physical, the physical universe

physique *f.* physics

physique physical

piastre *f.* piaster, *an ancient Spanish silver coin worth about a dollar*

pièce *f.* piece; play; *see* **circonstance, théâtre; qui à peine est une actrice de la —,** who scarcely takes any part in the action of the book

pied *m.* foot; **coup de —,** kick; **héros de six —s,** heroes six feet in height; **à —,** on foot, afoot; **être sur —,** to be on one's feet; *see* **mettre**

pierre *f.* stone

pierreries *f. pl.* jewels, precious stones

pieux (*f.* **–se**) pious

piller to plunder, pilfer

pincer to pinch

pintade *f.* Guinea-fowl

piquer to pique; mix with; **se — (de),** to pride one's self (upon)

piqueur *m.* whipper-in (*mounted servant in charge of dogs*); outrider

pire worse; worst; **le —,** the worst

pis *adv.* worse, worst; **le —,** the worst

pistache *f.* pistachio nut

pistole *f.* pistole (*Spanish gold coin worth approximately four dollars; in France, an old coin worth about two dollars*)

piteux (*f.* **–se**) piteous

pitié *f.* pity; **prendre — de,** to take pity on; **avoir — de,** to have pity on

place *f.* (city) square; place; **être à votre —,** to be in your place; **chaise à deux —s,** a chaise with two places; **— pour,** make way for

placer to place

plaider to plead, sue, bring a lawsuit

plaindre (**plaignant, plaint, je plains, je plaignis**) to pity; **le plus à —,** the most to be pitied; **se —,** to complain, lament

plaire (**plaisant, plu, je plais, je plus**) to please; **se — à,** to be pleased with, take pleasure in

plaisant amusing, funny, droll, joking

plaisanterie *f.* jest, pleasantry

plaisir *m.* pleasure, amusement; **à son —,** according to one's pleasure, at one's pleasure; **lui faire du —,** to give him pleasure

planche *f.* board, plank; **—s,** deck, stage

plante *f.* sole of the foot; **sous la — des pieds,** on the soles of my feet

planter to plant

plat *m.* plate

plat *m.* flat

plat flat, insipid

Platon Plato (*429–347 B.C.*)

plein *m.* fullness, plenum (*as opposed to vacuum*)

plein full; **en — champ,** in the open field; **le visage —,** (with) a full face, a round face; *see* **santé**

pleurer to weep, weep over, mourn

pleurs *m. pl.* tears

pleuvoir (**pleuvant, plu, il pleut, il plut**) to rain; **il plut à verse,** it rained in torrents

plomb *m.* lead

plonger to plunge

plume *f.* feather

plupart *f.* most part, most, majority

plus more; plus; **le —,** the most; **— ... —,** the more ... the more; **de —,** besides; **— de dix,** more than ten; **non —,** either, neither; **ne ... —,** no longer, no more; **ne ... — que,** no longer ... anything but; **n'en pouvoir —,** to be exhausted; *see* **vite**

plusieurs several

plutôt rather

poche *f.* pocket

Pococurante (*Ital.* **poco** little, **curante,** caring; *hence,* indifferent) Pococurante; *cf. Eng.,* "Care-Little"

poème *m.* poem

poète *m.* poet

poignard *m.* poniard, dagger

poignarder to stab

poing *m.* fist, hand

point *m.* point

point: ne ... —, not, not at all; **— du tout,** not at all

Polaque *m.* Polish cavalryman, Pole

poli polite

politesse *f.* politeness, courtesy; **lui faire toutes les —s,** to treat her with all the courtesy

politique *f.* politics

politique political

Polonais *m.* Pole

pommade *f.* pomade, salve

pompe *f.* pomp, splendor

Pompée Pompey, *rival of Julius Cæsar, assassinated in 48 B.C.*

ponte *m.* punter (*at cards*), player betting against the banker

ponter to punt (*at cards*), gamble, play (cards)

porc [c *silent*] *m.* pork

port *m.* harbor, port

portail *m.* portal

Porte *f.* Porte (*Turkish government*); **la Sublime —,** the Sublime Porte, *so named from the Gate* (**Porte**) *of the Sultan's palace, at which justice was formerly administered*

porte *f.* door; *see* **nez**

porté inclined

porter to carry, bear, produce, wear; **se —,** to be (*as to health*); *see* **parole**

porteur *m.* bearer; *see* **billet**

Porto *or* **Oporto** *seaport in Portugal, located at the mouth of the Douro river, about 200 miles north of Lisbon and famous for its Port wine*

Portsmouth *on the south coast of England*

Portugais *m.* Portuguese

posséder to possess, own

possesseur *m.* possessor

poster to post, station

pot *m.* pot, jar

potage *m.* soup

potelé plump

pouce *m.* thumb; inch

poudre *f.* powder

poulet *m.* chicken

pour for; because of, on account of; for the sake of; as for; to, in order to; **— que,** in order that, so that; **avoir . . . — cinq ou six millions de diamants,** to have diamonds worth five or six millions; (*with negative, sometimes*) without, **— ne rien faire de décisif,** without doing anything decisive; *see* **reconnaître**

pourquoi why

pourrir to rot

poursuite *f.* pursuit; **à leur —,** in pursuit of them

poursuivre (**poursuivant, poursuivi, je poursuis, je poursuivis**) to pursue

pourtant however, nevertheless

pourvoir (**pourvoyant, pourvu, je pourvois, je pourvus**) to provide, see to

pousser to push; utter

poussière *f.* dust

pouvoir (**pouvant, pu, je peux** *or* **puis, je pus**) to be able, can, may (*may be used negatively with* **ne** *alone*); **n'en — plus,** to be exhausted; **on ne peut mieux,** the best possible; **il se peut (faire),** it is possible, it can be; **il en sera ce qui pourra,** be that as it may; **il se pourra bien faire,** it may come about; **cela pourrait bien être,** that might well be; *see* **pâmer, travailler**

pratique *f.* customer

précepteur *m.* tutor, preceptor, teacher

prêcher to preach, preach to

prêcheur *m.* preacher

précieux (*f.* **–se**) precious

précipice *m.* precipice; **tomber dans des —s,** to fall over precipices

précipitamment hurriedly

précipiter to hurl, cast

précisément precisely

prédicant *m.* Protestant minister

prédicateur *m.* preacher

préétabli preëstablished

prélat *m.* prelate, church dignitary

premier first; **la tête la première,** head first, headlong

prendre (prenant, pris, je prends, je pris) to take, capture; assume; get; — **la hardiesse**, to have the boldness; — **mal votre temps**, to take (choose) a bad time; **à tout** —, all things considered; **s'y** —, to go about, undertake; *see* **envie, fantaisie, frais, garde, parole, part, parti, patience, pitié, temps**

préparer to prepare, prepare for, get ready

près (de) near; **à peu** —, nearly, almost, approximately

présent *m.* present; **à** —, at present, now

présenter to present; **se** —, to present one's self, appear; **venir se** —, to come and offer one's self

presque almost

presse *f.* crowd, throng

presser to press, urge

presto (*Ital.*) quickly, rapidly

présumer to presume, suppose

prêt ready; **tenez-vous** —, hold yourself in readiness

prétendant *m.* candidate

prétendre to claim

prêtre *m.* priest

prévenir (prévenant, prévenu, je préviens, je prévins) to forestall, prevent

prévoir (prévoyant, prévu, je prévois, je prévis) to forestall, anticipate

prier to beg, ask, pray; **il n'y a qu'à les** — **à dîner,** we need but ask them to dinner

prière *f.* prayer

prieur *m.* prior, *superior of a monastery*

principe *m.* principle

printemps *m.* spring

(a) priori (*Lat.*) a priori, *an argument from an hypothesis not demonstrated from experience*

prisonnier *m.* (*f.* –ière) prisoner

priver to deprive

prix *m.* price; prize, prize competition; **être mis à** —, to be bought, be ransomed; **c'est à ce** — **que,** this is the price at which; *see* **juste**

procédé *m.* behavior, procedure; **par bon** —, out of good manners, out of courtesy

procéder to proceed

procédure *f.* proceedings

procès *m.* suit, lawsuit; *see* **intenter**

procès-verbal *m.* legal report; **faire un** —, to draw up a legal report

prochain *m.* neighbor, fellow human beings (*fig.*)

prodige *m.* prodigy

prodigieusement (de) prodigiously; great numbers of

produire (produisant, produit, je produis, je produisis) to produce

proférer to utter

profit *m.* profit; **faire son** — **de,** to profit by

profiter (de) to profit (from), take advantage (of)

profond profound

profondément profoundly

prolonger to prolong

promenade *f.* walk, trip

(se) promener to go for a walk, take a walk, walk

promesse *f.* promise

promettre (promettant, promis,

je promets, je promis) to promise, give promise of

prononcer to pronounce

Propontide *f.* Propontis (*a sea between the Bosphorus and the Dardanelles, now the Sea of Marmora*

propos *m.* discourse, talk, speech; **à —,** by the way; **à — de,** speaking of; **mal à —,** out of place; **des — interrompus,** broken speeches

proposer to propose, offer, suggest

proposition *f.* proposal, suggestion, proposition

propre clean; suitable

proprement neatly; **— mis,** neatly dressed

(se) prosterner to prostrate one's self, bow before

protester to protest, vow, swear

proue *f.* prow, bow

prouver to prove

provincial *m.* provincial head, *chief religious officer of a region*

provision *f.* provision; **—s de bouche,** provisions, food

prunelle *f.* pupil (of the eye)

puis then

puisque since

puissance *f.* power, nation

puissant powerful

punir to punish

punition *f.* punishment

pupille *m.* pupil

Pupilus, *this name should be Rupilius, who was a character in Horace*

pureté *f.* purity

pus *m.* pus

pustule *f.* blotch

pygmée *m.* pygmy, dwarf

Pyrrhus, *king of Epirus, killed in 272* B.C. *at the siege of Argos*

Q

qualité *f.* quality

quand when; (*followed by the conditional*) even if

quant à as for

quart *m.* quarter; **un — d'espagnol,** a quarter Spanish

quartier *m.* quarter, quartering (*a degree of relationship among nobility*); (*milit.*) quarters; quarter, section (*of a city*)

que *conj.* that, than, except, as, when, because (*equivalent to a preceding conjunction when introducing the second of two parallel clauses*); **ne . . . —,** only, (nothing) but; **ne . . . plus —,** no longer . . . anything but; (*followed by subjunctive in a principal clause*) may, let; **ne . . . jamais —,** never . . . anyone but; (*untranslated before the logical subject*) **ce fut un beau spectacle — leur départ,** their departure was a fine spectacle; *see* **dire**

que (de) *adv.* how, how many

quelque some, a few, several; **— laide qu'elle pût être,** however ugly she might be; *see* **part**

quelquefois sometimes

querelle *f.* quarrel; *see* **crocheteur**

queue *f.* tail

quiconque whoever

quitte free; **être — pour,** to get off with

quitter to leave, quit

quoi what, which; **après —,** after which, whereupon; **de —,** wherewith, the wherewithal, anything with which, something with which, enough to, something which, on what; **de — vivrons-nous?** what shall we live on? **à — me servira?** what good will it be to me? **— que,** what ever; **eh —!** what! *see* **savoir**

quoique although, though

R

Rabirius, *a Roman defended by Cicero in a famous oration*

(ɛe) racommoder to make up with one another, be reconciled

racheter to buy back, ransom; **— fort cher,** to buy back at a high price

raconter to narrate, relate, tell

rade *f.* harbor; **à la —,** in the roads, in the roadstead, in the outer-harbor

rafraîchissements *m. pl.* refreshments

rage *f.* fury, madness, rage; **à la —,** furiously

Ragotski Rakoczy [*pron.* Ra'-ko-tse] *(1676–1735) Franz II, prince of Transylvania, Hungarian patriot, feebly supported by Louis XIV against Austria, and finally defeated. He had a castle near Constantinople*

ragoût *m.* stew

raison *f.* reason; **avoir —,** to be right; **que vous avez —!** how right you are! **mettre à la —,** to bring to terms

raisonnable reasonable

raisonnement *m.* reasoning, argument, discussion

raisonner to reason, discuss, argue

raisonneur *m.* reasoner, critic

raisonneur (*f.* **–se**) argumentative

Raleigh (Sir Walter) *(1552–1618) favorite of Queen Eliza beth of England; see Notes*

Ralph (James) *a minor Englis! author satirized by Pope in his Dunciad (1728)*

ramasser to pick up, gather together

rame *f.* oar

ramener to bring back, take back, conduct back, restore

ramer to row

ramper to creep; grovel

rançon *f.* ransom

rançonner to blackmail; ransom

rang *m.* rank; **au —,** in the ranks; **mettre au — de,** to class among

Raphaël *(1483–1520) one of the leading painters of the Italian Renaissance*

rappeler to recall, bring back

rapport *m.* testimony; relationship

rapporter to bring back; produce, yield

rassasié satiated, surfeited

rassembler to gather together

ravir to delight, charm

ravissant charming, of striking beauty

rayon *m.* shelf

rebattre (rebattant, rebattu, je rebats, je rebattis) to rehash

rebuter to repel, reject

recevoir (recevant, reçu, je reçois, je reçus) to receive

réchapper to escape; rescue

recommander to recommend, counsel, charge; **se —,** to entrust one's self, rely

recommencer to begin again

reconduire (reconduisant, reconduit, je reconduis, je reconduisis) to accompany

reconnaître (reconnaissant, reconnu, je reconnais, je reconnus) to recognize; **— pour,** to recognize as

recoudre (recousant, recousu, je recouds, je recousis) to sew up again

recrue f. recruits

recueil [rəkœːj] m. collection, collected works

recueillir [rəkœːjir] to receive, take in, shelter; **se —,** to collect one's thoughts

reculer to recoil, draw back

redoubler (de) to redouble

réduire (réduisant, réduit, je réduis, je réduisis) to reduce

refaire (refaisant, refait, je refais, je refis) to recover, restore

refermer to reclose, close again, draw again (*a curtain*)

réflexion f. reflection; **faire —,** to reflect

réfugié (one) who is a refugee

(se) réfugier to take refuge

regarder to look at, watch, consider, regard; **s'amuser à les —,** to amuse one's self by watching them

registre m. register

règle f. rule

régner to reign

regorger (de) to be glutted (with)

reine f. queen

relever to raise; *see* **moustache, sourcil**

relié bound (*of books*)

remarquer to remark, remark upon, notice

rembruni grown dark, tanned

remercier to thank

remettre (remettant, remis, je remets, je remis) to replace, hand back, return; **se —,** to recover one's self

rémission f. pardon, mercy, remission

remonter to climb up again, ascend

remords m. remorse

remplir to fill

remuer to move, stir

rencontrer to meet, come upon

rendez-vous m. rendezvous, appointment

rendre to render, make, give back, give up; heave (*a sigh*); **se —,** to surrender, give in; give back, return; betake one's self, go; **nous le — bien,** to do the same thing to us; **— compte de,** to give an account of, report

renfermer to contain, inclose

renoncer (à) to renounce

renoncule f. buttercup

renoué tied up

rentrer to come back, go back, return

(à la) renverse f. backwards

renverser to overturn, invert; mow down; dash from; **— sur les fondements,** to dash from their foundations

renvoyer (renvoyant, renvoyé,

je **renvoie, je renvoyai**) to send away, dismiss

repaître to feed; **faire —,** to let feed

répandre to spread, scatter, spill, pour out, give out; **se —,** to spread

reparaître to reappear

réparer to repair, restore, make up for

repartir to depart again

repas *m.* meal, repast

(se) **replacer** to replace themselves

répliquer to reply

répondre to reply, answer; **je vous réponds qu'elles seront ... battues,** I'll answer for it that they will be beaten

réponse *f.* reply

repos *m.* repose

reprendre (**reprenant, repris, je reprends, je repris**) to reply, answer, rejoin; recover, resume; recapture; take away

représenter to represent, show

reprocher to reproach, charge against

requis required

réserve *f.* reservation, exception; **à la — de,** with the exception of

(se) **résigner** to resign one's self

résister (à) to resist, endure

résoudre (**résolvant, résolu,** *or* **résous, je résous, je résolus**) to resolve, decide; **se —,** to resolve, decide, make up one's mind

respect [rɛspɛ] *m.* respect, homage

respectueusement respectfully

respirer to breathe

ressemblance *f.* resemblance

ressembler (à) to resemble; **qui se ressemblent tous,** which are all alike

resserrer to compress, narrow

ressource *f.* resource

(se) **ressouvenir** (de) (**ressouvenant, ressouvenu, je me ressouviens, je me ressouvins**) to remember

reste *m.* rest, remainder; **au —,** besides, however

rester to remain, stay; **il ne vous reste donc rien du tout?** so you have nothing left at all?

retenir (**retenant, retenu, je retiens, je retins**) to detain

retirer to retire, withdraw; **faire —,** to dismiss

retomber to fall again; **— en faiblesse,** to faint again

retourner to turn back, return; **s'en —,** to return home, go back again, return

retrousser to draw up

retrouver to find again, meet again, recover

retuer to kill over again (*facetious*)

réussir to succeed

rêve *m.* dream, fancy

réveil *m.* awakening; **à son —,** on awakening

revendre to resell, sell again

revenir (**revenant, revenu, je reviens, je revins**) to come back, return; recover, recover consciousness; **— à lui-même (elle-même) (à soi,** *etc.*), to recover consciousness, recover one's self

rêver to dream; *see* **croire**

révérence *f.* bow; reverence

(title); **en faisant la —,** bowing

rêverie *f.* revery, dream; raving

revers *m.* other side; reverse

revêtir (revêtant, revêtu, je revêts, je revêtis) to clothe, dress

rêveur *(f. –se)* thoughtful

revoir (revoyant, revu, je revois, je revis) to see again; *see* **vie**

revue *f.* review, inspection; **faire la — de,** to inspect

rhume *m.* cold *(illness)*

Richard II *(1367–1400) king of England*

Richard III *(1452–1485) king of England*

ridé wrinkled

rideau *m.* curtain

ridicule ridiculous

rien anything, nothing; **ne … —,** nothing; **— de si beau,** nothing so beautiful; **— du tout,** nothing at all; **— de tout cela,** nothing of the kind; **en —,** at all; *see* **croire**

Riga *f. city on the Baltic Sea in what was formerly Russia, now Latvia*

rime *f.* rhyme

rimer to rhyme

rire (riant, ri, je ris, je ris) to laugh; *see* **éclat, éclater**

risquer to risk

rivage *m.* shore, bank

rivière *f.* river, stream

robe *f.* dress, gown, robe

Robek *m.* Robeck, *(1672–1739) author of a treatise on suicide (1736), who killed himself by drowning in 1739; see Morize, p. 72*

roche *f.* rock

rocher *m.* rock

rogaton *m. (fam.)* supplication; odds and ends of literature

roi *m.* king

roide *(older form of* **raide** *and now generally pronounced in accordance with this spelling)* still, rigid; **— mort,** stiff and stark

roman *m.* novel

rompre to break

rond round

rongé wasted away, consumed

Rostock *city in the North German province of Mecklenburg*

rôtir to roast

rôtisserie *f.* cook-shop

Rotterdam *Dutch port*

rouer to break upon the wheel, torture; **— de coups,** to beat unmercifully

rouge red

rougir to blush

rouillé rusted, rusty

rouler to roll, revolve, turn about

roulis *m.* rolling

route *f.* road, route, course

rouvrir (rouvrant, rouvert, je rouvre, je rouvris) to reopen

royaume *m.* kingdom

ruban *m.* ribbon

rubis *m.* ruby

rudement roughly, violently

rue *f.* street

ruisseau *m.* brook, stream; **des —x de larmes,** torrents of tears

rusé crafty

Russe *m.* Russian

Russie *f.* Russia

S

sabbat *m.* Sabbath

sable *m.* sand

sac *m.* bag

sacré sacred; cursed

sacristain *m.* sacristan, sexton

sage *m.* wise man, sage

sage wise

saignée *f.* bleeding, bloodletting

saigner to bleed, be bled

saint saint, sainted, holy

Saint-Germain *quarter in Paris not far from the famous old church of Saint-Germain-des-Prés on the Left Bank of the Seine;* **foire** —, *street fair in this quarter*

Saint-Honoré: Faubourg —, *former fashionable section in the northwest part of Paris*

Saint-Marc Saint-Mark's (*church and square in Venice*)

Saint-Marceau *a quarter in the southern part of Paris; see Notes*

Saint-Pierre *m.* Saint Peter; *also* Saint Peter's Church (*at Rome*)

Saint-Sacrement *m.* San Sacramento (Holy Sacrament), *a town in Brazil, formerly in Paraguay, about 300 miles northwest of Rio de Janeiro*

saisir to seize; **se** — **de**, to take possession of

sale dirty; (*fam.*) rotten

salé salt, salted

Salé Saleh *or* Salli, *a seaport of Morocco on the Atlantic Ocean, one of the principal rendezvous of Moorish corsairs*

salle *f.* room, hall; — **à manger,** dining-room

saluer to salute, greet, bow before, pay one's respects to

Samos *small island near the coast of Asia Minor; also* Samos wine

san-benito (*from the Span. signifying Saint-Benedict, indicating Benedictine garb*) *yellow robe worn by those burned by the Inquisition*

sang *m.* blood; **tête et** —, (*an oath*) 's blood! **mettre à feu et à** —, to put to fire and sword

sang-froid *m.* coolness, presence of mind, indifference; cheek

sanglant bloody, bleeding

sangloter to sob, break (*of the voice*)

sanguinaire bloodthirsty

sans without; — **que** (*conj.*), without

santé *f.* health; **plein de** —, in the best of health

Sarmates *m. pl.* Sarmatians, *formerly inhabitants of the region north of the Black Sea and probably the ancestors of the Slavs* (*here stands for Slavic*)

satisfaire (**satisfaisant, satisfait, je satisfais, je satisfis**) to satisfy

satyre *m.* satyr

sauter to jump, leap, spring; — **à son cou,** to throw his arms about his neck

sauvage *m.* savage

sauvage wild

sauver to save; **un mouton de sauvé,** one sheep saved; **se** —, to escape, run away

sauveur *m.* savior

savant *m.* scholar, learned man

savant learned

savoir (**sachant, su, je sais, je sus**) to know; **je ne sais quoi**, something or other, a vague something; **je ne sais quel Pupilus**, a certain Pupilus; **j'ai su,** I have learned of; **dès qu'ils ont su,** as soon as they learned

scandaleux (*f.* **–se**) scandalous; **l'histoire —se,** the scandals

scélérat *m.* rascal

science *f.* science, knowledge

scrupule *m.* scruple

Scutari *suburb of Constantinople in Asiatic Turkey*

séance *f.* sitting, meeting

sécher to dry

second [sgō] second, secondary

seconder [sgōde] to second, aid

secourir to help

secours *m.* help; **à son —,** to help him (her); *see* **appeler**

secousse *f.* shock, blow

secretaire *m.* secretary

Sédécias Zedekiah, *made king of Jerusalem by Nebuchadnezzar in place of his father, Jeconiah or Jehoiachin, and blinded and led away captive when he attempted to revolt; see II. Kings, XXIV, 17, –XXV, 7*

séduire (**séduisant, séduit, je séduis, je séduisis**) to beguile

seigneur *m.* lord, nobleman; sir

séjour *m.* dwelling-place

séjourner to stay, live

selle *f.* saddle

seller to saddle

selon according to

semaine *f.* week

semblable similar, like

sembler to seem

Sénèque Seneca, (*2–66* A.D.) *Roman philosopher*

señor *m.* señor, Mr.

sens [*pron. final* s] *m.* sense; direction

sensibilité *f.* emotion, tenderness

sensible sensitive

sentiment *m.* feeling; opinion

sentinelle *f.* sentinel; **faire la —,** act as sentinel

sentir (**sentant, senti, je sens, je sentis**) to feel, perceive; smell; **se — assez de force pour,** to feel one's self strong enough to

(se) séparer to separate one's self

septentrional northern

sept-et-le-va *m. attempt to win at faro for the third time in succession for seven times the original stake*

sépulture *f.* burial

sequin *m.* sequin (*a gold coin used formerly at Venice and other Italian cities, and later in Turkey. It was worth about $2.25*)

sérail *m.* harem

sérénissime most serene (*as a title*)

sergent *m.* sergeant

serment *m.* oath; **faire —,** to take an oath

serrer to press, squeeze, hug

serviable obliging

serviette *f.* towel

servir (**servant, servi, je sers, je servis**) to serve; serve in the army; wait on; **— de,** to serve as; **— à boire,** serve the beverages, act as cupbearer;

— à leurs divertissements, to be used in their games; à quoi me servira? what good will it do me? se — de, to use, make use of

servitude *f.* slavery, servitude

seul alone, single (one); *see* passable

seulement only, merely, even

si so; — fait, yes indeed, oh yes

si if; whether

siècle *m.* century

siège *m.* seat

sien his, hers, its; chez les —s, among his own people, in his own country

Sierre-Morena *f. mountain range in southern Spain, running east and west*

sieur *m.* Mr.; le roman du — Gauchat, the novel of a certain Gauchat

siffler to whistle; hiss; une tragédie sifflée, a tragedy which was hissed

signe *m.* sign; faire un — de tête, to nod

signifier to declare, announce; faire —, to let it be known, cause it to be announced

signor *m.* (*Ital.*) signor, signore, Mr., *etc. the same as the Fr.* monsieur

sillon *m.* furrow

simple simple, plain, mere, guileless; *see* esprit, particulier

singe *m.* monkey

singulier singular, unusual

sitôt que as soon as

situé situated

Smyrne *f.* Smyrna

société *f.* society, community

socinien *m.* Socinian (*religious sect which did not believe in the divinity of Christ*)

sœur *f.* sister

sofa *m.* sofa, couch

soin *m.* care; avoir — de, to take care of

soir *m.* evening; *see* matin, sur

soldat *m.* soldier

soleil *m.* sun

solennellement [sɔlanɛlmɑ̃] solemnly

solide solid, sound

sommeil *m.* sleep

songe *m.* dream

songer (à) to think (of)

sorbet *m.* sherbet

sorcière *f.* sorceress, witch

sort *m.* fate, lot, fortune

sorte *f.* sort, kind; de — que, so that

sortie *f.* going out, departure

sortir (sortant, sorti, je sors, je sortis) to go out, leave, depart; stand out (*of pictures*); — de table, to leave the table

sortir *m.* going out, leaving; au — de la pièce, after the performance

sot *m.* fool

sot foolish

sottise *f.* foolishness, foolish thing, nonsense; dire des —s, to talk nonsense

sou *m.* cent; je n'ai pas le —, I haven't a cent

(se) soucier to care, be anxious

soudain suddenly, at once

souffler to blow

souffleter to slap

souffrir (souffrant, souffert, je souffre, je souffris) to suffer, permit

soufre *m.* sulphur

souhaiter to wish, desire; **je le souhaite,** I wish it may be so

soulager to relieve

soupçonner to suspect

souper *m.* supper; **faire un — avec,** to take supper with

souper to sup, eat supper; **leur donner à —,** to give them a supper; *see* **apporter**

soupir *m.* sigh

soupirer to sigh

sourcil [1 *silent*] *m.* eyebrow; **le — relevé,** (with) arched eyebrows

sourire *m.* smile

sourire (**souriant, souri, je souris, je souris**) to smile

souris *m.* smile

souris *f.* mouse

sous under, beneath; **— le bras,** by the arm; **tenir — le bras,** to have on one's arm; *see* **plante, terre**

sous-diaconat *m.* sub-deaconry

sous-diacre *m.* sub-deacon

soutenir (**soutenant, soutenu, je soutiens, je soutins**) to sustain; maintain, support; **se —,** to sustain one's self; **se soutenant à peine,** scarcely able to stand

soutien *m.* prop, maintenance, protection

(se) souvenir (de) (**souvenant, souvenu, je me souviens, je me souvins**) to remember; **faire — à,** to remind

souvent often

souverain *m.* sovereign

souverain sovereign, supreme

spectacle *m.* spectacle, sight, entertainment

spiritueux (*f.* **-se**) spirituous;

des eaux spiritueuses, aromatic spirits

Stanislas Leczinski Stanislas I (*1677–1766*), *king of Poland, then duke of Lorraine and father-in-law of Louis XV of France*

status quo (*Lat.*) state in which; present state

sterling [g *silent*] *m.* sterling

stupéfait dumfounded, astounded

subjuguer to subjugate, conquer

sublime sublime, lofty; *see* **Porte**

submergé sunk

submergeant sinking; **le vaisseau —,** the vessel which had sunk the other

subtile subtile, subtle, thin; *see* **Notes**

sucre *m.* sugar; *see* **canne**

sucrerie *f.* sugar-mill, sugar-refinery

suffisant sufficient

suie *f.* soot; *see* **visage**

suite *f.* succession, sequence, continuation; **de —,** in succession; **une heure de —,** a full hour without stopping, one hour straight

suivant according to

suivante *f.* servant, maid

suivre (**suivant, suivi, je suis, je suivis**) to follow

sujet *m.* subject, cause

superflu *m.* superfluous

supérieur *m.* superior, father superior

supplier to beseech, entreat

supportable bearable

sur on, upon, about, over; toward; **— le soir,** toward

evening; **— la fin,** toward the end; **aller —,** to go to, touch upon; *see* **louer**

sureté *f.* security, safe place

Surinam *name of a river in, and alternative name for, Dutch Guiana*

sur-le-champ on the spot, at once, immediately

surlendemain *m.* the second day after, the day after tomorrow

surprendre (surprenant, surpris, je surprends, je surpris) to surprise

surprise *f.* surprise; *see* **crainte**

surtout especially

suspect [ct *silent*] suspected

suspendre to suspend

système *m.* system, philosophical system

T

tableau *m.* picture

tache *f.* spot

tâcher to try

taille *f.* size, height, stature, figure; deal (*at cards*)

tailler to cut, hew

(se) taire (taisant, tu, je me tais, je me tus) to be silent

tambour *m.* drum

tandis que while

tant so much, so many, as much, as many

tantôt ... tantôt now ... now

tapisserie *f.* tapestry

tas *m.* heap

(le) Tasse *m.* Tasso (*1544–1595*), *Italian poet, author of " Jerusalem Delivered "*

Te Deum *Catholic song of thanksgiving, beginning: " Te Deum laudamus ", " We praise Thee God "*

tel (*f.* **–le**) such, such as, like; **un —,** such a

téméraire rash

témoigner to testify, manifest, express

témoin *m.* witness

tempête *f.* storm, tempest

temps [ps *silent*] *m.* time; **faire beau —,** to be fine weather; **dans le — que,** at the time when; **de — en —,** from time to time; **en même —,** at the same time; **prendre son —,** to seize his opportunity; *see* **perdre, prendre**

tendre tender

Tendre *m.* tenderness, love

teneur *m.* keeper; **— de livres,** bookkeeper

tenir (tenant, tenu, je tiens, je tins) to hold, keep; **— de,** resemble; **— à,** to cling to, be attached to, depend upon, have characteristics of; **m'y —,** to hold myself on; **— table longtemps,** to sit at table a long time; *see* **côté, prêt**

tenter to tempt

terre *f.* earth, ground, world, land, country estate, estate; **à —,** on the ground, on land; **par —,** on the ground, on the floor; **sous —,** underground, subterranean; **— à —,** commonplace; *see* **jeter, tremblement**

terrestre earthly, terrestrial

tête *f.* head; **en —,** on his head; **— et sang,** 's blood (*an oath*); *see* **perdre, premier, air, signe**

Tétuan Tetuán, *city in northern*

Morocco, a few miles north of Ceuta

théatin *m.* theatin monk (*of a Catholic order founded in 1524 to oppose the Protestant Reformation*)

théâtre *m.* theater, scene; **pièce de —,** play

tigre *m.* tiger

tillac *m.* deck, poop (*elevated deck at the stern of the ship*)

tirer to draw, pull; fire (*a gun*), shoot; extend; **faire — le canon . . . par les diables,** to have the devils fire off the cannon

tissu *m.* woven fabric, fine cloth

titre *m.* title; *see* **juste**

toile *f.* cloth, linen

toit *m.* roof

tomber to fall; **le livre leur tombait des mains,** the book was too dull to read; *see* **faiblesse, précipice, renverse**

ton *m.* tone

tort *m.* wrong; **avoir —,** to be wrong, make a mistake; **avoir grand —,** to be very wrong, make a great mistake

total total, complete

toucher to touch, affect; **— à,** to reach, draw near, be on the verge of, touch

toujours always, ever, still, constantly; of course; **avoir —,** never to cease to have; **servir —,** to continue to serve; *see* **s'élargir**

tour *m.* turn, circuit; trick; **à leur —,** in their turn; **jouer un mauvais —,** to play a bad trick

tourbillon *m.* whirlwind

tourmenter to torment

tourner to turn; **se —,** to turn

tournoi *m.* tournament

tout (*f.* **toute;** *pl.* **tous, toutes**) all, whole; every, any; *pronoun:* everything, **tous** [*pl. pronoun, pron.* **s**] all; *adv.* all, quite, entirely, thoroughly, very much; **tous les jours,** every day; **— droit,** right; straight ahead; **point du —,** not at all (*see* **croire**); **rien du —,** nothing at all; *see other words in combination*

tout *m.* whole

toux *f.* cough

tracasserie *f.* quarrel

tracer to draw out, trace out, lay out

traduit translated

trafiquer to traffic, trade

trahir to betray, be false to

train *m.* pace; train; act; **être en — de,** to be in the act of, be in the midst of

traînée *f.* train, trail, long line

traîner to drag, drag out, draw; **se —,** to drag one's self, creep

trait *m.* feature

traite *f.* stretch (*single journey without stopping*)

traité *m.* treaty

traiter to treat

transi chilled, benumbed; **tout —,** thoroughly chilled

transport *m.* rapture, transport

transporter to convey, transport; enrapture; **transporté,** in transport, in rapture; **se —,** to betake one's self

Transylvanie *f.* Transylvania (*part of Hungary*); *see* **Ragotski**

travail *m.* work

travailler to work; **travaillait**

qui pouvait, they worked as they could

travers: à —, across, through; among; **au — de,** across, through; among; **de —,** crooked; askance; wrong

traversée *f.* crossing, passage, voyage

traverser to cross, traverse

treillage *m.* trellis, latticework

tremblement *m.* trembling, quaking; **— de terre** *m.* earthquake

trembler to tremble

trentaine *f.* about thirty (*in round numbers*)

Trente *m.* Trent, *a city in the Austrian Tyrol, where was held in 1545–1563 a great Church council to decide questions of Catholic theology*

trésor *m.* treasure

Trévoux *a town a short distance north of Lyons in France;* **Journal de —,** *a magazine established by the Jesuits at Trévoux to combat radical " philosophic " tendencies. Voltaire often attacked it during the latter part of his career. It was published from 1701 to 1775*

tribunal *m.* (law) court

triste sad, gloomy; poor, sorry, wretched

tristement [*pron. mute* e; tris-təmā] sadly

Troie *f.* Troy, *city in Asia Minor, scene of Homer's " Iliad "*

tromper to deceive; **se —,** to be deceived, be wrong

trompette *f.* trumpet

trône *m.* throne

trouble *m.* confusion, agitation

troubler to upset, trouble

troupe *f.* troop, company, party

troupeau *m.* herd, flock

trouvaille *f.* find

trouver to find, find out; think; **se —,** to find one's self, to be found; to be, to happen to be; **tu as bien trouvé ton homme!** (*ironical*) you've made a fine choice of your man! **s'en — bien,** to be satisfied with one's condition

Trublet, Nicolas-Charles-Joseph, (*1697–1770*) *French ecclesiastic and writer, an enemy of Voltaire*

Tucuman *m.* Tucumán (*province in the northern part of Argentina*)

tuer to kill; torment; **la lumière la tue,** the light torments her; *see* **dernier**

tulipe *f.* tulip

Tunis [*pron.* s] Tunis

turc Turk; **aller me faire —,** to turn Turk

Turquie *f.* Turkey

tyrannie *f.* tyranny

Tyrolien *m.* Tyrolese, *native of the Tyrol* (*now part of Austria and northern Italy*)

U

un one, a, an; **les —s les autres,** one another, each other; **l'— et l'autre,** both; **— tel,** such a; **les —...les autres,** some ...others; **les —s aux autres,** to each other, to one another

uni smooth, level

univers *m.* universe

universel universal

usage *m.* custom; use; **être**

d'—, to be customary; à
mon —, to be useful to me;
see chose
user to use, make use of; wear
out; en — avec, to treat, deal
with
utile useful
Utrecht [ytrɛk] *city in Holland*

V

vagabond *m.* wanderer, vaga-
bond
vainqueur *m.* conqueror; *see*
en
vaisseau *m.* vessel; *see* chambre,
submergeant
vaisselle *f.* dishes
valet *m.* valet, servant
valeur *f.* value
valise *f.* valise, bag
valoir (valant, valu, je vaux, je
valus) to be worth; yield,
procure; faire —, to show
off; se faire —, to push one's
self forward, get in the lime-
light; — mieux, to be better;
— la peine de, to be worth
while to, be worth the trouble
to
Vanderdendur *name reminiscent
of the Dutch book-publisher,
Van Düren, with whom Vol-
taire had business disputes
on two different occasions (see
Morize, p. 127)*
vanité *f.* vanity; par —, out of
vanity
vase *m.* vase, vessel
vaste vast
veiller to be awake
veine *f.* vein
vendre to sell; — cher, to sell
dearly; me — dix écus

patagons, to sell me for ten
patacóns (*see* patagon)
venger to avenge
venin *m.* venom; spite
venir (venant, venu, je viens, je
vins) to come; — de + *infin.*
to have just; faire —, to send
for; *see* nouveau, présenter
Venise *f.* Venice
vénitien [venisjɛ̃] Venetian
vent *m.* wind
ventre *m.* stomach, body; — à
terre, on one's stomach, pros-
trate
vérifier to verify
véritable true, real
vérité *f.* truth; à la —, in truth,
indeed
vermeil vermilion, red
vers *m.* verse
vers [s *not linked*] toward; in
the neighborhood of; to
(à) verse in torrents; *see* pleu-
voir
verser to pour, pour out; shed;
see boire
vert green
vertu *f.* virtue
vertueux (*f.* –se) virtuous
vêtement *m.* garment, clothing;
pour tout —, for our only cloth-
ing
vêtir (vêtant, vêtu, je vêts, je
vêtis) to dress, clothe
vicaire *m.* vicar, curate
victoire *f.* victory
vide empty
vie *f.* life; achever sa —, to end
one's days; gagner sa —, to
gain his living; à ne revoir de
ma —, never to see during my
lifetime; de ta —, in your life;
en —, alive
vieillard *m.* old man

vieille *f.* old woman, old servant

vieillesse *f.* old age

vieillir to age, grow old

Vierge *f.* Virgin

vif (*f.* –ve) lively, keen; hasty

vigne *f.* vineyard (*used under the influence of the New Testament to indicate a field for missionary work*)

vigoureux (*f.* –se) vigorous

vilain ugly, villainous

village [*pron.* ll *as* l] *m.* village

ville [*pron.* ll *as* l] *f.* city, town

vin *m.* wine

vinaigre *m.* vinegar; être du —, to be like vinegar

vingtaine *f.* score, some twenty (*in round numbers*)

violer to violate

Virgile *m.* Virgil (*70–19* B.C.)

visage *m.* face; le — plein, (with) a full face, a round face; à — couleur de suie, with a face the color of soot

vis-à-vis de opposite, in front of

visiblement visibly, evidently

visir *m.* vizier; *see* banc

visiter to visit; examine, inspect

Vismar Wismar, *port on the Baltic Sea in the North-German province of Mecklenburg*

Vistule *f.* Vistula, *a river flowing north through Poland into the Baltic Sea*

vite quickly, fast; au plus —, as quickly as possible

Vitellius *Roman emperor, killed and succeeded by Vespasian in 69* A.D.

vitesse *f.* speed, swiftness

vivacité *f.* ardor, vivacity

vivant *m.* person living; lifetime; de mon —, with me alive, during my lifetime

vivement keenly, strongly

vivre (vivant, vécu, je vis, je vécus) to live, be alive; *see* apprendre

vivres *m. pl.* food, provisions

vœu *m.* vow; faire — de, to make a vow to

voguer to row, sail, drift

voici here is, here are; en — bien d'une autre, this is still more singular, worse and worse

voilà behold, lo; there is, there are; — que, suddenly, all at once, forthwith; les — qui se mettent à table, forthwith they sit down at the table; — déjà trois hommes que je tue, I have already killed three men; vous —, there you are; you are now; les deux moutons que —, those two sheep there; — comme, that's how

voile *m.* veil

voile *f.* sail; faire —, to sail, set sail; mettre à la —, to set sail

voir (voyant, vu, je vois, je vis) to see, watch; qui en avait bien vu d'autres, who had seen worse things than that; faire —, to show; où je te vois, that I see you in, that I find you in; *see* assez

voirie *f.* dump, rubbish heap; *see Notes*

voisin *adj.* neighboring

voisinage *m.* neighborhood, vicinity

voiture *f.* carriage

voiturier *m.* teamster

voix *f.* voice

volage fickle

volcan *m.* volcano

voler to steal, rob

voler to fly, float

volontairement voluntarily

volonté *f.* will

volontiers [rs *silent*] willingly, gladly

vomir to vomit; **faire —,** to turn the stomach of

vouloir (voulant, voulu, je veux, je voulus) to wish, want, will; like; expect; **— bien,** to be good enough to, be so kind as to, to like to; **— dire,** to mean; **Dieu le veuille,** God grant it; **comment veux-tu . . . que je mange?** how do you expect me to eat? **comment voulez-vous que,** how do you expect that; **Candide n'en voulut rien faire,** Candide would have nothing to do with it, Candide would do nothing of the kind; **que cette demoiselle ne voulut jamais épouser,** whom this lady never did make up her mind to marry; **ira qui voudra,** let who will go to see; **je le veux croire,** I am willing to believe it; *see* **pâmer**

voûte *f.* vault, arch

voyage *m.* journey, voyage

voyager to travel, journey

voyageur *m.* traveler

vrai true; **dire —,** to say truth; speak truth

vraiment indeed, truly

vraisemblable [vrɛsã.bla.bl] probable, likely; **bien peu —,** very improbable, very incredible

vue *f.* sight, view; **à la — de,** within sight of; **jeter la — sur,** to cast one's eye upon

W

Westphalie *f.* Westphalia (*former German province in the western part of Germany bordering on Holland and the Rhine*

Westphalien *m.* (*f.* –ne) Westphalian, native of Westphalia

Y

y to it, to them, thither; in it, in them; at it, at them, there; here; **il — a,** there is, there are; **— avoir,** to be; *see* **tenir**

y (*Span.*) and

yeux *m. pl. of* **œil**

Z

Zambri Zimri, *who slew Elah, the son of Baasha and reigned over Israel in his place one week; see* I. Kings, XVI, *9–18*

zèle *m.* zeal